U0108339

文化叢書 146

地圖權力學

The Power of Maps

丹尼斯・渥德◎著

王志弘／李根芳／魏慶嘉／溫蓓章◎合譯

ISBN 957-13-2183-4

目　錄

第七章　地圖也能替你的利益服務　　　　　303

中文版序

畢恆達

國立台灣大學建築與城鄉研究所所長

　　小王子在第六個星球遇見一個地理學家。地理學家終日坐在書桌前，足不出戶。他在書房接見探險家，把探險家所說的旅行經歷記錄下來。他要小王子描述他所居住的星球給他聽。小王子說：「我住的地方不太有趣。有三座火山：兩座活火山，一座死火山。不過我還有一朵花。」說到花朵，小王子就不禁興奮起來。然而地理學家說：「我們不記錄花朵。」小王子問：「為什麼？花是我們星球上最美麗的東西。」地理學家答：「我們不記錄花朵，因為它們朝生暮死。山不會移動，海水不會枯乾。我們只記錄這些永恆的東西。」結果在地理學家所繪製的地圖上，我們看不到小王子最心愛的花朵。

　　翻開報紙的房地產廣告，明明是在六堵推出的住宅計劃，但是地圖上卻將六堵工地畫在台北市信義計劃區和基隆市的正中間。三重的建築廣告，卻見中正紀念堂就在建築物的後方。而在松山房地產廣告地圖中，忠孝東路五六段都省略不見了，於是工地彷彿就在台北市東區頂好商圈旁。還有另一幅房地產廣告中寫道，從建築工地 360 秒到捷運線、180 秒到高速公路、60 秒到北二高。我想絕大多數人看到這些廣告地圖，應該不會把它當真，知道這些地圖為了商業利益扭曲了真實。然而相對於房地產廣告地圖中作者以及其所具現的利益顯而易見，地形圖或世界地圖的作者卻消失、隱藏起來，讓我們以為它就是

真實而精確的。

每一張地圖繪製都無可避免採取某一種觀點，因此面對地圖，除了問：「這張地圖如何愚弄我？」更要問：「爲何我一開始就如此容易全心全意地相信它？」是怎樣的知識論立場讓我們認爲地圖代表的是毋庸置疑的事實？

傳統的地圖觀是笛卡爾世界的產物。地圖被視爲是真實世界按照一定比例的**再現**。地圖是傳遞訊息的媒介，而訊息與真實世界之間有著一對一的對應關係。溝通指的是將訊息從繪圖者經地圖到閱讀者作機械式的轉換。一個好的地圖繪製者能夠很忠實、沒有扭曲地將真實世界利用地圖傳達。當然真實世界與閱讀者所接收到的訊息難免存在誤差。誤差的來源包括製圖的技術、製圖者有意的欺騙或讀者解讀地圖的能力。如果可以透過技術消除這些誤差，那麼此地圖就是完美的。這種觀念將事實與價值、技術與意識形態作一截然的分隔。它將扭曲與誤差視爲是技術性的問題，也將詮釋當作是偏差。一個好的地圖應該確保閱讀者所接收到的訊息與繪圖者所意欲傳達的訊息相同；而此訊息是真實世界的正確再現。

這種將客觀的地圖繪製與宣傳地圖做截然的區分是建立在一個錯誤的知識論基礎上。當我們對地圖繪製者發問時，這個區分馬上就瓦解了。只有刻意地製造扭曲印象的地圖才是宣傳地圖嗎？或者所有的地圖都是宣傳地圖？然而將所有地圖視爲宣傳地圖，只是迴避了真正的問題。既然所有地圖都是在一特定脈絡下所建構的意象，只是重複說明一般地圖與宣傳地圖都涉及詮釋與扭曲並無濟於事。它一方面預設了存在著一個可以對照詮釋與扭曲的根本客體，一方面迴避了一個可以批判地閱讀地圖的理論。我們所要面對的課題是認識地圖作爲文本的論述本質，並建立詮釋地圖的判準。

我們相信地圖，以爲它代表不容置疑的事實，而與繪圖者的目的

與意見無關。這種天真的信心反映了我們忽略地圖是一個強而有力的武器，它形塑了我們的生存世界。繪製地圖是一個詮釋的行動，它不僅僅是技術性的問題。此行動的結果，即地圖，不只傳達了事實，也反映了作者的意圖，以及我們所體認或沒有體認到的關於作者的專業、時代與文化的境況與價值。因此，地圖是一種文本，它的意義與影響遠超出技術、作者意圖，以及資訊傳遞的範圍。

　　傳統的地圖觀認為地圖只是繪圖者與閱讀者之間的媒介。它忽略了地圖的非意欲的意義以及地圖所深植其中的脈絡，包括地圖中的圖形、符號、標題，地圖出現的位置及背景，地圖繪製的學派，以及地圖的社會文化脈絡。皮寇斯(Pickles)根據文本詮釋的理論提出詮釋地圖的準則：1.意義來自於文本本身，而非外部的投射。2.詮釋者有責任與文本建立和諧而熟悉的關係。3.說明文本對今日的我們有何意義。4.操作詮釋的循環。循環的層次包括文本與其自身部分的關係、文本與語言的關係、文本與文化脈絡的關係、作者與其所處世界的關係。5.尋求適當的假說以使隱晦不清的現象得以說明並達成合理的理解。

　　正如自然科學和人文社會科學的知識總是深植於特定的社會歷史情境之中，地圖也是一種社會建構。我記得我在美國求學的時候，接觸現象學、詮釋學與女性主義知識論後，深深為之吸引。我開始尋找各種文獻，想更具體知道，社會學、心理學、甚至生物學與醫學如何是一個為男性所建構的學科。我讀到社會學中原來充滿著性別歧視，例如從男性觀點將郊區視為「臥室社區」；婦女的家務勞動被視為再生產，而不是生產；視戶長的職業為家庭社會階級的要素，而戶長又以男性為代表等等。而在分子生物學中，社會的性別價值觀也影響了「精子求愛說」以及「有機化學的受精隱喻」。精子就像特洛伊戰爭中的英雄一樣，在通往新土地的旅途中克服種種挑戰、擊敗他的敵人、與公主結婚，然後建立一個新的社會。細胞核被視為細胞的男性統治者，是

上一代穩定而動態的遺傳、不動的動者、細胞的心靈。細胞質變成細胞的母性身體，流動的、變化的婚姻伴侶、心理學社會學。這些具體的理論事實，讓我更加深刻理解科學所涉及的利益和權力。而渥德的「地圖權力學」也正是我期待已久的書。他具體地用《晴朗的一天》、《夜晚的地球》、地形圖等為例，說明地圖背後所牽涉的觀點和服務的利益。

從小學地理課本、教室牆上的掛圖到電視新聞報導背景所使用的世界地圖，幾乎都是採用麥卡托（Mercator）的投影地圖，甚至聯合國也用這張世界地圖來說明各國的外交政策。直至目前為止，它仍然是影響力最大的世界地圖。大家將之視為理所當然，以為它是「真」的、正確的。此地圖繪製於 1596 年，它忠於地點之間的相對角度，是為航海用途而繪製。赤道並不在地圖的正中央，而是接近下方三分之一的地方。阿拉斯加事實上只有巴西面積的五分之一，但是在此投影地圖上的面積卻變成一樣大，而北極則變成無限長的一條線。它其實是把白人的歐洲放在地圖的正中央，並且是用放大鏡來看歐洲和北美，而用倒過來的望遠鏡來看其他大陸。習慣於使用這張地圖的人，認為加拿大和俄羅斯是分處左右的兩大陸塊，然而在以北極為中心所繪製的投影地圖中，將會發現其實加拿大和俄羅斯相距就近在咫尺。

《晴朗的一天》，所謂「第一次從太空拍攝到的肖像圖」，其實是由人造衛星在 850 公里高，費時三年，所拍攝的三千五百萬張圖經過電腦處理後所製成。在開始選擇衛星資料處理系統時，就已經牽涉政治與軍事考量的折衝。而在繪製地圖的過程中，「地球反射的光線被拆解、轉換成電子訊號、錄製下來、倒帶回去、傳遞、接收、再次記錄、校正、加上註解、第三度記錄……以製造一幅圖畫。」參與製作地圖的藝術家再施上恰當的顏色，使得「這些手染的圖像愈來愈像它們努力要取代的繪畫。」弔詭的是《晴朗的一天》向我們顯示地球就是我們一

向看到的樣子，因而終結了想不斷追尋更寫實的描繪地球方式的歷史。

　　但是《夜晚的地球》對《晴朗的一天》提出批判，挑戰其作爲唯一的觀點。《夜晚的地球》的製作依賴發散光線，而《晴朗的一天》依賴反射光線。反射光線來自太陽光，再彈射回到掃描器，具有「自然」的性質。而發散光線必須有東西燃燒，它徹底浸淫在「文化」之中。因此，在《晴朗的一天》中，地球上是沒有人的。讀者可以想想，地圖上如果沒有人，那還會有其他什麼東西不見了？《晴朗的一天》選擇沒有雲層阻擋的時候拍攝，然而沒有大氣層，使得《晴朗的一天》無法成爲地球的肖像圖，充其量只不過是地球的陸表及海面的圖畫。它也沒有夜晚，結果否認地球環繞地軸旋轉；沒有季節，同時呈現北半球與南半球的夏天，結果是否認地球是個球體……至於地形圖或公路路線圖，應該是最科學、客觀的，它又牽涉何種價值與利益呢？請讀者不妨自行仔細閱讀此書。

　　除了地圖之外，環境模擬也在建築、都市設計與環境影響評估等領域廣爲運用。於是在建築物或其他公共設施尚未興建之前，就可以透過模擬方法，預先研究其對周遭環境的衝擊。繼柏克萊加州大學環境模擬實驗室之後，紐約社會研究學院也購置一套環境模擬設備。他們將紐約的某個鄰里做成模型，透過鏡頭在模型中穿梭，給人身歷其境之感。還記得我和研究所老師同學前去參觀，總覺得不太對勁。天空藍藍的，建築物乾乾淨淨的，似乎比較像是加州。而紐約的天空陰暗，公共建築物牆上滿是塗鴉；還有在紐約街道上行走，背包最好斜揹，然後隨時眼觀四周、提高警覺，這種身體與心理的感覺，就是沒法在模擬情境中感受得到。所以環境模擬固然開了一扇窗，重要的是我們要清楚知道，它讓我們看到什麼，又看不到什麼！

　　既然每張地圖都牽涉某種觀點、符合某種特定用途，則除了行政區域圖或地形圖之外，也許我們還需要聲音地圖、氣味地圖、公共廁

所地圖……小孩也許需要的是關於泥巴、蟬鳴與蝴蝶的地圖。既然每張地圖都服務某種利益，我們每個人都可以製作地圖，以賦予人們力量(empower)，並形塑不同的未來。我們也許需要女性公共空間危險地圖、女廁地圖……讓這些地圖成為女性之間交換經驗的媒介、提昇女性意識，進而形成公共輿論、形塑公共政策。我們還需要貧窮地圖、地下水污染地圖、濕地地圖、社區的活動地圖……

渥德在本書中提到愛滋病地圖的時代意義：「為了在科學上更加深入理解這項傳染，我們必須知道它在空間與時間中的狀況。……如果真正有效的教育介入行動需要一些提示，那麼沒有什麼比得上眼見為真。……對許多人而言，這種疾病顯得很遙遠，然而事實上卻是圍繞在他們身邊。……他們能立即用自己的眼睛看到，愛滋病用層級擴散的方式，從城市傳染到城市，然後藉由空間上的擴散傳染，從區域中心蔓延到周邊鄉村，就像桌布上的一塊酒漬……擴充設施（病床、收容所等）的規畫，需要我們思考要將新設施放置在何處……使他們有最大的機會去接近那些瀕死邊緣的人。」

接受地圖就是利益的再現，人們就不需要遮遮掩掩；免去掩飾的負擔，不必再假裝客觀性，就可以讓繪製地圖不再成為地理學家的專利，而成為你我可以製作的東西，為你、為我們工作。

序言

　　這本書並非全部首度出版。第五章與第六章的大部份內容，以及散佈全書的其他材料，曾經以論文、評論和評論論文的形式刊載於《製圖學》(*Cartographica*)上，這是本很重要的期刊，缺少了它，今日製圖學的思想便難以想像了。對於令人感動的人物，致謝只報答萬一；感謝伯納・葛特賽爾(Bernard Gutsell)和艾德・達爾(Ed Dahl)前瞻未來、鼓勵辯論，以及**出版這份刊物**的能力。第六章有部份也出現於《開場白：國家檔案期刊》(*Prologue: The Journal of the National Archives*)，我所揀選的材料也曾刊載於專業圖書館協會的地理學與地圖組《通訊》、《環境與行為》(*Environment and Behavior*)，以及《環境心理學期刊》(*Journal of Environmental Psychology*)(也要向大衛・堪特〔David Canter〕)致上高度敬意。大部分想法是在與鮑伯・貝克(Bob Beck)和喬治・麥可瑞(George McCleary)、亞瑟・克林(Arthur Krim)與湯姆・克希(Tom Koch)(他也編輯了手稿)的無盡討論中形成的。

　　第五章原來版本的共同作者是約翰・費爾斯(John Fels)。我也在第一章和第三章裡掠美了我們正在合作而由他完成的材料。但事實上他的思想遍佈此書，而且如果不是在「符號設計」的工作裡，我從他那裡獲益甚多，我幾乎無法想像能夠寫出這本書。我從約翰那裡學到了如何理解羅蘭・巴特(Roland Barthes)，而其洞見和例證遍在於每張書頁。

　　彼得・威梭克(Peter Wissoker)首先向我提議可以寫這麼一本書。他也提供使本書得以完成的刺激。展演副指導安德魯・皮卡瑞克(Andrew Pekarik)提供機會,讓我以同樣的題目,在庫伯-惠特博物館(Cooper-Hewitt Museum)以展覽的形式草擬此書。我的共同監製,露西・費羅斯(Lucy Fellows);展覽總監桃樂絲・葛洛巴斯(Dorothy Globus);以及計劃研究員,葛瑞賽達・渥爾(Griselda Warr)也對於此書採取的形式有重要貢獻。她們之所以知道我的名字,要感謝羅澤・哈特(Roger Hart)。她們之所以願意相信我的判斷,要歸功於我於一九九〇年爲布萊特波羅藝術博物館(Brattleboro Museum of Art)監製的展覽前例。瑪拉・威廉斯(Mara Williams)、琳達・魯賓斯坦(Linda Rubinstein)和雪莉・巴特列(Sherry Bartlett)當時給我的支持,使展覽得以成功。而這個前例也使我得以想像庫伯-惠特博物館的「地圖與權力」展覽與本書的可能性。她們會知道我的名字,我還是要感謝羅澤・哈特。

　　羅伯・郎司壯(Robert Rundstrom)在聖地牙哥組織了本年度美國地理學家學會的專門討論會,使我得以在懂得鑑賞的聽眾前發表第二章。喬治・湯普森(George Thompson)讓我得以取用對本書很重要的材料,艾德・達爾也是。辛蒂・列文(Cindy Levine)、艾瑞克・安德森(Eric Anderson)、狄克・威京森(Dick Wilkinson)、伯尼・梅(Bernie May)、馬克・瑞格雷(Mark Ridgley)、蘇珊・顧德蒙(Susan Goodmon)、提納・西爾伯(Tima Silber)、瑪歌・埃琴(Marc Eichen),以及顧狄・辛茲曼(Gordie Hinzmann)的幫助也很重要。派崔吉先生(Mr. Partridge)使我到處都準時。瑪提・費爾普思(Martie Phelps)替第二、五、六章打字。如果沒有她的幫忙,這本書永遠無法完成。謝謝瑪提。

　　英格莉(Ingrid)使我在寫書期間不受其他事務干擾:藍道爾

(Randall)總是在我遇到電腦麻煩時在電話裡救我（他也幫忙校正了書稿）；錢德勒(Chandler)每次都問，「丹，已經寫幾頁了?」；而克利(Kelly)盡他最大的努力使我得以心情平靜來趕上進度。若非我覺得必須將此書獻給一位我在他生時都未能適當地認識其典範的人，我將會獻給這四位我所愛的人。

萊里・北卡羅萊納州

一九九二年八月

導言

　　權力乃是做事的能力。地圖所做的也一樣是**做事情**（work）。

　　它們做事的方式至少有兩種。首先，它們**有效地**（effectively）運作。它們做事（work，有效），也就是說它們**不會失敗**。相反地，它們有所成就，它們達成效果，它們完成事情。**嘿！這有效！**不過，地圖要有效，它也要以另一種方式做事，那就是**辛苦工作**，也就是要**勞動**（labor）。地圖滿身大汗、竭盡力氣，它們投身工作。要如此努力才能達成的是什麼目標呢？那就是不斷地複製使地圖得以存在的文化。

　　地圖做事的時候，做些什麼？它們呈現（make present）──它們**再現**（represent）──過去累積的思想與勞動……有關我們生活其間，同時又共同努力使之存在的環境。在這麼做的時候，它們使得過去成為我們**此時此刻**生活的一部份。（這就是地圖促進使地圖得以存在的文化之再生產〔reproduction〕的方式。）地圖之所以**有效力**，乃是它將過去帶臨現在時，具有**選擇性**。這種選擇性，這種焦點，這種特別的關注，這種……**興趣（利益）**……使得地圖可以自在地再現過去（而非成為時光機器，使過去完整地呈現，因而消除了**現在**）。正是這種興趣（利益）使地圖是一種再現。這就是說，地圖做事……是為了替利益服務。

　　由於這些利益從關於地球知識的巨型倉庫中，選取了地圖所要再現的東西，這些利益是以呈現或缺漏的方式蘊涵在地圖裡。每張地圖呈顯了**此**……而沒有呈顯**彼**，而且每張地圖以**這種方式**而非**另一種方**

式，呈顯它所呈顯的事物。這不僅是無可避免，而且正是由於這種附帶了利益的選擇性——選取字眼、符號或世界的某個面向，以**確證立論**(make a point)——使地圖可以做事。

　　這種利益並非公正無私。它也不是簡單或單一的利益。這種利益分佈於**整個**社會系統（存在於那些使整個社會得以再生產的力量裡），同時又**集中**於這個或那個部分、同業工會或階級，在這個或那個性別、職業或專業，在這個或那個鄰里、城鎮或國家，在這種或那種……**利益**。就利益的基址和其特殊的目標與目的而論，修辭上的權宜規定了某種……**沈默**。因此，意圖達致一般性的社會再生產（以及，讓我們面對它，再生產那些支配者的地位）的保守勢力，以及伴隨了這個或那個特殊階級或行業，或國家的某個部分之利益的改革力量，**圖謀**遮掩它們的利益，圖謀……**自然化**(naturalize)這種具有許多文化能量的產物。

　　這種**地圖的自然化**發生在繪製地圖之符號系統的層次上。雙重的製碼(coding)確保了這一點(它至少是雙重製碼)。一個符號一旦被創造出來，就即刻為某個神話服務（亦即地圖所展現的世界是……**自然的**)。因此，不僅美洲原住民被十六和十七世紀歐洲人繪製的地圖遺漏，而且所繪製的圖面——樹木、河流、山丘——採取了一種透過窗戶而**如實地**看到世界的樣貌。

　　地圖得以這麼做的能力，取決於它所運用的符號，每一種符號都有……獨特的歷史。這不僅暗示了利益如何蘊涵在個別的符號裡，也暗示了符號本身如何形成與複製。隨著地圖被揭露為事實上是有歷史特殊性的符號系統，它們再也不是替現實拍照的神奇之窗。地圖不再與世界混淆之後，它突然成為提出有關世界之陳述的有力方式。

　　最後，地圖可以……**為你**做事。

＊＊＊

　　這個論題區分爲七章，展現在這本書裡。第一章試圖說明地圖如何做事，它們如何呈現過去累積的思想和勞動，使我們今日可以使用地圖。

　　第二章嘗試將地圖放入它出現的歷史之中，做爲一種服務利益的工具，而這種利益不僅使地圖出現，也因此劃分了使用地圖和不用地圖的人的世界。

　　第三章試圖藉由仔細閱讀湯姆・凡・桑特（Tom Van Sant）精美的世界地圖，說明這些利益蘊涵在**每張**地圖（即使是**看來最客觀**的地圖）之中的方式。

　　第四章藉由仔細閱讀新澤西州東北部林霧德（Ringwood）地方的地形測量圖，追索地圖遮掩它所具現之利益的方式——使地圖**自然化**的方式。

　　第五章仔細閱讀《北卡羅萊納州官方公路地圖》，試圖證明這種遮掩方式存在於可以用來解析地圖和構造地圖的符號之中。

　　在第六章裡，某個特殊符號——地形起伏（亦即……**山丘**）——的歷史，闡明了地圖與文化之其餘部分的連續性，闡明了文化的利益……即地圖的利益。

　　第七章主張，在理解了每一張地圖所服務的利益之後，地圖可以服務……你我的利益；也就是說，**爲我們**做事。

第一章　地圖的作用在於替利益服務

　　各色各樣豐富的形象，因變化萬千而令人目眩：這就是地圖的世界。樹枝與石塊、羊皮紙與金葉、紙張與墨水……沒有什麼東西不被用來框架我們居住其間的世界之形象。我們像鳥與蜂一般，在生命的姿態中舞出地圖：自語言形成以後，我們以言談的聲音抓住地圖的神韻。我們在空氣中勾勒，在雪地裡標示，在岩石上描繪，或在長毛象的殘骸上鑴刻。我們用陶土燒製，在銀器上雕鏤，在紙頁上印刷，……甚至也在圓領衫上印製各類地圖。大部分地圖現在已經散佚，無數的地圖在製作過程中佚失，或是隨著孕育它們的文字消失了。漲潮沖刷掉沙灘上的地圖，強風抹滅了雪地裡的地圖，羊皮紙褪色，紙張腐朽，或在火焰中化為灰燼。許多地圖消失了，它們被塞在廚房櫥櫃抽屜後面，或是汽車儀表板上的夾層裡，或是被肯塔基炸雞紙盒、紙杯弄得髒兮兮的，塞在椅子底下。所有的公路地圖都到哪兒去了呢？地圖所描繪的世界，以及我們所認識的小孩，66 號公路，在鮑威爾湖（Lake Powell）下方的峽谷，古老的科羅拉多河注入墨西哥灣，這一切都到哪兒去了呢？當我們提到「歐洲的古老地圖」（這也消失了），我們說的是伴著我們一起成長的確定事物，而不是一張紙。而且，而且…畢竟，去區分確實的事物與那張紙是很困難的，這張紙不僅描繪了世界，同時賦予世界一個我們完全接受的**現實**。

我們無法掌握的現實

　　而這個現實，基本上是地圖所賦與我們的**現實**，超出我們的視界、我們的掌握、我們的時間，那是一種我們別無他法可以獲致的現實。我們總是在描繪看不見或達不到，或是擦拭得掉的事物，描繪未來或過去，描繪此時此刻無法呈現在我們感官面前的事物，並且經由地圖贈與我們的禮物，將事物轉換成它所不是的東西，……**轉換成眞實**。放在結帳櫃台的本月號《生活》(*Life*)雜誌映入我的眼簾，上面寫著「注視地球」，「驚人的新畫面讓我們看到前所未見的地球。」翻開內頁，在「珍貴的地球」標題底下，這篇文章向我們保證「從近太空獲得的驚人新視野，讓我們看到超出我們所能臆測的脆弱地球家園之面貌。」❶

　　在停車場外，我並沒有因爲地球的珍貴而感到震驚，更不會因爲它的脆弱而失色。相反的，我感到詫異的反而是週遭所見每件事物的堅固與顯然無可撼動。只有這些圖片——讓我們暫時假想它們是地圖——才讓我相信它所喚起的現實。「注視地球」：彷彿我們從未注視過它，而事實上……**顯然我們的確不會注視過**。「新畫面」；「以前從未見過」；「新視野」；「讓我們多看一些」：每一句話都強調了其實我**從未**以這種方式**觀看**地球的事實。

　　讓我們面對事實吧！我不曾，你也不曾如此注視過。很少人曾經看過。即使是行遍萬里的旅者，也只見過地球表面的數平方英里：這座會議中心外圍的廣場、鄰近的環境、遊覽巴士浮光掠影的行程，以及從機場回家的旅途。我們每個人所能佔據的領域並不大，它根本算不上是「世界」，更不用說是「星球」了。我想到劇作家亞瑟‧米勒(Arthur Miller)寫到他的父親：

我父親晚年坐在長島養老的住所走廊上看著大海，經過一段長長的沈默，他說：「你知道，有時我看到遠處有一個小黑點，黑點愈來愈大，最後原來是一艘船。」我跟他解釋因為地球是圓的等等。八十年來，他從來沒有時間坐下來看海。他雇用無數的員工，製造成千上萬件外套，然後運到美國各地城鎮出售，而現在，他終於可以看海，而且以驚喜的口吻說：「哦，它是圓的！」❷

否則應該怎樣呢？「地球是圓的」並非我們身為可見—可聽—可嗅—可嚐—可感覺的動物能夠掌握的，它並不是……**自然地**就出現了。它是文化活動的遺跡，它是看著船隻從亙古的海洋出現接近我們，而想到這其中的可能意味，它是在不同的地點觀察陰影變化，是航行萬里，

七歲的海蒂‧艾利斯‧雷特(Hedy Ellis Leiter)所畫的世界。

以及在同一時間裡, 凝思這一切及其他事物。這是得來不易的知識。這是**地圖**知識。這是小孩子必須經由學習獲致, 而無法自己想出來的知識。阿蘭‧萊特曼(Alan Lightman)及菲利普‧薩得勒(Philip Sadler)寫道:「教育者如果以為小孩了解地球是圓的, 他們想必是住在夢幻世界裡。」即使四年級的小學生知道地球是圓的, 也經常「畫一塊平地, 人們則住在球體裡面, 有些人則把地球畫成一塊大餅, 或是彎彎的天空籠罩著平地。」❸

即使**這些**圖像──**這些**地圖──超出兒童有限的經驗, 它也是由造成與支持地圖繪製的文化活動所促成與支持的, 這些活動包括: 知識、繪圖傳統、有關再現(representation)的觀念, 以及概念化地球與天空, 以及我們介於天地之間之所在的習慣方式。

所以, 我們怎麼**知道**地球是圓的呢? 因為 (幾乎) 每個人都說它是圓的, 因為地理老師說它是圓的, 因為一張又一張的地圖, 都把地球畫成圓的……或者, 不是真的很圓, 也**假定**是圓的, 在地形學上是圓的, 因此當你的手指離開地圖的一側時, 你可以將手指接著放到另一側。這並不是某種形式的唯我論(solipsism), 而是努力了解為什麼這麼多年來, 我們利用這麼多種媒介, 製造出這麼多的地圖。最終, 地圖呈現出我們所**知道**的現實, 而不同於我們所見、所聽、所感的現實。地圖並沒有讓我們**看見**任何事物, 但它的確讓我們知道**其他人曾經看見的**, 或是找到與發展的事物, 而這些其他人還活著, 但更多人已經亡故。他們所了解的事物層層堆砌, 因而即使只是研究看來最簡單的圖像, 也要管窺過去經年累月的文化知識。

這裡, 再提到本月號《生活》雜誌的另一個圖像, 有關太平洋的風向。它在版面裡可能佔不到三平方英寸, 一個華麗的彩色渦漩圓圈, 卻總結了……**數百萬件資料**。假使圖片的文字說明只提到人造衛星傳送的電腦圖像, **我們**可以從其中隱含的圓球特性, 看到古代希臘人與

中國人久久尋思，爲何遠洋來的船隻只是一個小黑點的奧秘：我們可以再次揚航，隨著哥倫布與麥哲倫(Magellan)遠行，再度站在達連恩(Darien)山頂，與柯特斯(Cortez)一起遠眺太平洋；我們可以走到甲板上，利用從前航海測量的浮標漂浮；我們可以……利用從前**所有的工作成果**，所有的精巧設計及努力，所有航行與飛行的經驗，所有提出過的、不成立的、以及最後被證實的假設，所有被捕捉住、被利用的事物，所有由這個銀幣大小的粉紅色及藍色的太平洋風向圖**所證明**的事物。

地圖使過去與未來現形

我們認爲理所當然的世界──眞實的世界──就是以這種方式形成的，即經由過去的思想與勞動累積而成。它以地圖的大淺盤端上來給我們，**呈現出來(presented)**，也就是**使它現形(make present)**，因此，一切看不見的、無法到達的、可以擦拭的過去與未來，便成爲我們……**此時**……**此地**生活的一部分。舉例來說：我是萊里(Raleigh)某個市民團體的一員，我們結合起來，反對萊里市當局穿過列入國家指定史蹟(National Register of Historic Places)的一所醫院基地，準備開拓的一條道路。在這個過程中──我們生活於此時此地──我們比較了預定道路的路線圖(亦即可能的未來地圖)，與現有史蹟的地圖(亦即顯示過去決定應保存之史蹟範圍的地圖)。無論是過去或未來，我**在當地**都無法感受得到（這條路目前還不存在，我什麼也看不到，史蹟區的界限也尚未標示出來，甚至連個記號也沒有），卻藉著地圖的恩賜而呈現在我的眼前。

每幅地圖皆是如此，每幅地圖由於其掌握**已知**事物，而非只是**眼見**之事物的能力，掌握一些可以**理解**，而非只憑**感覺**之事物的能力，而

促進了生活。我想說的是，近來我們感官可見、可觸的世界，與我們藉此所製造的世界，兩者之間的距離已日益遙遠。史蒂芬‧霍爾(Stephen Hall)的《繪製下個一千年》(*Mapping the Next Millennium*) ❹ 的封面，看來是一幅海床地圖。其實，它所呈現的是海床重力場的異常現象，是根據雷達高度測量儀測量模擬海床地形的海面而得。現在，相對於我們腳下的沙灘地，或是（現在）看來已嫌老舊，而過去必須仰賴的聲納讀數，這都是一種延伸。但這裡有另一張地圖，是《新世界概況地圖集》(*The New State of the World Atlas*) ❺ 的第一幅，看起來像是世界的政治地圖，而且正是如此。但說起來容易，並不表示在概念上它就不是一種延伸。一旦你開始想到這一點，你就會了解，比起海床地圖，在概念上這更像是一種延伸。事實上，一旦你開始想到這一點，你就會了解，要說明這到底是一幅關於什麼的地圖，或描述它為何如此，非常困難。重力異常事例的概念，也許是或不是概念上的難題，但人造衛星發射雷達波到海面，以描繪出高度的細微變化，則是很直接的觀念；而這些變化或許反映出海床重力場的細微變化，並且可能和海床地形有關，這種想法也不算牽強。我們能夠想像這種感測系統，可以理解由資料轉換成這張圖像的想法。

但是在政治地圖裡，這種明顯直接的特質便消失了。國與國的疆界無法感知。土地利用有所不同(如海地和多明尼加共和國)，或是鐵軌軌距互異（如俄羅斯與中國大陸），或是郵筒的方向不一(如佛蒙特 [Vermont] 及魁北克 [Quebec])，標示了原本可能不太明顯的疆界，但更常發生的情況是，穿過雨林(如玻利維亞和巴西之間)，穿越沙漠（阿曼與沙烏地阿拉伯之間），或是在洛杉磯(如瓦茲 [Watts] 和康普頓 [Compton] 之間) 的疆界，則沒有差異之處可以標示疆界。或者，相反的情況是，**有**連綿的圍籬垂掛著捲曲的鐵絲及檢查哨，形成某種妄想症的節奏，而這個非常容易感知的疆界，**卻並非疆界**；這段

疆界有爭議，相鄰的兩國意見不和，聯合國具約束力的決議案被棄諸腦後，而各種地圖集則標出疆界……**在其他地方**。❻可以感知的與被描製爲地圖的事物之間的延伸，在此近乎決裂：被繪製成地圖的**是什麼**呢？

　　每幅地圖都構成了這種延伸，不論是大世界的地圖，或是我們房子所佔的一點空間的地圖，都是一種延伸。我們地產的契約書說明如下：

　　從標示西卡巴洛斯街(West Cabarrus Street)與柯特勒街(Cutler Street)十字路口東北角的椿標開始，然後沿著柯特勒街北緯 3 度 17 分的東線以西 50 呎到另一個椿標，即 125 號地(如圖所示，以下皆然) 的西南角，然後依此類推到各定點及起始點，即位於伯伊蘭高地(Boylan Heights)的 126 號地，此依據爲《1885 年地圖彙編》，第 114 頁，韋克郡註冊處。

　　但其實並沒有半根椿標，沒有任何椿標，什麼也看不到；就算有的話，所有人也都承認，圍籬並未依照地界而建，而是轉向穿過了地界：唯一的現實是地圖，是刊在 1885 年《地圖彙編》第 114 頁的地圖。這裡便是延伸——林間或草地、人行道或街道，均未標出地圖所應允的所有權（**土地**在那裡：這是地圖所創造的地產）——再次地，這乃是**另一個世界的活動**——在過去，這塊土地由英國王室所控制，然後經過出售或贈與，然後出售或贈與、出售或贈與……然後出售給我們——在地圖中現形，而成爲我們……**此地**……**此刻**生活的一部分。

　　地圖怎麼辦到的呢？

　　它的辦法是，透過地圖，我們與廣大系統的其他層面連接起來，這個系統則是藉由符碼、律法、分類帳、契約、條款、索引、盟約、協

韋克郡登記處《1885 年地圖彙編》（114 頁）的一幀地圖，記錄了 126 號地目。

議、協定、保證、承諾、諾言與誓言，而從過去帶到當前，並具體呈現在其中。例如，經由這份地圖，我們對於地產的所有權——地圖所描述的地界，使我們覺得真實的地界——與稅制的層級緊密相連。126號地的擁有者——明列於《1885 年地圖彙編》第 114 頁——在買下這塊地後，必須遵照規定付稅給國家（國家本身又是另一套地圖的產物）。據此，地主又與地方學區（由其他地圖賦予現實性）發生關連，他們的小孩在這裡上學（由另外一幀地圖決定就讀的學校）。地主買下土地之後，他們對於地產的利用同樣必須遵照規定，具現在土地使用分區

圖（例如不得出租）以及史蹟地圖上（如果他們要將房屋漆成白色以外的顏色，必須獲得史蹟外觀委員會的許可）。其他因為涉入巢狀地圖層級，而與 126 號地的地主有關的人，也有類似**或**相互的規定。他們同意不在 126 號土地上傾倒垃圾或設立狗屋，或將此地當作遊樂場，或是作為捷徑；他們同意分攤費用，以便從土地後方的巷子收集垃圾，分攤供水與下水道、消防與警察治安的費用，以及其他各項服務設施⋯⋯**一切與領域(territory)有關的費用。**

地圖連結了領域及其相關事物

連繫領域與隨之而來的各項事物的能力，正是地圖長久以來令許多人感到珍貴之處。地圖連結了領域與稅制、兵役或是某地降雨量、地震或水患的頻率、土壤種類或工程地質學、犯罪率或第一次降霜日期、包裹郵遞費率或郵遞區號、公路網或某日可見到的星星等。地圖連繫了土地與這些事項，以及過去數代以來陸續搜集的關於這塊土地其他感覺不到的特徵之資訊。賓州大學的大學博物館裡，一張有三千年歷史的地產地圖，便提供了這些功能。這張地圖以楔形文字刻畫在美索不達米亞平原的黏土塊上。❼隨後各種規模的社會，均曾利用各種媒介製作地產地圖。古埃及人曾描繪過，羅馬人曾經測量過；日本人早在西元 742 年就製作了地產地圖，美國國會圖書館收藏的阿茲特克(Aztec)地產地圖可以追溯到 1540 年。❽隨著美國通過 1785 年土地條例，以及拿破崙於 1807 年下令展開法國的地籍圖製作，地球上越來越多的面積被納入這本土地所有權的巨大地圖集。現在，我們很難想像有任何一平方英寸土地沒有被劃分、爭奪、購買、出售、引發殺機。每一筆交易⋯⋯都記錄了某地，記載在地政事務所的地圖上。

這些地圖只解釋了無數疆界的一小部分而已，經由這些疆界，我

們與所在的星球產生聯繫：協約組織與國家疆界的地圖；省份、地區與州的地圖；自治村鎮、郡、教區及鎮區的地圖；城鎮與都市、鄰里與分區的地圖；水土保持區的地圖；垃圾收集路線圖與瓦斯供應區圖；消防及土地使用地圖；法院轄區地圖……沒有理由在此──或是在任何地方──打住這串名單，因為有無數這種地圖──要怎麼稱呼呢？邊界地圖？權力投射地圖？──一如有無數種控制地球的方法。

　　邊界地圖只不過是進入廣大的地圖總帳的一個門徑而已。打開任何一本主題地圖集，便是各種門路──這裡，這些是圖版標題，亦即，地圖所指出的世界事物之名稱，根據《古狄世界地圖集》(*Goode's World Atlas*)的「世界主題地圖」部分，就區分了：政治、物理、土地類型、氣候區、地表溫度區、壓力、風向、季節降雨量、年降雨量、洋流、自然植物、土壤、人口密度、出生率、死亡率、自然增加率、都市化、國民生產毛額、識字率、語言、宗教、卡路里供應、蛋白質消耗、醫生、平均壽命、主要經濟、主要農產區、小麥、茶、稻米、玉蜀黍、咖啡、燕麥、大麥──如果繼續列出來，還要好幾頁的篇幅。❾從《新戰爭與和平概況》(*The New State of War and Peace*)地圖集列出的一節，則有**完全**不同的面貌：和平鴿(1988-90 年停火及裁減軍備地圖)、戰爭之狗(1989-90 年發生戰事國家之地圖)、非官方恐怖事件、核子危機、殺人武器、殺戮戰場、竊聽器與毒藥、裝甲部隊、軍火商、劊子手刀下魂 (戰爭死亡人數)，流離失所的難民 (難民人數)、政治分贓、殉難的地球……同樣可以列出好幾頁。❿鏡頭推近？在《核戰地圖集》(*The Nuclear War Atlas*)所列的 57 幅地圖裡，我們可以針對《新戰爭與和平概況》地圖集的核子地圖，作鉅細靡遺的檢視。舉例來說，有一幅第二次世界大戰期間廣島毀滅情形的地圖，還有另一幅中共第五度核子試爆後輻射塵散佈全球的地圖，第三幅則顯示美國在核戰中將會接收超過 100 倫琴當量(rem)輻射的地區，另外還有

54 幅類似的地圖。❶

　　鏡頭拉遠，使我們能夠考量製圖學家所說的一般參考地圖（general reference maps），這種圖像建立了相對較爲無所偏袒的現實，至少以《核戰地圖集》、《土地類型地圖集》（Atlas of Landforms），❷或《世界酒類地圖集》（The World Atlas of Wine）❸的標準而言是如此。在《古狄世界地圖集》的「地區篇」裡，收集了最多這種一般參考地圖。這些地圖均被歸爲「自然—政治參考地圖」，換句話說，這些地圖關注自然環境的特殊面向——地形及重要的水文特徵——以及少數所謂的「文化特徵」——政治疆界、（某種規模的）城鎮與都市、公路、鐵路、機場、水壩、管線、金字塔、廢墟，以及……**旅行車隊路徑**。❹我承認……這幾乎算不上是**一般**參考，不過就地圖描繪的是我們可能**見到**的世界而論，已經頗爲接近了，尤其是從大的尺度著眼，當凹凸的輪廓顯形，地圖開始呈顯出的世界圖像，宛若是從飛機上俯瞰的畫面……多多少少吧。地圖總是一種延伸，它從來不是我們可以行走其上，或嗅到或親眼目睹的「眞實事物」：

　　　　大老虎以前從來沒有見過任何地圖，但他假裝知道所有關於地圖的事，故作輕鬆地說：「我看不懂上面的名稱，因爲這是用英文寫的。」克里斯蒂安了解他必須教他的朋友看懂地圖，他說：「上面是北方，小圓圈代表城鎮和村落，藍色代表河流和湖泊，細線是公路，粗線是鐵路。」大老虎指著許多白色小塊說：「這裡什麼也沒有哇！」克里斯蒂安解釋說：「那表示這裡是沙漠，你得自己到沙漠去，才曉得它是什麼樣子。」❺

　　沒錯，這正是地圖的重點，它並不是呈現我們所能**見到**的世界，而是**指向**一個我們可能**知道**的世界：

大老虎説：「這是一張好地圖，可以先檢視我們隨後要去的地方。」
克里斯蒂安問道：「這裡眞的有強盜嗎？」大老虎大膽地假設說：「也
許地圖上有寫吧，我們來找找看。」❶❻

假使有旅行車隊路徑，……**爲什麼不畫上強盜**？

地圖使我們的生活成爲可能

地產地圖與一般參考地圖的差異是：前者將我們釘牢在領域上，
後者只是標出領域。我們也許會利用地產地圖（以及它所指涉的其他
地圖）來預先回答有關學區及犯罪率的問題，不過這類地圖通常**發揮
作用**的方式，是使這些連結在延續的日常生活裡有效。一般參考地圖
……是個比較抽離情境的觀察家。差別就好像父母指著髒碗盤說：「去
洗碗！」——地產地圖——和他們隨便指著瓷器櫃說：「你祖母送給我
們這些瓷器」。標示性(indexicality)完全一樣，但其他世界成爲我們
生活之一部分的方式，卻界定得**比較不清楚**，也較不易**執行**。這意味
了我們不僅可以區分呈現不同事物的地圖，還可以根據這種知識被編
納進去的不同生活來區分。攤開在我面前的是「出發灣的波利爾通道」
(Porlier Pass to Departure Bay)。它是組成「3310 號航海圖——海
灣群島：維多利亞港至納奈茅港」的四張地圖裡的第四幅。❶❼這張大
約 4 呎長，1.5 呎寬的狹長地圖，摺疊起來，意味著可以分成各個部分
來使用——亦即**查閱**——如果不摺起來的話，非常漂亮。這類地圖通
常加玻璃裱框掛起來，裝飾牆壁，**並且**與領域產生連繫。地圖上分散
著黑色的數字，及彎曲的藍色線條，以噚表示水域深度(不到 11 噚者
以噚和英呎標示)。其他神祕的記號區分了 46 種航海輔助設施（不熄
的燈光、哨音浮標、濃霧信號），8 種不同性質的海床（碎石、濕泥、

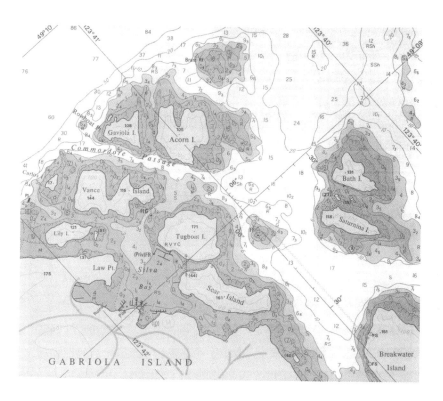

「出發灣的波利爾通道」地圖的細部，為四聯圖的第四幅，出自《海灣島嶼3310號圖：維多利亞港至納奈茅港》。

貝殼），以及44種其他重要物體（高聳岩壁、大海藻、沉船殘骸、被棄的海底電纜）。❶集各種力量而成的這張航海圖所編納進去的生活，和利用另一張地圖所構成的生活截然不同。比如說，《北卡羅萊納州J區域地質圖》（*Geologic Map of Region J, North Carolina*）以紅、黑兩色代表火成岩、水成岩、變質水成岩、變質火山岩的分布地點，不同的紋路走向及傾斜度，以及各類礦藏地點，如具有潛在經濟價值的碎石、鐵礦、金剛石礦。這張地圖可能編納進去的生活，可以用附帶

手冊的標題來解釋:《J 區域地質概況：北卡羅萊納州礦產資源開發與土地使用規畫手冊》(*Region J Geology: A Guide of North Carolina Mineral Resource Development and Land Use Planning*)。❶ 這使我們得以想見規劃者──和領港員不同──查詢這張地圖，以決定如何利用土地，而領港員查詢地圖則可能是爲了決定在何處棄置低輻射廢料。

我們習慣上認爲這是地圖的不同**用途**──一爲航海，一爲規劃──但兩者均是利用地圖固有的標示性，以連結某個領域及其上的相關事物，例如這裡可能有淺灘水域，那裡也許有一處活動斷層；和編納了一切地圖所具現之無數勞動的**生活**相較之下，這些**用途**彼此並沒有太大的不同。這正是使用地圖的意義。也許看起來像是尋找方向，或是對地產採取法律行動，或是分析癌症成因，但無論如何，它都是將過去發生的行動，編納進入此時此地的生活。當這些行動……**完全是在我們的腦海中**進行時，也是如此：我們腦海中製作的地圖，就如同紙張印刷的地圖一樣，具現了經驗，並隨著我們在每日生活的活動裡，穿行於世界之中而不斷累積。我們所仰賴的深沈經驗，例如，我們從無數的可能中挑選了**這條路徑**到電影院，也是一種工作的產物，就如同中古世紀的**航海指南**(portolan)，在其小心翼翼規畫的羅盤方位線網絡，以及海岸的精密細節裡，編納了數代以來的水手(及其他人)所累積的知識。❷ 在我們與生俱來的簡單先驗圖式上，我們幼年的吸吮、爬行、抓取和躲貓貓遊戲，都映繪出一個簡單的地形關係網。這提供了一個底層，藉以蝕刻──我們離開家門到校園或鄰近地區，我們到祖母家後面的森林裡或小溪對岸的草地探險──雖然觀點改變，卻不會因此變化的空間關係。一旦我們能夠協調這一切，即使地點改變，我們仍然可以開始建立恆定的參考系統，我們可以開始製作……**地圖,** ❸ 不論我們到哪兒去、何時去，我們是從走路或坐車、搭船或乘飛機的

移動裡，從我們看到的圖片或電影裡，從我們在報上讀到或從電台聽
到的報導裡，從我們看的書、查閱的地圖、逐頁翻過的地圖集裡……
從旋轉的地球儀裡，我們都能製作出地圖。這全是勞動、苦力，是心
靈領域的建構；當我們利用它們——即使是最平凡無奇的事物
——時，都是把眉間滴下汗珠而累積出來的財富呈現出來。

　　爲了什麼目的？爲了相同的目的——透過地圖——將精心建構的
知識與我們的生活連繫起來。比如說，我們想去看電影，我們會怎麼
做呢？我們先查看報紙，知道了「六叉路車站(每天 2:00、4:30、7:00、
9:30 放映)，商場大樓 (每晚 7:00、9:30 放映)。」爲了決定要去哪家電
影院，或是怎麼去，我們必須將所有相關資訊組織成某種結構。我們
暫時先將這種結構稱爲心靈地圖(mental map)，假想它和一張巴黎
地鐵圖差不多，並佈滿一兆個小燈泡。當我想到六叉路車站時，有一
串燈泡便亮起來。當然，我所得到的圖像，只不過是對我而言，我正
在敲打這段文字的電腦，其活動運作的機械過程。這一系列燈泡亮起
來，然後我便對萊里與到電影院的路線，電影院的位置 (我的身體是
否朝向它的方向?)，我走哪條路可以到那兒(可能有很多種選擇)，我
出門時的交通狀況等等有所感受。我不知道這些感受是不是像地圖的
圖像一樣，浮現在腦海。我知道我可以用這種方式表現它，但我覺得
我所檢索的心靈地圖，比較不那麼……**直接**。有時候，這串燈泡並不
完整，我察覺在我的知識裡有個斷層，有一點不確定，我會說：「你知
道怎麼去嗎?」「你不知道嗎?」「嗯……大概。」也許在這串燈泡的末端
有一枚紅燈泡，讓我曉得當我到了那兒，得問問看，但這不成問題。或
許有一枚藍色的燈泡，讓我知道我可能很容易迷路。當然這只不過是
地圖，沒得保證的。無論是什麼顏色的燈泡，我都可能迷路。假使決
定去商場大樓，同樣會發生這些事情。我比較兩家戲院的不同點 (是
不是有些路徑的燈泡比較亮?)。接著模板暗下來，只剩下兩條路徑的

燈再度亮起來。一條路是粉紅色（交通壅塞），另一條是藍色（道路施工）。最後——這全部花了千分之幾秒——我說：「到商場大樓看 7.00 那場如何？」於是我們就出發了。❷

　　當然，心靈地圖並不是裝有許多燈泡的模板，不過在作這類決定時的神經活動，與我們利用紙製地圖作決定的情形相距不遠。當我們開始把這些地圖表達出來，和其他人分享時，相似之處就更多了。「什麼？你爲什麼不走那條路？」「因爲走這條路比較快。」「哦，才不呢，如果你從聖瑪麗到萊西特工廠更快——」「喔，然後再走六叉路到沙地叉路嗎？」「沒錯。」此處裝在不同的腦袋裡的地圖，其搜尋方式，幾乎就像有地圖攤在桌上一樣，將每個人過去所建構的知識，連繫到現在開展的共享之生活經驗。

一種地圖用途，多種生活方式

　　這諸多地圖，只爲了一種用途(除了趕蒼蠅或包禮物外)，即透過地圖——地產或心靈地圖，主題式或一般參考地圖——將我們做過的事情(我們兌換的錢、我們進行的測量、我們走過的路)，和我們打算做或必須做的事情、我們發現迫切得做的事連繫起來。但雖然只有一種用途……卻有許多種生活。或許，這是曾經嘗試過的地圖諸多分類的問題，它們最終不是地圖的分類，而是我們看待世界的方式，以及我們生存其間的衆多方式的分類。以《地圖目錄》(*The Map Catalogue*)❷ 看似簡單的架構爲例，旣然它的副標題是《地球及其上空的各種地圖》(*Every Kind of Map and Chart on Earth and Even Some Above It*)，我們應該可以期待某種……無所不包。不過，我們發現也只有三種地圖：**陸地、天空**和**水域**的地圖。這種表面的簡單性質（本身即是幻象）立刻就瓦解了。在「陸地地圖」底下，列有空中

攝影、農業地圖、古代地圖、自行車路線圖、邊界地圖、商業地圖、人口普查地圖、中央情報局地圖、城市地圖、國會分區地圖、郡地圖、緊急資訊地圖、能源地圖、外國地圖、地質圖、公路地圖、史蹟地圖、歷史地圖、印第安土地地圖、土地所有權地圖……我已經被這一連串目錄累垮了，這裡並未考慮押韻或任何道理，只是隨意拼貼、雜集……而且停不下來。另外一個分類取材自《美國製圖學家》(*The American Cartographer*)（美國測量暨製圖學會的刊物）的特刊，包含了《美國對國際合作署國家報告，1987》(*U. S. National Report to ICA, 1987*)。❷❹就此，我們應該能夠預期某種……權威性。我們又只有三種基本分類，不過這回是分為**政府製圖、商業製圖**，以及**大學製圖**。而再次地，表面的簡單性只是幻象（所有大學均為州立大學，而在後者裡，我們發現「企業製圖學的限定版本地圖」），這種分類是不真實的，或者，它們與賺錢有關，而與地圖無關，整體再度被分解成一團混亂，唯一的次序是按頁碼排列：「美國地質測量局製圖計畫與產品」、「國家海洋大氣管理局地圖與航海圖產品」、「防衛地圖機構再設計研究」、「公園綠地圖」、「實驗性 1:100,000 地面／空中產品」。第三個例子出自羅賓遜(Robinson)、薩勒(Sale)、莫里森(Morrison)及莫赫克(Muehrcke)為這門學科所編的教科書，《製圖學要素》(*Elements of Cartography*)第五版。❷❺我們再度可以分成三類：「為了能夠了解地圖與製圖學家之間的異同，我們將從三個觀點來看地圖：(1)規模，(2)功用，(3)主題(subject matter)。」有人責難這三者並非相互獨立，但再次地，這種分類經不起檢視，這次是變得……**模糊**。規模只是在區分**大小**；功用區分了**一般的、專門主題的**和**航海圖**。至於在主題這個類別裡——在向地籍圖的製作與計畫致意之後——我們發現「地圖可以根據其支配性的主題，作沒有止盡的分類。」這得到的結論是：「製圖與主題無關，」這就使得以主題作為分類基礎的論點失去了意義。

　　霍爾提供了四種分類（極度新奇）——「我們與其他的星球景觀」、「生理景觀」（身體、腦部、配偶子、基因及 DNA 的地圖）、「原子與數學的機率景觀」（原子的表面、粒子交互作用、圓周率的碎裂映繪）、「天文及宇宙景觀」。❷⑥《古狄世界地圖集》也把地圖分成四種，分別是世界主題地圖、各大城市地圖、區域地圖及海床地圖。❷⑦不過他的分法可以全部放在霍爾的一個類別裡。邵斯渥斯（Southworth）夫婦兩人都是設計家，他們將地圖擴增爲八類：土地類型；建築形式；交通網與路線；數量、密度與分佈；關係與比較；時間、變遷與移動；行爲與個人形象；模擬與互動。夠奇怪吧，他們說這些都是「地圖繪製技術」，而包括了其他人所稱的地圖類型在內（因此，有浮雕地圖、立體地圖、路線圖、圖解連環地圖、圖畫文字地圖、漫畫地圖、軍用地圖、地質圖、圖畫地圖、保險地圖均涵蓋在內），但他們並未予以系統化。❷⑧

地圖建構世界，而非複製世界

　　這些各不相同的分類法的共通之處，正是在於它們如此努力分類的地圖的共通之處。兩者都是由用途所驅動和塑造，這些用途透過分類，而將地圖與需要和製造地圖的生活連繫起來。製作一本書的原始動力，製造出《地圖目錄》的粗糙分類，根據字母的順序，武斷地分解土地、天空和水域世界。由製作地圖的人爲了製圖者而寫的製圖學期刊，亦依循這種生產上的分裂。霍爾是徘徊在「新近繪製之領域」的記者，他發現其中另有凌天入地的領域，從而發明了奇觀的分類。至於邵斯渥斯夫婦——正如我們對於設計師的意料——製造出比較形式性的分類法。但這些都算不上是……**地圖**的分類。你可以很容易地想像。在界的層級中，可分爲**物質地圖**與**心靈地圖**。在物質界的範圍內，

又分成各門(phyla)：**紙圖、布圖、陶土圖、金屬圖**。再依大小與重量分爲次門與綱；然後,依製作年代及地點分爲目與科；再來是屬與種,依據投射法及……。至少, 這是**地圖**的分類, 而不是地球的分類或製圖者的分類, 或是亞里斯多德的元素分類。但這些分類是多麼……**無趣**, 多麼地……**不相干**, 立刻一目了然。這並不是說, 地圖的大小和重量無關緊要——你不可能躺在床上看《時代地圖集》(*Times Atlas*)；你開車用的地圖, 必須摺疊成小塊——而是這些物質都被更廣泛、更有力、更……有意義的問題所取代, 那就是: 地圖如何將讀者連繫上它所呈現的世界。因此, 我們有自行車地圖、建築藍圖、書籍插畫、地形圖、歷史地圖集、壁圖、商標……。

再次地, 我們陷入生活之網。最好乾脆……**承認地圖的知識, 乃是孕育地圖形成之世界的知識**——就像鑄件從模型而來, 鞋子由鞋楦而來——顯現出這個努力製造地圖的社會裡, **每件事物**的異質同形之相對圖像。當然, 這便將地圖置於一個比製圖學更爲廣泛的領域；它將會堅持要有一種地圖**社會**學。這迫使我們承認, 地圖所呈現的知識是**社會建構**出來的, 這並非一時犯錯, 也不僅是……**複製的**。但是, 地圖爲了擺脫這項罪咎, 所格外精心建構的藉口, 比其他的地圖面向都還要仔細。布萊安·哈利(Brian Harley)致力於了解爲什麼歷史學家很少利用地圖, 他認爲這與歷史學家看待地圖的方式有關:

> 一般對地圖性質的感知, 是地圖好比鏡子, 是真實世界某個層面的圖像再現。各種字典及製圖術語彙編裡的定義, 確認了這種觀念。在測量技術、製圖學家的技巧, 以及慣用符號的符碼等重重限制下, 地圖的角色是呈現地理現實的事實性說明。雖然製圖學家不僅撰文敍述製圖科學, 也談論製圖藝術, 但科學已然佔了上風。結果, 歷史學家評估地圖時, 他們的詮釋即受到這種地圖應

該如何如何的觀念所影響，在我們的西方文化中，至少從啓蒙時代開始，製圖學便被定義爲事實的科學（factual science），前提是地圖應該提供一扇透明的窗戶來看世界。㉙

這種態度成就了什麼？正是假裝地圖告訴我們的是……**現實**。如果不是現實，那麼爲什麼它不是……**意見**，某個人**認爲**你的土地應起於何處、終於何處，或是準確地**猜測**到邊界的所在，或是關於百年洪氾線位置的**想法**，而不是洪氾線本身。這種態度所省略的，正是地產線的社會建構，邊界的社會建構，百年洪氾的社會建構。百年洪氾線——如同我們繪製在地圖上的任何其他事物一樣——並不是一條你能**看見**的線，也不是在泥地、牆上或河岸碎石劃上一個高水位記號，倒像是藉由審慎的外推法，從統計上的暴風雨推算出等高線的一環。只要我們接受地圖是世界的一扇窗戶，就必須接受圖上的線條代表各項事物，以及河流與山坡的存有論地位。㉚然而，一旦承認地圖是社會建構，它們的偶然、視條件而定……**武斷**的特徵，便顯而易見了。突然之間，這些線條代表的事物便受到討論與質疑，地圖中地主、國家、保險公司所享有的**利益**，也都一目了然。一旦我們承認地圖**創造**了這些界線，它就不能被視爲是**再現**這些「現實」，現實是只有地圖才能具現的（徹底的利益衝突）。㉛歷史學家的問題也是每個人的問題：我們依賴地圖的意願，與我們懸置對其眞實度的不信任之能力成正比，但這意謂著願意把地圖當做一隻眼睛，而這隻眼睛也不過是選擇性地把社會建構的世界呈現出來。㉜

這裡的誘惑在於總是以聾人聽聞的例子，來說明這些主張的眞相。其作用在於只穿刺……**最明顯的漏洞**，以便保護藉口。把地圖偏見最顯而易見的例證一一列舉出來，我們日常生活中更大部分的偏見，便得以逃避檢查；早報的一則故事堪稱經典。一所地方上的高中——吉

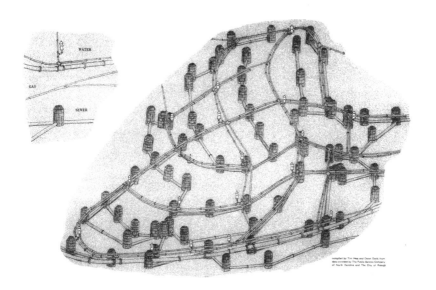

這張地圖的社會建構是難以忽視的，因爲在地底下，根本不可能看得到天然氣、地下水及下水道管線均位在毗鄰的 126 號地的地底(Carter Crawford 繪製)。

本斯主教中學——竟然不在它所列的地址位置上，大部分地圖卻說它在那裡:

> 有關該校不在此地的紛亂並不止於此，有些地圖顯示該校位在亞芬渡輪路西側，介於兄弟會庭園與西部大道之間，卡克斯(Kockx)說:「我所見過的每張地圖都標出我們距此地西側大約半哩，難怪我們無法擴大招生，根本沒人找得到本校。」

　　此處隱含的意思是，地圖上其他地方都在應該在的位置上，除了這項奇怪——但也解釋得通——的錯誤，地圖的確是望見世界的窗戶。正是**這項**例外證明了這條規則。如果孤立的辦法行不通，神奇的手法

便奏效了：我們的注意力被轉移到「宣傳地圖」，由於遮蔽了大部分的地圖，而只顯露一小部分大家都看得見——並且愉快地承認——圖像之社會建構的地圖，因此便得以保障其他地圖的清白。**㉝**或者，傾力強調地圖**在過去**未能反映出「**真實世界**」。而這便導致一種自以為正義的憤慨，為黑暗時代因學習之光被熄滅而失去的學習機會扼腕，**㉞**以及關於因為城鎮不足，而將大象放置在約納森・史威夫特(Jonathan Swift)筆下無人居住之草原的無盡空談，也因此使得**當代**地圖——假設是經過一番努力與對於標準的「科學」關注——得以變成看見世界的窗戶。**㉟**

> 這個交通網的車站通常彼此相隔有 25 公里至 100 公里 (15 至 60 英哩)，而且據有 1983 年北美資料 NAD 83 (North American Datum of 1983)的地平面位置，各個位置的精確度出入約為 1-3 公分的水準，相對於 NAD 83 座標系統的絕對位置，精確度出入約為 5-10 公分的水準。由於 GPS 是立體的，這些車站也有垂直的座標系(橢圓面高度)。這些橢圓面高度可以轉換成直角正交高度，這些數量可以利用大地水平面(geoid)高度的資訊由平面測量取得。NGSD 藉由高解析度的大地水平面高度模型(稱作 GEOID 90)，已經發表這類大地水平面高度資訊。這種大地水平面在相隔 10 公里的兩點之間的精確度，誤差可以小至 1 公分。**㊱**

只有這麼些微的誤差，地圖才能做為觀看世界的窗戶，因為我們可以控制並了解這些誤差，所以誤差就和一面玻璃窗一樣，並不會干擾我們的視線。

你只要不在意窗框就好了。

你只要不在意窗戶孤立出這面景緻，而犧牲了其他，不在意窗戶

只在一天之中的某個時段開著，只展現出有限的視野，一定得在這種……或那種光線時才見得到。這就是戲法所在：如果你注意到玻璃，你就不會注意到望出去的景觀。並不是精確性不值一顧，而是它從來就不是重點，它只是一種掩護。精確性本身並不是關鍵，問題在於是什麼東西的精確性？如果我們無法計算人口，那麼取得某地面積精確到一平方公厘的數字，又有何重要性？**㊲**如果我們可以小至公分的精確度來定位川普(Trump)的泰吉瑪哈陵，誰會在乎？大家關心的是它所衍生的利益到底值多少錢？在交通地圖上把公路普及化，還不如開闢公車路線來得實際。每扇窗戶都是由社會選擇的，無論窗戶多麼明淨，望出去的景觀都受到社會的限制，精確度是毋庸置疑的，只不過……不是重點。**㊳**

　　你瞧：《時代地圖集》第 86 幅地圖是蘇伊士運河流貫圖。這裡是以色列，這裡是約旦，兩國國界不是習見的國際疆界記號，而是連串的紫色點與折線，稱為「1949 年停戰線」及「1967 年 6 月停火線」。**㊴**此處的重點為何？當然，這些點所代表的線的**位置**不是重點，每個人都同意……它們在那裡。重要的不是經度和緯度，不是可以想像的測量得到的精密程度，而是……**所有權**：這也正是繪製在地圖上的東西，是這場戰役的緣由。早在哈里森(Harrison)的精密時計從第 1 秒開始計時之前，更早在我們利用全球定位系統之前，這場戰役即已熱鬧開打。利用人造衛星的定位，我們知道自己置身在北緯 31 度 31 分，東經 35 度 7 分；無論我們稱此地為希布倫(Hebron)或阿爾卡利爾(Al Khalil)，都得同意這裡的確是北緯 31 度 31 分，東經 35 度 7 分。但畢竟地圖並非**標示位置**，而是**在某個位置創造所有權**，爭奪的對象就是所有權——或群落交錯區，或一方地產，或人口密度，或地圖使其存在的任何其他東西，地圖使之成為真實的東西——這正是戰爭的目的，在這個例子裡，至死方休。

　　第二個例子是早報所刊登的消息，寫得再明白不過。頭條寫著：「萊里的鄰近地區不希望被劃入市區地圖範圍內。」這裡又是一個合併的問題，旨在證明另一項合併是正確的：

> 萊里實際上想合併的是毗鄰的有利可圖的百年校園(Centennial Campus)，佔地 1,000 英畝，州法律規定被合併的土地必須有一定的居民人數，而這是新校區所沒有的……毗鄰而居的 340 人剛好符合這些條件，可以納入合併協議內容。❹

　　反對者認為，城市不會保留被併入地區狹窄私密的街道，居民必須為他們享受不到的設施付費，以致有重覆課稅的情形。一名居民抱怨說：「我們幾乎是被三重課稅，郡、城市，還有我們的房東。」再一次地，問題不在於城市、郡、分區和校區在哪個地方。這些都是地產，感謝地圖的呈現，它的精確性並非問題所在，因為地圖主要不是在記錄位置，而是連繫位置與人們的生活。郡、城市？地圖的角色在於**建立這種連繫，使它成為居民生活裡的真實**（而且藉由巢狀地圖層級裡的相互牽絆，也成為其餘城市居民生活裡的真實），但除了下標題的人以外，所有的人都不會注意地圖的角色。

每幅地圖都有作者、主體和主題

　　「鏡子」、「窗戶」、「客觀」、「精確」、「透明」、「中立」：這一切都是想偽裝地圖是……世界的……**複製**，使我們無法把它視為是社會建構，它和其他社會建構一起，使世界得以從過去現身存在，並進入我們的現在。在這些偽裝中，最為明顯的就是一般參考地圖、地形測量圖。這些沒有觀點的地圖，給予我們的世界……**正如其實**。所有地圖

迷思中最受製圖學家看重的，難道不是地圖不帶情感的中立性嗎？難怪製圖學家指著北方認爲理所當然，好像一般參考地圖的中立性是與生俱來的事實，就好像「人生而平等」一樣再自然不過，或是像「人人爲己」一般順理成章。就像這樣，眞理似乎毋庸置疑。它就在那裡，在懷疑的年代中，有如磁石一般確定。在大部分製圖學的文章裡，一般參考地圖通常在開首短暫出現，它的存在就像聖母懷胎一樣，不動情感地昭告天下。❹它是未下定義的詞語，然後便消失了，雖然像癱瘓的手一樣，在字裡行間仍可察覺它的存在。「我們都知道地圖如何發揮作用，對吧？好，讓我們來做正事吧。」就像食譜一樣，蛋糕是什麼有何關係？只要照著說明，你就可以**做出**一個蛋糕。編輯與撰寫、校正與印刷：**這就是**一張一般參考地圖。如果你手中拿了一份，還需要再討論嗎？或者，提到一般參考地圖，是爲了釐清什麼**不是**一般參考地圖。就像魔術師的帽子，它在討論中無中生有，稍縱即逝：奇妙地從空無一物的內部，抓住一隻主題地圖的兔子來。❷相對於一般參考地圖，這種地圖宣稱有一個主體（subject）或主題（theme）。或許，我可以反過來說？一幅沒有主體的地圖……是否像是沒有旋律的歌曲？

　　除了恐怖的空無一物的鏡子之外，沒有主題的地圖會是什麼樣子呢？什麼也沒有，那將**是**空無一物。什麼也不是。除非突然在另一個宇宙出現，或許是數學家的宇宙，成爲空白的方格；或是出現在語言學家的宇宙裡，成爲殘缺的語言，文法雖在，卻沒有文字來賦予血肉。地圖永遠是**關於**某物的，永遠有個主體，即使這個某物是虛構的，只存活在有關它的地圖裡，而別無其他地方。❸地圖從自身指涉出去到另一張地圖，指涉世界，指涉它所不是的自然。它關於**某物**（它的主體），亦透過**某人**（作者），它在世界上的出現，乃是再現心靈的作用，而這些──這需要重覆──均爲所有人類感知、認知與行爲的債務（與資產）所苦。❹這無異於指地圖是**有關**它所呈現的世界，而其揭顯的

這份地圖來自十二世紀杜林(Turin)一座圖書館裡的手稿，呈現了作者的偏見、成見、偏私、技藝、好奇心、優雅、焦點、細心、注意力、聰明及學識，不是只有這張地圖才如此：所有地圖皆然。

不是世界——或者不**只是**世界——還有（有時尤其是）繪圖者的作為。換言之，地圖，所有的地圖，勢必如此地、不可避免地，必然呈現了作者的成見、偏見與徇私（更別提較少被注意到的，製圖者呈現其心血時的藝術、好奇心、優雅、焦點、細心、想像力、注意力、聰明與學識）。在描述世界的同時，描述者不可能不受到這些及其他特質的限制(或解放——這也是觀點的問題)。即使是指出來，也總是指向⋯⋯

某處；這不僅標示地點，同時也使其成為特定焦點之主體，指向此處，而非……**其他地方**。這個指示者：作者、製圖者；被指出的地方：主體、位置；特別的焦點：關注的面向、主題——任何地圖不多不少正是包含這些東西。舉例來說，製圖者（作者、指示的人）畫出歐洲（主體、被指出的地點）的植物分布（主題、注意的焦點）。**㊺**

　　從這個角度看來，並不是一般參考地圖缺乏主題，而是它有**太多**主題，或交織太密，這種地圖過於細密而不單純，太繁複而無法一言以蔽之——因此，文字毫無用武之地，就像當今的偉大小說不像早先的小說一樣，需要副標題來提示主題，歷如《憨第德》的副標題是《樂觀主義者》（*Candid ou L'Optimisme*），或《艾彌兒》的副標題為《教育》（*Emile ou L'Education*）。因此，沒有**歐洲**或**植物分布**、**交通**、**地形**、**國界**、**城市**與**名勝區**，只有（更堂皇的）歐洲，就好像我們說《尤利西斯》（*Ulysses*），或《愛在瘟疫蔓延時》（*Love in the Time of Cholera*），雖然沒有一一條列，我們也不會認為有「主題」不明確之虞。或許基本上問題在於聽來是否和諧，乍**聽**之下，「植物分布圖」還不錯，不過「植物—自然—政治—都市地圖」**聽起來**就很拗口愚蠢。雖然偏好明顯的優雅（「植物分布圖」），甚於實用（「植物—自然—政治—都市地圖」）是一種勢利行徑，但是把標題和內容混淆，卻是一種瘋狂行為，例如錯把「植物分布圖」當做屬於植物的地圖，或是把「歐洲」地圖（以此優雅名稱代替拗口的「植物—自然—政治—都市圖」）當作屬於歐洲的地圖。前者錯把主題當主體，後者誤認地圖為主體本身，彷彿可能有純然關於主體的地圖、關於歐洲的地圖，而不是關於歐洲的**植物**，或是歐洲的**地形**，或**今日**的歐洲**城市**，但你明白，關於**歐洲本身**，就是這樣，永遠如此，這便是全部。

　　然而，這個幻象很快地便不再是刺耳的標題，這種自我欺騙甚至導致以名稱而非內容來建立地圖的類別：以主題命名的地圖(植物、都

市、氣候)和假定有所偏袒的(**主題地圖**)，以及依主體命名的地圖(歐洲、北美)和假定無所偏袒的(**一般參考地圖**)。這類有名無實的分類，不過是驚惶、悲傷而無害的瑣碎符號，與它關注的 (地圖) 主題，幾乎沒有什麼關係。毒藥正是藏在將依主體命名的地圖(一般參考地圖)賦予字面意義的非部分性(impartiality)的作法裡；這種非部分性，意味它不是局限於部分的(如主題地圖)，例如局限於植物或國界或地形；既然不是局限於部分，因此是字面上的**非部分的**(impartial) (亦即具有**全面性**，這是一般參考地圖被認定應該呈現的樣子)。很快地，非部分的不再被當成**不是局限於部分**，而是以比喻手法，被當成**無所偏私**；亦即公平、沒有偏見、公正無私；如約翰‧杜威(John Dewey)所說「科學精神的不偏不倚」，也就是說，客觀、不受情感左右，甚至是中立的；推到極點，便是純粹完全的主體，沒有中介，**完全透明**。(譯按：在這段文字裡，作者同時運用了 impartiality 的字面意義與衍伸意義，即「非部分性」和「無所偏私」。)

　　製圖學家說得一副大家都很明白的樣子。舉例來說，《古狄世界地圖集》的編輯群相當坦率。他們在序論中說，「因為繪製清楚的地圖會形成一種真實明確的氛圍，製圖者應該提醒讀者，須避免過分依字面意思詮釋普遍化的資料。」❹不過他們通常言行不一，並不是真的奉行所提出的言論，他們費心安排地圖的順序，以保留一般參考地圖透明無瑕的隱含意義。更重要的是，他們受到地圖自我說明的強勁力量所阻撓。結果他們創造出來的地圖，說的是一回事，卻包裹在說著另一回事的文字裡。

　　舉例來說，這些編輯在「區域部分」的序論中提到，他們的「環境地圖」的界線，「和所有地圖一樣，從來不是絕對的，而是標出類別之間過渡地帶的中心。」❹有人要為這番話鼓掌了：**好棒的觀點**。但僅止於此，一種觀點。因為在一般參考地圖的例子裡，而且就是在這裡，

這並非實情（除非我們先驅除地圖裡的地籍與政治內容），只要**地帶**
（zone）的觀念有用之處，總是會有一條細黑線（例如區分黃綠點的地
中海農業與黃褐色常年落葉林的黑線）；而在**線**的觀念有價值之處，也
總是會有地帶——視尺度而定，寬度可達 20 英里——吞噬了斷續的線
（例如德國與法國之間）。雖然堅持了邊界不是一條線，但這種唯名論
卻完全自在地認為沒有其他畫法。

懸置於信服與懷疑之間

　　代價是什麼？在公共聚會時市民盯著小尺度地圖，看到都市計畫
師用麥克筆標示出預定開闢的道路，道路之寬即使是會議室後排的市
民也看得到。到了休息時間，他們走上前去看圖，才發現道路就在他
們家上方穿過，簡直要心臟病發作。經過詳細解說道路的真正寬度，他
們不得不接受地圖其他部分都相當精確……連道路開拓計畫在內。為
什麼不呢？難道地圖不只是……**複製現實**嗎？如果是，在地圖上的一
切都是真實的。如果不是，那麼什麼都不是真的。那不只是計畫道路
值得商榷，這條河流和那條政治疆界均不無疑問。但假如它們**是**真的，
那麼，除了無心之過與因粗心而不夠精確外，地圖上的**一切**都毋庸置
疑。這裡**就是**河道流經之處，那裡**就是**邊界所在，那裡**就是**要拓建道
路的地點。有可能兼具兩種觀點嗎？**我們必須如此**。若地圖要使過去
或未來變成**現在**生活的一部分，它必須與**當下**（here）發生關連。否則，
由於不信任而癱瘓，我們便會動彈不得，「嗯，我們打算栽種樹籬，但
我們得真正搞清楚地界在那兒才行……。」然而，除非我們不斷地質疑
地圖，懷疑——沒錯——它的精確性，更甚者，懷疑它的現在所連繫
的過去或未來是什麼，以及它如何發揮作用，否則地圖就會使我們徒
有聰明才智，而無法行動，使我們的生命有致命的缺憾、偏差、不完

整：「嗯，我們在那兒植了樹籬，但我們查看的地圖都沒有標出道路拓寬的都市計畫。」在懷疑與信任之間，我們必須永遠不斷地循環：「如果我們忘記了地圖並**不是**地景本身，或是窮盡所能的地景之描述，我們便會喪失地圖的所有價值。如果我們真的忘記了，我們就會變得像服從電腦程式的機器人一樣僵化，我們會喪失聰明的變通能力與直覺的判斷，而這是每個旅人都該具備的特質。」[48]地圖既**是**地域，也**不是**地域：

> 乾瘦的黑人男子說：「地圖不是地域。」
>
> 梵樂莉說：「哦，是的，地圖是地域。」她用右手指著放在腿上小公事包上的地圖，一面用左手指著人煙稀少的綠色山坡鄉野說：「**這張**地圖就是**那片**地域。」
>
> 乾瘦的黑人說：「這只是一句引言。」他駕車閃過一個坑洞，說：「意思就是在現實和對現實的描述之間，總是會有差距。」
>
> 車子巔簸前行，梵樂莉抓著扶手說：「可是，我們應該早在這裡就左轉了啊！」
>
> 這名乾瘦的黑人男子說：「妳的地圖並沒有標示出十二月的洪水沖毀了一段道路。我看洪水對妳的地圖沒有影響。」[49]

但是洪水並未沖毀一切，他們並不是置身在只有諾亞活下來的時代。擺盪、懸置在信任與懷疑之間，我們必須在地圖的世界裡，走出自己的路來。

註釋

❶ *Life,* 15 (4), April, 1992, pp. 30-37.

❷ Arthur Miller, *Timebends,* Grove Press, New York, p. 594.

❸ "Global problem: Young students think earth is flat," *Raleigh Times,* March 7, 1988, p. 2. 萊特曼及薩得勒最初將其研究成果發表在 *Science and Children*。

❹ Stephen Hall, *Mapping the Next Millennium,* Random House, New York, 1992.

❺ Michael Kirdon and Ronald Segal, *The New State of the World Atlas,* revised and updated, Simon and Schuster, New York, 1987.

❻ 《新世界概況地圖集》第七完整版(Times Books, London, 1985)的編者對此表示了意見:「近年來,地圖集裡國界的描述方式,以及地名的拼法,被賦予相當多的政治意涵。泰晤士報系出版這本以及其他地圖集的立場,已一再重申並且毫無模稜兩可之處。判別領土爭端的是非曲直,並非地圖集出版商的功用⋯⋯泰晤士報系出版的地圖集,其目標在於標示出版時的領土狀況,而不考慮引發爭議地區的法理狀態或交戰派系各自的敵對宣稱。」但他們到底如何決定在哪裡標出界線呢?

❼ Stephen Langdon, "An Ancient Babylonian Map," *Museum Journal,* 7 (1916), pp. 263-68. 亦參見 Jacob Finkelstein, "Mesopotamia," *Journal of Near Eastern Studies,* 21 (1962), pp. 73-92, 以及 A. R. Millard, "Cartography in the Ancient Near East," J. B. Harley and David Woodward, editors, *The History of Cartography Volume One: Cartography in Prehistoric, Ancient and Medieval Europe and the Mediterranean,* University of Chicago Press, Chicago, 1987。

❽ 簡明摘要可參見 Helen Wallis and Arthur Robinson, editors, *Cartographical Innovation: An International Handbook of Mapping*

Terms to 1900, Map Collectors Publications, in association with the International Cartographic Association, Tring, 1987 的條目。有關古代近東地區可參見 O. A. W. Dilke, *Greek and Roman Maps,* Cornell University Press, Ithaca, 1985; 有關日本地區, 參見 M. Ramming, "The Evolution of Cartography in Japan," *Imago Mundi,* 2(1937), pp. 17-21; 有關墨西哥, 參見 Howard Cline, "The Oztoticpac Land Map of Texcoco, 1540," in Walter Ristow, editor, *A la Carte: Selected Papers on Maps and Atlases,* Library of Congress, Washington, 1972。

❾ Edward Espenshade and Joel Morrison, editors, *Rand McNally Goode's World Atlas, 16th Edition,* Rand McNally, Chicago, 1982, pp. 2-52.

❿ Michael Kidron and Dan Smith, *The New State of War and Peace: A Full Color Survey of Arsenals, Armies, and Alliances Throughout the World,* Simon and Schuster, New York, 1991.

⓫ William Bunge, *Nuclear War Atlas,* Basil Blackwell, Oxford, 1988. 這是邦吉 1982 年出版的 28 幀海報版地圖集的增訂版。

⓬ James Scovel et al., *Atlas of Landforms,* John Wiley & Sons, New York, 1965.

⓭ Hugh Johnson, *The World Atlas of Wine,* Simon and Schuster, Yew York, 1971.

⓮ Espenshade, 前引書, p. 72。

⓯ Fritz Muhlenweg, *Big Tiger and Christian,* Pantheon Books, New York, 1952, p. 32。

⓰同前註, p. 218。

⓱"Gulf Islands: Victoria Harbour to Nanaimo Harbour," *Strait of Georgia Small-Craft Chart,* Canadian Hydrographic Service,

Department of Fisheries and Oceans, Ottawa, 1979, 1985 reprint edition.

⑱ 這只不過是收錄在航海圖表圖例的記號，全部的記號表可查閱 *Chart No.1: Symbols and Abbreviations Used on Canadian Nautical Charts,* Canadian Hydrographic Service, Minister of Fisheries and Oceans, Ottawa, 1984。

⑲ William Wilson and P. Albert Carpenter, *Region J Geology: A Guide for North Carolina Mineral Resource Development and Land Use Planning,* North Carolina Geological Survey Section, North Carolina Department of Natural Resources and Community Development, 1975, revised, 1981. 包含的地圖有約翰・帕克（John Parker）的額外作者權。

⑳ 關於此的最新研究是 Tony Campbell, "Portolan Charts from the Late Thirteenth Century to 1500," in Harley and Woodward, 前引書，pp. 171-463。

㉑ 這是標準的皮亞傑順序。參見 Jean Piaget and Bärbel Inhelder, *The Child's Conception of Space,* Routledge and Kegan Paul, London, 1956。

㉒ 關於心靈地圖的一般介紹，可參見 Roger Downs and David Stea, *Maps in Minds: Reflections on Cognitive Mapping,* Harper and Row, New York, 1977。我在 Denis Wood, *I Don't Want To, But I Will,* Clark University Cartographic Laboratory, Clark University, Worchester, Massachusetts, 1973, p. 22 裡，使用了巴黎捷運地圖顯示板的意象。最近對此的探討，可參見 Denis Wood and Robert Beck, "Janine Eber Maps London: Individual Dimensions of Cognitive Imagery," *Journal of Environmental Psychology,* 9(1989), pp. 1-26。

㉓ Joel Makower, editor, *The Map Catalogue: Every Kind of Map and Chart on Earth and Even Some Above It,* Vintage Books, New York, 1986.

㉔ William Loy, editor, "U. S. National Report to ICA, 1987," *The American Cartographer,* 14 (3), July 1987.

㉕ Arthur Robinson et al., *Elements of Cartography,* Fifth Edition, John Wiley, New York, 1984. 我引用了 "Classes of Maps," 的部分，pp. 6-11。

㉖ Hall, 前引書, pp. xv-xvi。

㉗ Espenshade and Morrison, 前引書, pp. iii-ⅴ。

㉘ Michael and Susan Southworth, *Maps: A Visual Survey and Design Guide,* Little, Brown, Boston, 1982.

㉙ J. B. Harley, "Text and Contexts in the Interpretation of Early Maps," in David Buisseret, editor, *From Sea Charts to Satellite Image: Interpreting North American History Through Maps,* University of Chicago Press, Chicago, 1990, pp. 3-4.

㉚在第六章中，同樣這群山即被認爲是社會建構。

㉛地圖不僅設定了疆界，同時還透過疆界區分了事物：「早在政治人物以藍線圈定該地以成立艾迪隆達克公園之前，地質因素便已在此形成界線，界定了公園的範圍，」這是 Yngvar W. Isachsen 隨意的解釋，只遺漏了劃有藍線的地圖。(Yngvar W. Isachsen, "Still Rising After All These Years," *Natural History,* May 1992, p. 31)更廣泛而言，Brian Harley 問道：「是否有可能，雖然是無心之故，製圖學家所爲乃是藉由繪製他們試圖反映之主題的地圖，但結果不是創造了現實的圖像，而是創造了一個重新描述世界的擬像？」(J. B. Harley, "Can There Be a Cartographic Ethics?" *Cartographic Perspectives,* 10, Summer, 1991, p. 13)，雖然這其中並無「無心」之處。

㉜這類文獻不勝枚舉，經典文獻包括 E. H. Gombrich, *Art and Illusion: A Study in the Psychology of Pictorial Representation,* Pantheon, New York, 1960; R. J. Gregory, *The Intelligent Eye,* McGraw-Hill, New York, 1970; Roland Barthes, *Mythologies,* Hill and Wang, New York, 1972; John Berger, *Ways of Seeing,* Viking, New York, 1973; Michel Foucault, *The Archeology of Knowledge,* Pantheon, New York, 1972。沒有一門學派，沒有一門學科：這是廣泛的觀點。

㉝ Mark Monmonier, *How to Lie With Maps,* University of Chicago Press, Chicago, 1991. 墨蒙尼爾很光榮地不只是探討明顯的宣傳地圖，不過他的書名洩漏了他的主題：用地圖撒謊是你必須費力才能達成的，而不是一件……**自然而然發生的事**。

㉞舉例而言，約翰・諾伯・威爾福(John Nobel Wilford)強調中古時期的特徵是「千年知識僵滯的泥淖，」而且是「在描繪世界上，沒有重大進步的一千年，」引自他的 *The Mapmakers,* Knopf, New York, p. 34。P. D. A. Harvey, David Woodward and Tony Campbell 在他們收於 Harley and Woodward 前引書的精彩文章(pp. 283-501)裡，批評了他一番。

㉟製圖學的標準歷史，便是對這項高貴進步之主題不斷搓揉的過程。Gerald Crone 說：「製圖學史主要便是精確度日益增加的歷史……這決定了距離及方向的要素……以及地圖內容的全面性。」(*Maps and Their Makers,* Dawson, Folkestone, Kent, 1953, p. xi)。Llyod Brown 的 *The Story of Maps* (Little Brown, Boston, 1949)是典型的例子，Wilford(*The Mapmakers,* 前引書)及 Hall(*Mapping the Next Millennium,* 前引書)都曾有意識地指涉 Brown 此書。這是具有支配性的主題。

㊱ *C&GS Update,* 4 (2), Spring, 1992, p. 2. 代的精確度確實驚人，他們亦爲了求取精確，而建構了一套幾乎是自慰式的測量標準。

❸从早報引的另一個例子是：萊里市郊的蓋利(Cary)因為懷疑美國最近一次人口普查是否正確，目前正在考慮施行一次特別的人口普查。Debbi Sykes, "Cary willing to wager U. S. Census is wrong," *News and Observer,* April 20, 1992, p. 3 B. 怎麼出錯呢？錯得離譜。在密西根州的大急流(Grand Rapids)，人口普查局報告有七個人住在墓地，一名發言人說：「某人可能改寫了數據，或許是一名員工要趕在保姆離去前回家。把應該填在另一街區的七個人填到這裡來了。」儘管如此，我們很肯定地知道那條街在那兒。("Census dead wrong in Michigan," *News and Observer*, April 22, 1992, p. 7 A)。

❸雖然我們稍後會再強調這一點，精確本身當然是社會建構。參見 Donald MacKenzie, *Inventing Accuracy: A Historical Sociology of Nuclear Missle Guidance* (MIT, Cambridge, 1990)。

❸前引書，圖 86。

❹ Debbi Sykes, "Raleigh neighbors don't want place on city's map," *News and Observer,* April 18, 1992, p. 1 B.

❹舉例而言，Robinson et al. 前引書，pp. 7-9; Erwin Raisz, *Principles of Cartography,* McGraw-Hill, New York, 1962, p.9. (無獨有偶的是，Raisz 另有一種三項的「地圖分類法」: 1.一般地圖；2.特殊地圖；3.地球儀與模型)。

❹舉例來說，在 *Principles of Thematic Map Design* (Addison-Wesley, Reading, Massachusetts, 1985)一書中，Borden Dent 以「地圖種類」的討論為開場，探討主題地圖。這個開場以兩幅「一般目的地圖」的相片展開討論，因此書中絕大部分的主題可以下列句子展開：「另外一項主要的地圖類別……」(pp. 5-6)。

❹此處我提及的地圖，具體呈現了歐茲(Oz)、地心(Middle-Earth)、利慕里亞(Lemuria)等幻想世界。參見 J. B. Post, *Atlas of Fantasy,* Mirage Press, Baltimore, 1973；其修訂版是 Ballantine Books,

New York, 1979; 以及 Alberto Manguel and Gianni Guadalupi, *The Dictionary of Imaginary Places,* Macmillan, New York, 1980。

❹ 毫無疑問的，隨著地圖的互為正文性(intertextuality)愈來愈強，以及分工製作日益精細，對於地圖的責任便逐漸分散了，於是**作者**頂多愈來愈像是電影導演，最慘則像是整個工作小組。

❹ 我們逐步推演分析，對此便能更加精確的掌握。例如，在第五章我們將試著說明主體是衍生自四項符碼的運作，其中兩項分別在語言層次上運作的是**構造的**（與地圖的空間有關）及**時間的**（與時間有關），這是在地圖內部（我們稱這類符碼是**內部表意作用**）；另外兩項是**地理的**（地方的符碼）及**歷史的**（歷史的符碼），它們利用前述符碼，延伸出去，而在**神話**的層次運作，也就是說⋯⋯在地圖之外（我們稱這類符碼是**外部表意作用**）。類似的分析亦適用於主題與作者。

❹ Espenshade and Morrison，前引書，p. vii。

❹ 同前註，p. 73。

❹ Theodore Roszak, *Where the Wasteland Ends: Politics and Transcendence in Postindustrial Society,* Doubleday, New York, 1972, p. 408.

❹ Donald Westlake, *High Adventure,* The Mysterious Press, New York, 1985, pp. 139-40.

第二章　地圖鑲嵌在它們所協助建構的歷史裡

　　眞理眞的如此難覓嗎？這全看你站在什麼立場而定。每一種觀點都是……**源自某處**，每種觀點都不過是**對於共同場景的一個視角**。這句話所暗示的變化，令人眼花撩亂（或是魅惑迷人——這同樣是觀點的問題），但其實也沒有乍看之下那樣複雜。從北卡羅萊納州萊里的這張長椅看到的景色，眞**是**得天獨厚，但不是絕無僅有。如果我挪到另一端，比較沒有陰影蔽蔭，一切都改變了……但並沒有太大的不同。我還是可以見到麻雀追著尾巴戲耍，腳踏車還是斜倚著樹幹。天空依然蔚藍一片……即使從另一座長椅看來亦是如此。這番景緻是在廿世紀的美國見到的。這並不是十六世紀的英格蘭，或中國唐朝盛世，或十八世紀埃及王朝的景象。這也不是腓特曼之役(the Fetterman Fight)中從赤雲(Red Cloud)的馬背上所見，或是在多貢人(the Dogon)入侵之前，在班迪亞加拉城(the Bandiagara)內壁的泰倫人(the Tellem)所看到的景象，或是庇里牛斯山中的洞穴土壁裡，繪有各種圖畫的原始人所看到的景象。這不是從人造衛星或月球、火星、阿爾發半人馬座所見到的景象，這更不是上帝的視野。

　　這是我見到的……**無論來自何處**……但也暗示了比我所能宣稱的更大自由。認識到父母或出生地的宣稱、例行事務的要求，甚至承認難以逃脫的某種常規，都不見得會成爲決定論者。那只是承認成長的軌跡、發展的影響，以及歷史的力量。

成長、發展、歷史

藍道爾(Randall)和錢德勒(Chandler)是我的兩個好兒子，打從他們在娘胎裡就和我共同生活了。十七年來，我撫育他們長大，參與了他們的成長過程，把他們從啼叫無助、無法控制排泄的襁褓嬰兒，拉拔成自信果決的大個兒，去年夏天他們倆還自己去曼哈頓玩了一趟。不過，我認爲他們覺得自己一向是能夠採取有意圖之行動的人。**他們**也多少覺得自己是有力量的、有自主性的……或者至少不比他們現在所做的差。他們從不**覺得**自己是從我的角度看到的嬰兒、幼兒或小孩。畢竟，「嬰兒」、「幼兒」、「小孩」，都是大人形容兒童的用語，而無論他們多麼小、肌肉都還沒發育，他們也從來不會（或極少）說「看我們多麼弱小啊」，而總是（或經常）說「看看我們，我們多麼強壯啊！」好像他們是喬・韋德(Joe Weider)操縱著打氣幫浦，參加奧林匹克先生競賽似的，壓根兒忘記他們只是六十磅重的瘦小子。湯姆・瓦特森(Tom Watterson)便是在玩弄這些感知之間的差距。在他的一幅《卡爾文和霍布斯》(*Calvin and Hobbes*)漫畫裡，蘇西問卡爾文可不可以和他及他的老虎一起玩耍，卡爾文煞有介事的告訴他：「我們正在做一件大事，可不希望妳來搞砸了。」❶

這正是我慢慢長大時的感覺，我覺得我是能幹的、強壯的，我做的事情很重要，非同小可。我不覺得自己和其他我所認識的孩子有什麼不同，但我自信滿滿地寫了一封信給查理・威爾遜(Charlie Wilson)陳述對於火箭的意見，他是當時艾森豪總統的國防部長。我收到特別活動副主任的回信，他毫未貶抑我的存在感，當時我九歲……正年輕氣盛。但我現在**知道**我有所不同了。回首過去，我知道我可以做一些當時做不到的事，不論我多大，我當時可能都以爲自己夠大了。❷

我更常練習思考。我可以反向操作，我可以從中間開始，然後從兩個方向找尋出路。我認識更多字彙，我可以做更精確的辨識。我可以去看從前不能看的電影。因為我有份工作，我甚至可以付錢進出。我走進色情書刊店，沒有人會攔阻我。也有許多事是我再也不能做的。我不能像以前一樣坐在母親膝上，或是穿我九歲時候的衣服。我也不能像以前那樣子玩玩具，讓自己不知不覺地潛入曾經和我手掌一樣大的小卡車司機座位裡。我再也無法感受我酒醉以後打老婆的日子以前的情形。

　　如果我試著從紛雜的經驗中理出頭緒，我可以輕易地理出三條主線來。最明顯的是單純的生理發育：我比出生時重了一百五十磅，高出四呎。但我不僅長大，我的肢體也更能協調了。我可以做一些需要協調身體各部分才能完成的工作，我可以區分一時的欲求與長期的需要。我不僅可以騎腳踏車、跳舞、練合氣道，我還可以使用複雜的句子打字、演說和寫作，如同現在。因此，第二條線索是發展(development)，我的區辨、連結與整合能力都增強了。這種發展並非(也不會繼續) 憑空出現，而是發生在美國的五○、六○年代 (以及八○和九○年代)，其時有些事情 (現在則是其他事情) 是可能的，有些事情則否(現在還是不行)。無論我現在如何打扮，希望看起來像是圓桌武士，我也不可能騎馬來到亞瑟王的宮廷。那是**已經封閉**的歷史可能性，正如俄國的史潑尼克衛星(Sputnik)**開啟**了獎學金的大門，使我能夠唸研究所。第三條線索顯然是歷史，我的成長和發展的方式，都(繼續)受到不斷改變的社會與物理環境的塑造，而我同時也與之合作，使這些環境得以存在。

　　我與我的孩子的這些改變，構成了我經驗裡的核心現實，我以各種尺度來看我們稱為人生之開展的三種面向。❸每一種系統、過程及事物，似乎都變大或縮小了，或是多多少少地變得更加層級分明、整

合一致，與相似過程中的其他事物交互作用，而構成了歷史。❹這正是我們看到的，在原子及分子的尺度發生，而用以解釋宇宙初期歷史的故事。❺這也是我們所見，在生物有機體的尺度開展，而形成我們所謂的演化的故事。❻我們可以見到這一切發生在學院與企業、家庭與城市，以及各國政府。❼在每個領域中，我都看到了同樣的三條線索：成長與衰敗、發展與患病，以及歷史。

地圖本身不會成長（或發展）

雖然忽視地圖成形與陸續消失的方式非常不智，我卻不願聲稱地圖本身會成長或發展，不過，克里斯多佛・托金（Christopher Tolkien）倒是在他父親製作中古地球地圖時，記錄了這樣一段過程：

> 它由許多黏在一起的紙頁所構成，附在底下的圖紙上，一張大幅的新地圖部分黏在已完成的部分上，新的較小部分則再黏貼其上。我父親用來黏牢大幅的新地圖部分的膠水黏性很強，黏好的圖紙都拆不開；而且由於不斷摺來疊去，紙頁沿著折線斷裂開來，與地圖原來各部份的實際接合點不一樣。很難想像整張地圖要如何拼組起來。❽

在此，我們不僅看到了成長與衰敗，也看到了發展，托金（J. R. R. Tolkien）所做的是不斷地區分、連接，以及有層次地將他所創造的中古地球各部份……**彼此互動地**……拼組成這幅地圖；所以，歷史也在此顯現出來，呈現在這幅地圖視先前製作出來的中古地球某些面向為既定的方式上，甚至也呈現在它產生其他面向的方式上。古老的山伯恩地圖（Old Sanborn maps）成長的方式與此略同，層層覆蓋，隨著

地圖所繪製的城市之變化，地圖也跟著成長與發展，地圖與城市的保險及消防系統互動，進而帶出了它們所將呈現的歷史。❾馬紹爾(Marshall)及卡洛林(Caroline)島民的木棒海圖也是以這種方式成長，它們慢慢變大，椰子樹葉脈伴隨著子安貝殼，木棒伴隨著石塊。❿愛斯基摩因努族(Inuit)的地圖稍縱即逝，刻畫在塵土中，在沙堆或雪地裡留下痕跡，或是蒸散進入空氣，也是以這種方式成長。⓫更不用說我們隨意畫出的草圖，標上了一個又一個的記號。⓬

　　然而，有一層更重要的意義，即和我們不假思索地談論時所指涉

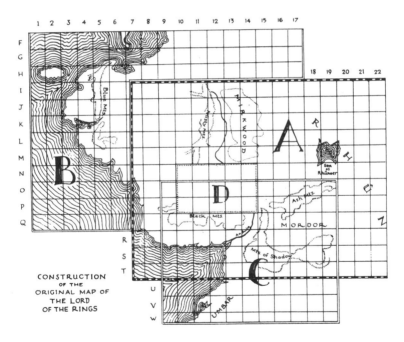

這是 J. R. R. 托金建構《環圈之王》的原始地圖的圖表。起初他畫了一部分，之後他又加上另一部分，然後再擴充第三部分，以此類推。(取自 J. R. R. 托金與克里斯多佛‧托金的《中古地球史》第七冊)。

的地圖相較之下，所有這些確定無疑的地圖，其實相當邊緣。一般所指涉的地圖，其實是印製的地圖，均是由高速凸版印刷大量製造。除了墨水以一小時一百哩的速度印在紙上的邊緣，這些地圖也不會**成長**，至少不是我們一般使用這個字眼的意思。它們「唰！唰！唰！」地被擲到印刷機末端的紙堆上，除非這些地圖因人們不斷使用而破裂，或是被狗咬爛了，或是在垃圾掩埋場腐朽(或沒有腐朽)，否則它們也不會衰敗。它們也沒什麼發展。我們也許會在地圖上作筆記，標出路線或目的地，以增加它的分化層次，但這並不常發生，地圖本身通常既不會成長，也不會發展。

但是繪圖與地圖製作會成長

然而，當我們說「繪圖」(mapping)或「地圖製作」(mapmaking)時，所指涉的系統或過程或事物，確實會成長與發展。這些字眼的意義並不相同。正如羅伯‧郎司壯(Robert Rundstrom)所指出的，「繪圖是使世界產生秩序的過程中，不可或缺的。」[13]此處，他所說的是我們人類製作與運用心靈地圖的方式。也許，卅年前人們還會審慎地接受人類創造並運用心靈地圖的未經限定的主張（如果不是全然懷疑的話），但在一個宣稱蜜蜂也能形成並運用心靈地圖，而不至於引起非議的時代，情形就不一樣了。[14]現今生物學家所說的話，倒和廿年前心理學家說的話相去不遠。1969年，心理學家大衛‧史提(David Stea)探究人類心靈地圖的幾何學，他假設「所有的人對於那些過於龐大而難以立即感知(即理解)的重要環境，都會形成概念。」[15]而在1989年，生物學家達伯特‧瓦特曼(Talbot Waterman)探究動物心靈地圖的幾何學，觀察到「無論動物地圖的模態為何，其基本幾何學都是一項十分有趣但難以確定之事。」[16]此處值得注意的是，討論中的動物心靈

地圖，被視爲是絕對理所當然的。旣然大家都能接受動物能夠製作地圖的主張，❼很難想像成年人類不會這麼做；而且，很顯然的是，人類和其祖先數百萬年來早就利用心靈地圖，這是由行動力日益增加的類屬，由於心靈地圖不陳自明的效用而挑選出來的能力。❽換言之，**心靈地圖的成長、發展與歷史是演化**的問題，經過許多世代之後，這項特徵逐漸凸顯,使得解剖學上的現代人種(Homo sapiens)得以演化。❾同時，這也是現在——今天——**在我們身上**完全成熟的一種能力，伴隨了我們從受精卵轉變爲成人的過程中的成長、發展，以及與世界的互動。個體發生(ontogeny)是否是種系發生(phylogeny)的重現，目前仍無定論，❷但所有人類均能夠產生及運用心靈地圖，卻是不爭的事實。❷

　　因此，對於那些我們依然稱之爲「原始」的人的繪圖能力，應該毋庸置疑。我們必須承認，如凱薩琳・狄蘭諾・史密斯(Catherine Delano Smith)與麥孔・路易斯(Malcom Lewis)等人所論，關於認知能力不及我們的人類族群的觀點，根本就是錯誤的。**空間認知、製作地圖的能力，**以及他們實際的地圖**成品**之間，並沒有直接的關係。後者的失敗不能用來指稱前者的不存在。任何想從大學生間蒐集所謂的「心靈素描地圖」的人都知道，通常呈現的不過是「地勢關係」的地圖，都是從擅長於「形式操作」的個人收集到的。我們到處都可以發現這樣的例子，某些受限範圍裡的行爲，往往和較早期的發展階段相似，而不同於整體獲致或展現的行爲。從這種或那種孤立姿態的「成熟性」來評估知識發展的普遍層次，簡直是不可能的。這不僅因爲我們的能力隨著不同的內容，在不同的領域以不同的速度發展，也因爲**就某種意義而言，每當我們進入每個新內容區域與範域，彷彿都是重新開始。**以微觀發生學的角度來說，若參照皮亞傑(Piaget)的類型學，我們逐漸進展成爲有完全操作能力的人，其間經過了感覺運動期、前

操作期、具體操作期與形式操作期。**㉒**

　　所以，讀到路易斯在《製圖學的起源》(*The Origins of Cartography*)提及「有些文化的認知發展，即使是在成人身上，也都在前操作期便已終結，」**㉓**是多麼令人困惑啊。這意味著這些成人在每個內容範域裡，可以一再重覆但無法逆向操作(舉例來說，他們無法反轉路徑，回到家裡)，無法證明假設為眞 (即使是激烈的辯論亦然)，也很難從某個情況的既定面向偏離而跳脫出來 (即採納其他人的觀點，包括儀式及慶典中神祇與動物的觀點)，更沒法在其他限制中協調各種觀看角度 (也就是說他們沒法創造「區域的觀點」)。換言之，這類成人在行為上可能和你五歲時差不多，所以 (假設) 可能無法製造出我們認定是地圖的成品。坦白地說，從來沒有這種人類文化存在過。

　　然而，假使在不同的文化中，個人的認知能力固定不變，那麼「原始人」的「原始」是指什麼呢？很可能幾乎沒有指什麼。當然，當製圖學在歷史上努力爭取一席之地之際，用「原始」這個字眼來廣泛形容非歐洲人(這和中古時期地圖製作者的特徵相仿**㉔**)，是站不住腳的。這類有關多貢人及霍皮人(Hopi)的複雜世界的判斷，只能以無知加上沙文主義作祟來解釋 (這顯然是無法脫離為某個社會群體貼上標記的前操作期行為)。然而，駁斥「原始」一詞的貶抑意味，並不能掩蓋群體差異存在的現實。一隻麻雀能夠描繪自己的環境，並不代表它可以用這種知識與其他麻雀溝通。就因為蜜蜂可以描繪這種知識，並且以此和其他同伴溝通(透過大家所熟知的上下舞動的舞步)，也不表示它們會製作地圖，亦即我們能毫不遲疑地認可的地圖。而人們**能夠**製作地圖，也不代表他們在每日視為當然的世界裡，(至少作為一種當然之事) 會這麼**做**。**㉕**雖然「發展」似乎只適用於形容隨時間而改變的系統,但物理學家、生物學家及心理學家(如亨茲‧威納〔Heinz Werner〕；**㉖**皮亞傑自不待言**㉗**) 用這個字眼，也是指任何系統的**組織程度**。從這

個角度來說，它便可以用來比較不同的共存系統，而我將依據「發展」的這個意義，來比較不同社會的地圖製作系統的組織程度。然而，這其實是**轉變(transformation)**的意思，從無法描繪世界，到能夠描繪世界、能夠與他人溝通、能夠製作人造地圖，到浸淫在地圖的世界裡，而最後這點正是我提到繪圖與製作地圖的成長、發展和歷史時，我最常想到的狀態。

浸淫在地圖的世界裡

我所謂浸淫在地圖世界裡的真正意義是什麼呢？我的意思是被地圖團團包圍，以及如此輕易且頻繁地查閱和製作地圖，以至於認為它們就和端上桌的食物，或是頭上的屋頂，或是顯然……**毫不費力**地複製的文化，沒什麼兩樣。三年前，我為了了解其中含意，曾經收集家中的每一幅地圖，在日常生活中用過或製作出來的地圖。我原本打算持續卅天，結果過了廿天我便放棄了，因為實在有太多地圖牽涉其中了。

實行的第二天，我十四歲的兒子藍道爾替一群朋友所組成的角色扮演團體，製作了兩張精緻的「叛軍據點 SR 543-k 3」地圖；在這段期間，他瘋狂著迷於這些地圖。當時十二歲的小兒子錢德勒，也因為學校課程而製作了兩幅有關法國的地圖。一張是法國行政區、首邑及主要河流，另一幅則是塞納河沿岸的觀光名勝導覽（「法國：浪漫之國」）。這段期間他也花了不少時間繪製精美的水岸公園計劃圖（他一天可以畫四、五張）；他還製作了一張角色扮演劇本地圖，同時製作了一幅世界地圖，這顯然是受了來訪的湯姆‧薩利南(Tom Saarinen)的刺激，他在我們的餐廳牆上放映他在「國家地理學會」研究的世界景觀幻燈片。❷在這段期間，我們玩猜圖遊戲共畫了九張地圖，分別是

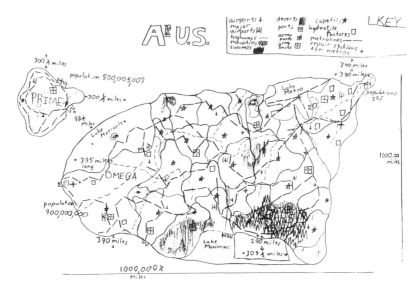

錢德勒爲角色扮演遊戲所畫的地圖。

「巴西」、「台灣」、「洛杉磯」、「伊利諾」、「東海岸」、「旅行」、「地圖」、「區域號碼」和「外國人」。玩冒險遊戲、打包行李、廣告及報紙雜誌的社論內容，都用得到地圖。地圖在許多社會情境中，扮演重要的角色。第一天我把搜集到的斯柏坎(Spokane)及波特蘭(Portland)公車路線圖給我的太太英格莉(Ingrid)，她在萊里公共運輸局擔任委員。第二天，我們兩人查看兩張安姆崔克(Amtrak)火車地圖，以安排我們的夏日火車旅行。第三天，我發現長子拿了一本《時代世界地圖集中世紀版本第四冊》(*Volume IV of the Mid-Century Edition of The Times Atlas of the World*)，我問他：「在做什麼?」他說：「你認爲這可以複印嗎? 我寫加納利群島(Canary Islands)的報告時用得到。」兩天後，英格莉從架上取下《古狄地圖集》，告訴錢德勒我們安排的旅行路線。又過了一天，藍道爾和他的朋友葛倫(Garland)拿了一

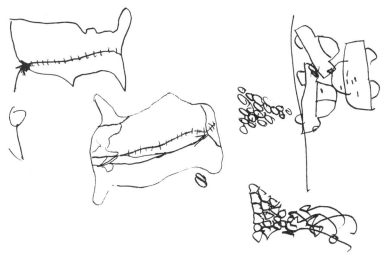

這是在玩猜圖遊戲時所畫的地圖。

張市區地圖，討論我們上回去看電影《比佛利山超級警探第二集》的
單車路線。結果他們討論到距離的問題，葛倫利用地圖索引查到華爾
登池塘路(Walden Pond Road)，計算了他騎單車到那兒的距離。五
天後，藍道爾拿了一張市區公路地圖展開他的週日單車之旅，騎車到
威克森林(Wake Forest)。又過了五天，我和父親搭公車去挑選新的
揚聲喇叭，我們查看了公車站的地圖，討論了我們要走的路線。在回
家的途中，他發現車子走的路線不一樣，我們又查了公車時刻表的地
圖。兩天後，我們在電話裡聊天，又分別查閱自己手邊的市區地圖，以
確定我們所提到的各個地方的位置。過了兩天，一個朋友拿了幾幅我
們需要的地圖，加裝了泡綿底板，以便在萊里市議會作展示用。在我
們到文具店的途中，我們送了一個計碼器給一個朋友，以宣傳我們的
宗旨，計碼器上有一張地圖。當天晚上吃晚飯時，錢德勒問我穿的上
衣的格陵蘭島圖案，這是宣傳 R.E.M. 合唱團《小美洲》(*Little Amer-*

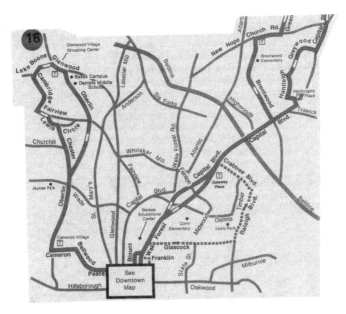

我父親和我在搭公車途中所查閱的地圖：在一個浸淫在地圖的社會裡，這些普通地圖隨處可見。

ica) 專輯的 T 恤，上面繪著超現實主義風格的世界地圖。而他所穿的上衣，在左胸上方是以北卡羅萊納州輪廓為圖的商標。

這和我在墨西哥南部恰帕斯高地(Chiapas highlands)辛納康坦 (Zinacantan)的經驗是多麼不同啊，當地是說佐齊爾語(Tzotzil)的美洲原住民分布區。有許多天我經過朋友的家，現在想起來，當時我只見過一張地圖，在一個較大的男孩在學校學西班牙文時的課本裡。那是我煞費苦心才看到的地圖，因為我很好奇他在學校學些什麼。他們家裡看不到任何一幅地圖，或許在收藏穀類的粗麻布袋子上，印著粗糙的墨西哥政府當局標誌，勉強算是地圖吧。在遊戲時，或圍繞著火堆關於社區的無盡談話中，不會繪製任何地圖，小孩子們不會團團圍

著地圖討論白天的活動。父子不會追查他們的公車路線，母女也不會打開地圖集，查看暑假旅行的路線。家裡沒有書，也沒有雜誌或報紙。**心靈**的地圖集不斷被查詢著。每場討論裡都充斥著地理名詞。有關路徑之曲折迂迴的詳盡知識，被視爲理所當然。不僅是對他們所居住的城鎮，對鄰近的墨西哥中央大城聖克里托波（San Cristobal），事實上對整個恰帕斯省的地理，都經常查照參考。當人們熱烈討論人類首度登陸月球時，我看到我朋友的父親用一杯咖啡和他的手指，向**他的**母親描述太空艙返回地球時，如何落入海中，再由一艘船打撈起來的過程。我不認爲這種解釋對她有多大意義，對她而言，自從墨西哥被征服數百年來，月球和聖母瑪麗亞就像是由不同金屬熔成的合金一樣。這並非因爲缺乏認知能力，而是欠缺關於太空總署、阿波羅號，以及太空人之世界的知識，而我們從《生活》雜誌、電視，以及十二年左右的義務教育中，學到了這些知識。當然，我的朋友或他的同輩也畫地圖，或協助哈佛大學恰帕斯計畫㉙的人類學家，製作、解說他們引入其生活的地圖與空中攝影照片，但地圖畢竟不是他們生活中的重要一環。你看見他們與政府官員在制訂公地時，盯著地圖看的合照照片，我們知道他們早在廿代或甚至更早以前的祖先就製作油畫麻布（lien-zos），甚至今天在法庭上仍然據以來裁判土地糾紛，然而地圖在他們生活中扮演的角色迥異於我們。地圖仍然是特別的、稀有的、珍貴的。

有些社會比其他社會大

辛納康坦的朋友和我的差異，他們的世界和我的世界的差異是什麼呢？如果我依循第一條線索，那就是我的世界裡有更多的地圖。我想不出來我家裡到底有多少張地圖，但數量一定非常龐大。即使其他人不像我家與地圖關係如此密切，地圖張數恐怕也很多，就算是電話

簿裡所列的地圖都不少。大多數地圖都被塞到抽屜或廚房櫃子裡，但正是這種漫不經心的態度才是重點。而且絕大部分的地圖都有數十萬張複本，這些地圖所描繪的世界，也要大得多。我所居住的萊里市並不特別大，我和它的政治生活息息相關，但居住在這裡的人比所有佐齊爾人還要多，也就是比辛納康坦、恰姆拉斯（Chamulas）及佩德拉諾斯（Pedranos）等地所有居民人數還要多，這些地方各有自己的「中心」，自己的守護神，自己的⋯⋯**世界**。他們的「中心」並未融入較大的佐齊爾世界裡，更不用說是墨西哥的世界了，而我的世界則**有意識地**融入許多互相重疊的更大世界裡。當然，我要旅行好幾千哩路，才能夠站在一群地理學家面前，在一個房間裡，以二十分鐘發表本章的早先版本，為此我需要一張平面圖來找到城市，甚至需要一張地圖來開始理解。**㉚**

我的世界愈大，裡頭所包含的人數愈多，這有兩層含意。第一，我們需要地圖以便了解彼此的行蹤，以及自己的目標。地圖**藉由**連繫我們與我們浸淫其中的廣大之符碼、法令、契約、條款、慣例、協定**等等**系統的一切其他面向，而達到這個目的。但就第二層含意來說，地圖**容許**我們能夠彼此追蹤：**這種專門化需要一定的人口規模才能作用**。我想像有一個人數的門檻，超過這個數字的社會，便需要製作地圖，低於門檻就不需要。這並不是因為其中的成員不會製作地圖，而是因為社會太小了，沒有足夠的專門化以要求或支持地圖。人口數應該是多少呢？這倒不妨試著訂下標準，但我猜這個數字恐怕相當龐大，比如說，可能就比傳統的密克羅尼西亞人（Micronesian）或因努人小群體的人口多，甚至比其總人數還要多。偉大的密克羅尼西亞水手的驚人能力，證實而非駁斥了這種論點。他們的技巧是屬於在密西西比河駕馭拖船的高手的技巧，這兩種人駕船的技術均非等閒而備受讚譽。密克羅尼西亞水手和教師以製作航海圖聞名（雖然這種地圖逐漸被當

作珍玩出售），但在他們的社會裡，製作及使用地圖並不常見（直到最近，直到併入我們的社會體制，併入後福特資本主義〔post-Fordian capitalism〕的社會世界）。另一方面，在拖船水手的社會裡，其他航行海洋的水手、飛行員、公路駕駛則使用其他地圖。一個人靠航海吃飯，為興趣飛行，利用公路地圖以便回到母港，都不令人訝異。除了這些直接的航行工具外，這些水手可能會查詢氣象圖、海層漸深圖、河川及港口圖，以及船隻平面圖。他們**浸淫**在地圖、海圖與平面圖的世界裡，而因努族人、原住民及密克羅尼西亞人卻非如此。這和他們所在的社會規模有關，因為小型社會的分化程度，不如大型社會。

有些社會比其他社會發展得好

然而，很清楚的是如果人口沒有分化、專門化、層級性整合，單純的規模與其說是資產，倒不如說是負債。事實上，若不符合這些條件，這個社會恐怕也不可能成長得太大。在辛納康坦的居民之間，當然也有分工的專門化──男耕種女放牧，也有靈媒、音樂家及其他專業人士──但絕大多數都是農人，無所不曉。在辛納康坦人之間，並沒有冷氣修理師傅，沒有專門負責退休基金問題的律師，當然也不會有測量師、製圖學家、地圖雕版師、相片翻拍師、製版師傅、印刷師父，或是各類商業地圖的銷售代表。正是這種生產系統的發展，及其所蘊涵的製作、製造及分配的技術，最終使得製作地圖的文化與不製作地圖的文化，有了最根本的差異。

這種專門化穿透了我們的意識，因此不只分化了我們彼此，也區分了我們的社會與其他意識依然比較完整的社會。專門化比較小的社會，這類社會……**疏離較小**，比較不會被製作地圖、印刷、複製的邏輯所困，以及附帶的連續性、一致性、抽象及量化等要求所限。這種

社會比較不會受整合高度分化的群眾（如我們與其他類似的社會）所須的一切邏輯所限。❸比較不疏離的社會成員所製作的地圖，與我們的地圖不同。製作的**過程**經常比**成品**更重要。郎司壯曾寫到：

> 在1989年田野調查期間，一名因努族老人告訴我，他曾憑記憶繪製了希克里加克(Hiquligjuaq)的詳圖，但他微笑著說很久以前他就把圖給扔了，製作地圖的舉動才重要，對於環境特徵的概要說明比較重要，而繪出的地圖本身則無足輕重。❸

其他人則強調其他的差異，哈利(Harley)引述威廉·克洛農(William Cronon)的話說：

> ……甚至英語和印第安語對於一個地景特徵的命名目的，也不一樣。英文命名一個地方「通常是隨意地創造地方名稱，不是喚起家鄉的獨特性，就是與地主的名字有關」，而「印第安人則取材生態環境的特徵，來描述一個地方能夠如何使用。」❸

大衛·騰布爾(David Turnbull)則援引截然不同的線索，他從關於指標性(indexicality)的文化差異切入。在他所著的《地圖是疆域》(*Maps Are Territories*)一書中，他把三種澳洲原住民地圖和英國兵工測量地圖做比較，**解釋**前者並**質疑(interpellating)**後者(質疑在技術上是指正式詢問部會政策或措施，如同歐洲的立法當局一樣，但這裡指騰布爾對英國測量地圖提出的四十三個問題)。結果達到了「解構」(deconstructing)英國測量地圖的效果——將潛藏（潛藏是因為視為理所當然，因為我們視而不見）的假設公開化——同時對於都蘭(dhulan)地圖的解釋，也揭顯了原本隱蔽（由於神秘莫測、無法分享

而對我們顯得隱蔽）的假設：

> 由於地圖中有些資訊是祕密，原住民的地圖只有那些創製的人，才
> 能恰當地閱讀或理解。這種隱密性關涉的是地圖連繫構成原住民
> 文化的整個知識體系的方式。對原住民而言，在權力－知識網絡
> 中取得知識是緩慢的儀式性過程，而這種過程基本上只對通過早
> 期階段的人開放。相形之下，西方知識系統表面上看來是對所有
> 人開放的，沒有什麼是祕密的。因此，地圖上所有物體的定位，都
> 對應於假定是位居我們文化界限之外的絕對座標系統。
>
> 　　你可以說，在西方社會裡，知識是透過否定或揭明所有聲明
> 或知識宣稱的內在指標性，而獲得權力。在西方傳統裡，賦與某
> 種宣稱權威性，即試圖抹滅地方的、偶然的、社會與個人之生產
> 的所有跡象。另一方面，澳洲原住民確保他們的知識宣稱擁有權
> 威的方式，是格外強調它們的指標性，使得惟有創製者能夠超越
> 當地偶然性的表象。
>
> 　　從這些考量中，我們或許應該認識到，所有地圖，事實上是
> 所有的再現，都與經驗有關，而且我們不應以精確度或科學性來
> 做分類，應該考慮的是它們的「實效性」——它們是否成功地達
> 到當初繪製的目標——以及它們的應用範圍。❸❹

雖然在《地圖是疆域》中，這最後轉變為比較從托勒密至中世紀
傳統的西方地圖，但騰布爾並非如乍看之下的是個放縱的相對主義者。
真正要強調的是，我們不僅已經對世界製圖學附加了我們自己的標準
（亦即從內部形成，從我們文化內部衍生的標準），而且在其中還特別
強調了我們最費力去完成的作品標準（根據這種信念所寫的歷史，勢
必會將我們的製圖學解釋為完美的顛峰）。再回到這個論點來，精確性

不是**位居我們文化之外**，而其他文化也可以藉此評判的標準，而是一種**內在於我們自己**文化的概念，對其他文化而言也許毫不相干。在第三種文化中，精確性也許是考慮的課題，但是什麼東西的精確性呢？當然，我們的地形測量和都蘭地圖不同，並非精確地再現「祖先的足印。」當然，如果你不相信祖先之說，這不過是原始人的一派胡言罷了；**㉟**不過這種文化絕對論不僅令人厭惡（這不正是我們譴責伊朗何梅尼〔Khomeini〕的言辭嗎?），也不可能得到證明。

　　但是，當討論了這一切之後，高度專門化的社會比非高度專門化的社會**進步**的立論，仍然可以成立嗎？無疑地，選擇這個字眼根本就是錯的，而且更細緻地說來，可能還有意誤導。然而，這類社會確實是比較有發展，只要此處的發展意謂著更爲分化與有層級性的整合。除了單純的社會規模之成長和地圖數量的擴充外，地圖的**多樣性**——地圖彼此之間的關係，以及與衍生、利用地圖的社會之間的關係——也愈趨分化，更加環環相扣，具有層級性的整合。**㊱**此外，地圖製作和分配的系統也是日趨複雜，即使在我打字的當兒都在不斷擴展。換言之，以地圖製作而言，我們的社會不僅比澳洲原住民和佐齊爾人更**有發展**，它現在正以更快速的步調**發展中**，在這個領域裡，以更快的速度分化、連結與再整合。史蒂芬・霍爾的《繪製下個一千年》裡，便描繪了這一波波的浪潮。**㊲**

　　但就因爲如此，我們在任何深沈的意義上，就比佐齊爾人更優越嗎？我們更快樂嗎？我們更滿足嗎？我們以更大的智慧來面對生活嗎？很難說，比較容易說的是，佐齊爾人在我們的軌道上，而我們不在他們的軌道上。繪製地圖的動力深植於西班牙征服墨西哥的歷史之中，接下來數百年地主的權力，亦藉由地圖而得到保障與鞏固。這也就是說，地圖製作的差別發展，和西班牙與美洲人之間的其他差異一樣，都導致美洲人遭受西班牙人的統治。於是，我們被擲入歷史洪流。

我們盤根錯節的歷史有所不同

製作人造地圖的**起源**，顯然來自許多動機，就如書寫一樣，但如果沒有做紀錄的需要，則兩者均不可能**發展**。❸理由當然是多重的，雖然相關，但因假設過度而無法在此做合理說明。丹尼斯・司滿德－貝撒瑞(Denise Schmandt-Besserat)的假設是美索不達米亞長程貿易會計的必要性；❸瑪麗・伊莉莎白・史密斯(Mary Elizabeth Smith)的假設是米茲特克人(Mixtec)改朝換代期間的複雜地主制度。❹還有許多其他假設，但幾乎所有假設的重點，都在於迅速擴張的群體對於社會過程的**控制**。從語言、字標(logogram)到純圖像(也包括這數種的融合)，各種模式都被用來記錄時空向度裡，質與量的資訊。最初作爲系譜或路線之敘事的名稱而發展的符號，被用來作地圖上的圖像，反之亦然。過了一段時間之後，根據結構主義的原則，標記系統(notation system)形成了分化：有**時間**秩序的資訊 (如系譜與路線)，以字標或**語言工具**記錄下來，逐漸發展成我們所認爲的書寫 (成爲歷史與描述性的旅行日誌)；而有**空間**秩序的資訊(如土地所有權，不同地主擁有的土地上飼養的羊群數目，以及路線)，以字標及**圖像方式**記錄下來，逐漸形成我們所謂的地圖。雖然這兩支傳統日益分歧，但在無數世代中，它們其實難以分辨。米茲特克人利用一連串足跡，以連結地面的**地點**與統治者的**世代**即爲一例，❹但大衛・烏德渥(David Woodward)曾說，即使是在歐洲傳統裡，這兩種傳統直到近代之初，才有了明顯的劃分。❹

在圖畫系統停止成長或日益萎縮的社會中，地圖製作的發展很可能也會減緩或停止。這種說法與傑洛米・布魯納(Jerome Bruner)的主張一致，他認爲「認知成長所有的表現，既是由外而內，也是由內

而外,」他觀察到,「如果沒有相對應的外在動力, 便不會有內在的成長驅力, 因為以人類的天性而言, 成長除了仰賴他們自身的力量, 還須依靠人類力量的外在擴大器。」❸以成長作為推動發展及創造歷史的引擎, 我堅持**我的**經驗中三條相互糾結的線索, 在一般人類經驗裡, 也無法合理地予以拆散。在成長中的社會裡, 增加層級性整合的持續需要, 首先造成繪圖功能的單純擴大, 不過之後便是無盡的多方發展。於是, 前現代及現代形式的國家, **隨著**地圖作為政體的工具一同演化, 並藉以估算賦稅、發動戰爭、促進通訊, 以及汲取戰略資源。以布萊安・哈利的話說,「長治久安很快地便成為每個國家的首要目標。在這種背景下, 製圖學基本上可以說是一種政治論述的形式, 與權力的取得和維持有關。」❹

　　較小、較單純、面對面的社會, 不需要繪製土地所有權、稅收區、坦克攻擊的地形、可能蘊藏石油的地下地質、下水道管線、犯罪統計、國會選舉區等, 以及各種我們覺得必須要描畫之事物的地圖。這並不代表他們的腦袋裡, 不創造描繪他們生活所在之世界的高密度、多層次、充塞各類事實的地圖。❺近來凱薩琳・米爾頓(Katherine Milton)撰寫有關巴西「生活在僻遠地區的少數民族, 他們的地理區域鮮為人知,」如馬約路納人(the Mayoruna)、馬庫人(Maku)、亞拉拉人(the Arara)及帕拉卡納人(Parakana)、亞拉威特人(the Arawete)和瓜亞人(The Guaja)的生活, 她觀察到, 雖然他們的生活有段時期是環繞著村落而展開:

> 但我所合作的族群遲早會離開, 通常是以一小群為單位, 他們在森林裡旅行上數週或數個月, 並以森林裡的動植物維生。森林裡遍佈著印第安人熟知且代代相傳的路徑, 當森林裡有豐盛的果實及肥美的獵物時, 他們就會外出旅行, 不過一年之中的其他時間,

家庭或小團體也可能外出探險。**46**

在這個時候，這些少數民族會把所有東西帶在身上，不過：

印第安人所攜帶的最重要東西是知識，在一個印第安人的基因組
(genome) 中，並沒有關於如何在熱帶雨林裡謀生的因子，每個人
在雨林中都必須變成活動資料庫，對雨林的植物、動物之習性及
用途瞭若指掌。這些知識必須世代相傳，沒有書本、手冊或教育
電視節目的幫助。印第安人沒有商店可以購買求生所需的物件。相
反的，每個人必須學會蒐集、製造或生產他或她一生所需的一切
物品。**47**

與我對沒有書寫文字的民族想像一致的是，米爾頓也注意到「熱
帶雨林印第安人不斷說話，我相信這個特徵反映出口頭文化傳遞的重
要性。」**48**其他人亦對其他族群，如遙遠的薩伊伊吐利人(Ituri)及澳洲
原住民作過類似的觀察研究。相反的，在我們的文化中，私人閱讀應
保持安靜的要求，也成為關注的主題。**49**

製作地圖的文化與非製作地圖的文化之間的差別——除了其他由
地圖製作所驅動的各種需要——在於是否需要利用地圖來填滿資料
庫。約瑟夫·康拉德(Joseph Conrad)在《黑暗之心》(*The Heart of
Darkness*)透過馬羅(Marlowe)說：

在我只不過是個小傢伙時，我對地圖充滿熱情。我會花好幾個小
時觀看南美、或非洲、或澳洲地圖，在探險的光榮歷史中渾然忘
我。當時地球上有許多空曠的空間，如果我在地圖上發現特別吸
引人的地點（不過它們看來全都很有吸引力），我就會指著它說：

「等我長大了，就要到那兒去。」❺⓿

　　類似這樣的觀察，被當成是地圖**激發想像力**（迷人的藉口）之力量的又一明證，J. K. 萊特（J. K. Wright）以下列話語作為一篇廣受引用的文章開首：

　　未知的土地（Terra Incognita）：這些字眼激發了想像。多年來，人們被海上女妖的歌聲誘惑，來到許多未知的地域，當我們今日在現代地圖上，看到標示為「未經探索」的地方、由斷續線條所表示的河流、標示著「存在可疑」的島嶼時，女妖歌聲的回響，便在我們耳中激盪。❺❶

　　雖然他繼續描述海上女妖所唱的歌曲，他的注意力仍關注歌聲中的詩意特質：

　　當然，海上女妖對不同人唱的歌曲自然不同。她們有時以物質回饋來誘惑：如黃金、毛皮、象牙、石油、安居與開墾的土地。有時則以科學發現的遠景來引誘。有時又用冒險或逃逸來吸引人。她們特別邀請地理學家來繪製她們的領土形貌，以及其中包容的各種現象，還設下難解的謎團，如何將各個部分，拼成為和諧的整體概念。但所有的人都一樣，聽到她們的召喚，便被施放了詩意的咒語。❺❷

　　拒絕這種咒語不僅無禮，而且錯誤。人類的動機既不單純也非唯一，純粹的歡愉經常伴隨著最基本的動機；但我們不允許咒語令我們盲目，以迄完全被探險──受地圖製作之文化所驅迫的填滿空白之追

求——無可避免地……**開啓**的剝削中，獲得的**物質**回饋所誘惑。

正是這樣的**開啓**（以及這種開動所暗示的**關閉**）吸引了布萊安・哈利的注意。他淸楚地指涉到馬羅的話語（並且擺放在維多利亞殖民主義的脈絡裡），他說：

> 這段話經常被引用來解釋地圖如何激發人們的地理想像。它也同時彰顯了地圖在殖民主義裡，既開啓稍後又關閉一塊領域的雙重功能。我認爲，康拉德對於探求地圖上空白部分的渴望——和其他作家一樣——也是在十七世紀的新英格蘭已經根深柢固的殖民心態之徵候。從這個觀點看來，世界充滿了有待英國人攫取的空白地方。[53]

這種歷史關係並不對稱。繪圖（而非製作地圖）的新英格蘭印第安人，**可能**製作了地圖（他們的確爲歐洲人製作了許多地圖，[54]）但他們的地圖不會以標示著**未知之土地**的空白，來代表不列顚群島的內部。這種不對稱彰顯並鞏固了印第安人位居英國人的軌道上，而英國人卻不在印第安人軌道上的事實。此處以精確爲藉口，取代了海上女妖之歌的藉口，因此，即使到現在，我們仍然忽視**包容性**（inclusiveness）的不對稱，反而關注究竟是印第安人或歐洲人資訊錯誤，以致最後在地圖上形成……這項特徵……的爭議。同時，藉由神奇的戲法——無論是否精確——歐洲人正在盜取東西。[55]

這就是製圖學的歷史！專業製圖學家經常爲投影法與設定比例尺、普遍化及象徵化等等瑣碎細節所麻木，因此，很容易傾向於認爲歷史的開展，呈現在美索不達米亞平原的泥板、托勒密圖象的描述、航海指南圖表與文藝復興雕刻、有主題的石版印刷，以迄衛星傳送的電腦圖像，其間不但沒有停頓，而且是停不下來的過程，朝向無法達到

的完美精確之涅盤境界邁進。當然，以這些項目來說，地圖**確實**已經
變得更好了。我們不需要去否定厄拉多塞(Eratosthenes)及托勒密
(Ptoleny)、奧特利烏斯(Ortelius)及麥卡托(Mercator)、哈里森
(Harrison)及卡西尼(the Cassinis)蹣跚前進的成就。有關增加「地
圖內容全面性」這種一定會覆蓋歷史**本質**的漠然宣稱，所掩蓋的其實
是繪圖──不是製作地圖──的民族在這個過程中失落的方式。

　　讓我們瞧瞧：從努濟(Nuzi)的這塊泥板上所看到的世界，和**我們
現在所知道的世界**有何不同？ 在中東的幾英畝地？ 托勒密的圖？ 我們
拉回來，卻未變換視野的中心。這是同樣的凝視，同樣的觀看角度。馬
可波羅把疆界向東推移，隨著哥倫布的探險，有更多領域被納入西方。
逐漸地，如同我們現在所認識的世界出現了，然後，堅決地，一個世
紀接著一個世紀(而且仍持續著)，我們見到的是漸次填塞一個個的空
洞。這就好像看著電腦用色彩填滿一個輪廓，線條接著線條，很快地
就沒有留下任何白色部分。或者，以世界爲例……完全沒有留下紅色，
正如在遍佈……新倫敦及新西班牙的托勒密地圖方格上，愈來愈難找
到印第安人的地盤：

> 十七世紀的新英格蘭，地圖是研究印第安人被逐漸排擠在外的領
> 域過程的文獻。我並不是暗示地圖是佔領疆域和種族區域的主要
> 發動者。不過，我的論點是，地圖作爲典型的權力知識形式──無
> 論是在心理層面或實用層用──在殖民論述中佔有關鍵的一席之
> 地，對美洲原住民造成了悲慘的後果。❺❻

　　現在，**每個人**都在這張地圖上，**每個人**都被這種一覽無遺的凝視
所涵括。❺❼隨著時間推移，這個世界有越來越多部分，被來自中心而
只有輕微偏移的觀點所捕獲,這個中心從地中海四周的美索不達米亞，

轉移到希臘和羅馬，上抵法蘭西與英格蘭(數百哩的重大推進)。**本初子午線**？當然是經過格林威治囉！但還是必須通到……**某處**。

必要性的藉口：它未必要在……**那裡**。❺❽必須堅持的是，這主要並非無關利益的製圖活動，而是我們先前提到的政治與地圖製作盤根錯結的結果，這是國家要長治久安的必要活動。也就是說，以非常重要的意義而論，地圖不僅**記錄**與**顯示**，同時也**要求**和**證明**了對於土地管轄的轉變，以科學及文明之名，國家及人類進步之名，而予以佔用（事實上，米爾頓研究馬約路納人及馬庫人，正是以這種佔用及隨之而來的墾殖過程為焦點）。製作地圖的社會……**延伸出去**，當然並不是為了製作更完整（更不是更真實）的地圖，而是為了要開展這些地圖的成長與發展所協助發動的動態過程（製圖事業在其中是重要且不可或缺的夥伴）。在此同時，他們極盡所能地將一切遇到的東西(勞動力及他們所遇到的其他文化）歸併進來。如此一來，他們的成長獲得了滋養，他們的發展不僅由內部，也從外部（亦即藉由征服、佔用及引誘）來推動。從其中所剝奪……搶奪的，不僅是他們的地盤，他們的能源，他們對動植物的知識，還有他們的語言、神話、儀式、習俗及製品。並不只有探險者、傳教士、士兵、奴隸販子、捕獸者、礦工、伐木者及殖民者侵佔了這些民族的土地，人類學家及其先驅亦然。❺❾舉例來說，我可以從書架上抽出《欣古：印第安人，他們的神話》(*Xingu: The Indians, Their Myths*)（欣古人沒法從他們的書架上抽出任何有關我的書來），從滿佈灰塵的書皮上讀到，「作為結構與比較分析的民族誌資料來源，〔這些神話〕是無價之寶。」❻❶我們這個不斷成長的製作地圖的社會，沒有什麼東西是不會被奪取與利用的。這些偉大的發展文化(「西方」、「東方」、「回教國家」)，不斷地與發展程度較低的國家文化區隔開來，卻同時對它們進行更貪婪的消耗。區分「西方」與卡瑪烏拉人(the Kamaiura)或阿伊努人(the Ainu)或納瓦霍人(the

Navajo)的最明顯之處，並不是這種或那種觀點，而是「西方」……**擁有許多觀點**。無論是什麼東西——世界的起源，或是人與自然的關係——都從比霍皮人、波洛洛人(the Bororo)或因努人**還要多的觀點**來觀看。最終，不僅有那麼多地圖，而且有無數**類型**的地圖。這正是地圖製作的成長和發展與歷史契合之處，世界由各色各樣的種族並存，轉變爲一支多種多樣的種族。**❻**

　　受到我自己成長及發展的過程(與我周遭的歷史互動)所驅使，我依照這種方式育有兩個兒子。當我在寫作時，他們坐在隔壁的房間裡緊盯著電腦螢幕，在模擬城市(SimCity)裡，主題地圖在螢幕上閃動著，記錄並呈現我兒子打算建造的「城市」。我對此並不特別感到高興。我寧可他們到樹林裡，或者假使不是到林中，那麼到市區探索，走在硬鋪面的人行道上也不錯。但是，在我們所居住的製作地圖的社會裡，就是這麼一回事。

註釋

❶ Tom Watterson, *The Revenge of the Baby-Sat*, Andrews and McMeel, Kansas City, 1991，p. 86. 數年前艾歐納・歐皮(Iona Opie)曾在《紐約客》訪問中提到相同的一點，他說：「我的新書名已經有了，我可以告訴你嗎？就是『遊戲場上的人們』，取『人們』是因爲你知道小孩子從來不會認爲自己是小孩子。他們會說：『這個遊戲需要四個人才能玩』或是『有些人覺得這首歌的調子不一樣』。」("Playground Person," *The New Yorker*, November 7, 1988, p. 31)。

❷ 在此不妨提及 A. A. Milne 在〈終點〉(The End)裡的備忘錄：「當我一歲時，／一切才剛開始。／當我兩歲時，／我幾乎還是個新手。／當我三歲時，／我已快要不是我了。／當我四歲時，／我沒什麼了不得的。／到我五

歲時，／我僥倖還活著。／現在我六歲了，我再聰明不過。／所以我想我大概永遠都是六歲了。」但現在永遠總是讓人有如此感覺。〈終點〉是米恩《現在我們六歲》（*Now We Are Six*）一書的結尾（E. P. Dutton, New York, 1927, p. 102）。

❸ John Tyler Bonner 在《自然的尺度》（*The Scale of Nature*）中，討論科學的尺度，Harper and Row, New York, 1969。單就生物學而論，Thomas McMahon and John Tyler Bonner 的 *On Size and Life*, Scientific American Books, New York, 1983 即充分討論尺度的論題。

❹ 對這個主題的概論，可以參見 Ilya Prigogine, *From Being to Becoming: Time and Complexity in the Physical Sciences*, W. H. Freeman, San Francisco, 1980。

❺ 最暢銷的概論是 Stephen Hawking, *A Brief History of Time: From the Big Bang to Black Holes*, Bantam, New York, 1988。

❻ 參見 Ronald F. Fox, *Energy and the Evolution of Life*, W.H. Freeman, San Francisco, 1988；以及 Ernst Mayr, *The Growth of Biological Thought*, Harvard University Press, Cambridge, 1982。

❼ 參見 Humberto Maturana and Francisco Varela 精彩的 *The Tree of Knowledge: The Biological Roots of Human Understanding* (New Science Library, Boston, 1988)，詳盡地探討了這些層面。

❽ Christopher Tolkien, *The History of Middle Earth, Volume VII: The Treason of Isengard*, Houghton Mifflin, Boston, 1988, pp. 295.

❾ 有關保險地圖的條目，可參見 Helen Wallis and Arthur Robinson, editors, *Cartographical Innovations*, Map Collector Publications, in association with the International Cartographic Association, Tring, 1987, pp. 109-111；另參見 Robert Karrow and Ronald E. Grim, "Two Examples of Thematic Maps: Civil War and Fire

Insurance Maps," in David Buisseret, editor, *From Sea Charts to Satellite Images: Imterpreting North American History Through Maps*, University of Chicago Press, Chicago, 1990。

❿此處的經典著作為 Thomas Gladwin, *East Is a Big Bird* (Harvard University Press, Cambridge, 1970) 及 David Lewis, *We the Navigators* (University of Hawaii Press, Honolulu, 1972)。亦可參見 Talbot Waterman, *Animal Navigation* (Scientific American Library, New York, 1989) 討論人類航行的那一章。

⓫此外亦可參見 Robert Rundstrom, "A Cultural Interpretation of Inuit Map Accuracy," *Geographical Review*, 80(2), April 1990, pp. 157 and 163-166。

⓬ Robert Beck 和我曾仔細分析地圖草圖成長的方式，其狀況是一個人研究她的數張地圖。參見 Denis Wood and Robert Beck, "Janine Eber Maps London," *Journal of Environmental Psychology*, 9, pp. 1-26。

⓭ Robert Rundstrom，前引書，pp. 155。

⓮這項主張在 James Gould and Carol Gould, *The Honey Bee*, Scientific American Library, New York, 1988 裡有顯著而長篇的討論。亦參見 F. C. Dyer and J. L. Gould, "Honey Bee Navigation," *American Scientist*, 71, 1983, pp. 587-597。

⓯ David Stea, "The Measurement of Mental Maps: An Experimental Model for Studying Conceptual Spaces," in K.R. Cox and R.G. Golledge, eds., *Behavioral Problems in Geography: A Symposium, Studies in Geography ♯ 17*, Northwestern University, Evanston, 1969, p. 229.

⓰ Waterman，前引書，pp. 178。Waterman 明白闡述這項關連，他提及心理學家提及的「記憶的空間關係」，即與「認知地圖」相仿，可參見 p. 182。

⑰這方面的文獻非常豐富。除了前面提及的 Waterman 及 Gould and Gould 外，亦可參見 D. R. Griffin, *Animal Thinking*, Harvard University Press, Cambridge, 1985；J.T. Bonner, *the Evolution of Culture in Animals*, Princeton University Press, Princeton, 1980。較技術性而同樣有助益的是 E.W. Menzel, "Cognitive Mapping in Chimpanzees," in S.H. Hulse et al., eds., *Cognitive Process in Animal Behavior*, Lawrence Erlbaum, Hillsdale, N.J., 1978, pp. 375-422，以及 M. Konishi, "Centrally Synthesized Maps of Sensory Space," in *Trends in Neuroscience*, 9(4), 1986, pp. 163-168。另有一爆炸性作品暗示腦部的海馬趾（hippocampus）（前腦後部的一部分）對哺乳類的方向定位有關連，取自題目聳動的 John O'Keefe and Lynn Nadel, "Maps in the Brain," *New Scientist*, 27 June, 1974, pp. 749-751 (不過要留意這篇文獻中對「地圖」的雙重用法)。動物地圖是直線性的或區域性的？Waterman 說：「動物無疑有直線和二度空間兩種類型」（p. 179），令我驚訝的是，這個問題在探討人類繪圖時，經常被提出，現在卻常被拿來探討動物。但有關動物繪圖的最理所當然的論調，出現在最近一期的《國家地理雜誌》，Eugene Linden 引述瑞士生物學家 Christophe Boesch 的話說：「根據 Boesch 所述，黑猩猩在先前留下石頭的地方保留了心靈地圖。當露兜樹結果時，牠們似乎知道到達最近的石槌的捷徑，通常可以找到兩百公尺外看不到的石塊。Boesch 相信這種技能是基於一種『進化的心靈地圖』，這是歐幾里德式的空間感，通常九歲以前的小孩尚未具備這種能力」(Eugene Linden, "Apes and Humans," *National Geographic Magazine*, 181 [3], March, 1992, p. 26)。哈！歐幾里德空間！

⑱ Humberto Maturana 和 Francisco Varela 從來沒有對這點加以闡明，不過他們在對一般行為下定義時已將此納入，這個定義即「生物位置或態度的改變，觀察者所認為的相對於某個環境的移動或活動。」換言之，

生存是繪圖的問題，舉例來說，Waterman 的問題不過是活動的多細胞感覺運動相互關係的特例。參見 Maturana 具啓發性的"The Neurophysiology of Cognition" in Paul Garvin, ed., *Cognition: A Multiple View*, Spartan Books, New York, 1970。(在本書中亦可查閱 Heinz von Forester, "Thoughts and Notes on Cognition," 對繪製地圖的有機意味多所探討。) Maturana 最近的生物現象學之綜論，可見他與 Francisco Varela 合著的 *The Tree of Knowledge*，前引書。在這個架構裡，人類生活沒有製作心靈地圖的能力，簡直是……**無法想像**。**⓳**也就是說，我們今日所知的心靈地圖，是隨著我們今日所知的人腦一起出現的。這是在什麼時候呢？ 一般咸認現代人種在十萬年前至四十萬年前起源於非洲。參見 C. B. Stringer and P. Andrew, "Genetic and Fossil Evidence for the Origin of Modern Humans," *Science*, 239, 1988, pp. 1263-1268; 以及另一略有不同的觀點，"The Multiregional Evolution of Humans," *Scientific American*, April, 1992, pp. 76-83。爲解答更專門的問題：「現代人腦何時演化？」Philip Lieberman 說得好：「使自發性語言控制可能的重組能力，是現代人腦的定義特徵之一。這毫無疑問的在十萬年前曾發生在解剖學上的現代人科化石，如 Jebel Qafzeh 和 Skhul V，具備人類的聲帶……與 Jebel Qafzeh 和 Skhul V 有關的考古學證據，與他們擁有完整的現代人腦吻合——適應於複雜的語法與邏輯——不過，更早的起源仍未能釐清。雖然腦前葉皮層的擴大，主要可能源自於語言與思想的特別貢獻，但它實際上對行爲的所有面向發生影響。因此，任何增強生物適應力的認知活動可能都對其發展有所貢獻。」假使種系發生早的有機體，如鳥類、魚類及蜜蜂出現繪製地圖的能力，那麼繪圖是這類活動之一的說法，是否值得懷疑？ 終究，Lieberman 所描述在十萬年前成形的腦，就是**我們的**腦，它已經具有繪製心靈地圖的功用。參見 Lieberman 最近的論著，*Uniquely Human: The Evolution of Speech, Thought, and Selfless Behavior*, Harvard University

Press, Cambridge, 1991, pp. 109-110。對此問題截然不同的看法，見於有關石器分析的論述，參見 Thomas Wynn, *The Evolution of Spatial Competence, Illinois Studies in Anthropology No. 17*, University of Illinois Press, Urbana, 1989。根據明確的皮亞傑理論架構，他明白指出：「這種皮亞傑式分析最直接可能，也最出乎意料的結果，乃是人科在卅萬年前，或許還要更早，即已具備操作型的智力。」(p. 89)

⓴我曾爲文主張這種進化階段的重現，至少是在兩篇提及繪圖再現的專文內，即"Now and Then: Comparisons of Ordinary Americans' Symbol Conventions with Those of Past Cartographers," *Prologue: The Journal of the National Archives*, 9(3), Fall, 1977, pp. 151-161；及"Cultured Symbols: Thoughts on the Cultural Context of Cartographic Symbols," *Cartographica*, 21 (4), Winter, 1984, pp. 9-37。第二篇論文對第一篇論文的描述有所解釋，不過本書第六章詳述了我對此議題的最新看法。

㉑這並不是說這些地圖的表達方式相同，也不是說共同的述說能力，會導致單一的語言。

㉒ Robert Beck 和我長期以來一再強調微觀發生過程的重要性，參見 Robert Beck and Denis Wood, "Cognitive Transformation of Information from Urban Geographic Fields to Mental Maps," *Environment and Behavior*, 8(2), June, 1976, 及"Comparative Developmental Analysis of Individual and Aggregated Cognitive Maps of London," in Gary Moore and Reginald Golledge, editors, *Environmental Knowing*, Dowden, Hutchinson and Ross, Stroudsburg, Pa., 1976；及新近的論文，Denis Wood and Robert Beck, "Janine Eber Maps London," 前引書。

㉓ G. Malcom Lewis, "The Origins of Cartography," in J.B. Harley and David Woodward, eds., *The History of Cartography: Volume*

One: Cartography in Prehistoric, Ancient, and Medieval Europe and the Mediterranean, University of Chicago Press, Chicago, 1987, p. 50. 在1992年4月美國地理學會在聖地牙哥舉辦的年會上，Lewis 提出一篇論文，"Semantics, Symbols, Geometries and Metrics: Causes of Misunderstanding in the Cartographic Communication of Geographical Information Between Cultures"，他否認先前的立場，而採用了與此處所述相去不遠的看法。Catherine Delano Smith 收錄於 Harley and Woodward 書中的文章有更多疑問，很清楚地，從一開始 Lewis 其實討論的是**意識**而非認知，不過 Smith 討論的是什麼則完全不清楚。參見我對 Harley and Woodward 的評論，刊載於 *Cartographica*, 24（4），Winter, 1987, pp. 69-78。

❷ David Woodward, "Reality, Symbolism, Time, and Space in Medieval World Maps," *Annals of the Association of American Geographers*, 75(4), 1985, pp. 510-521.

❷ 正因為他們所製作的未必可以出版，BarbaraB. Petchenik 提醒我們：「知識的力量及意圖是重要而有趣的——但是**真正製作出來的地圖，是個人或團體願意付出代價的地圖**」（個人意見交換，1992年4月16日）。

❷ Heinz Werner, *Comparative Psychology of Menatl Development*, International Universities Press, New York, 1948。Werner 對發展提出非常有力的看法，不過他對於「原始人」的看法不無疑問。和 Lewis 與 Smith 不同的是，他並不否認他們有操作的能力：「原始人能夠在空間中從事技術活動，他能夠測量距離，駕馭獨木舟，對準某個目標擲矛等等，他的空間作為行動場域，作為實際的空間，在結構上和我們的空間並無二致。」（p. 167）；但是，一旦這個空間成為再現及反省思考的主體，他便限制了這種空間（此處 Werner 所用的「再現」並非皮亞傑所用的意義）：「原始人的空間概念即使經過系統化，仍然是經過折衷協調而緊繫於這個主體」（p. 167）。我無法絕對確定如何解釋這點，但他在此處提及的確

實是其他人可能會以「意識」，或甚至是「世界觀」來指稱的東西，這兩者均與一般的生活方式密切相關，亦即和經濟結構及社會組織有關(也就是說，與若干經濟學家所謂的發展水平有關)。所有理論家都同意這種力量叢結——簡稱為「狩獵與採集經濟」或「封建制度」或「後福特資本主義」——對再生產「看世界」的方式，造成重大影響。換言之，他們同意比較未開發的社會，以不一樣的方式概念化他們與世界的關係，而與比較開發的社會有所不同。就這一點而論，不論我們認為這種差異是介於Buber 式的「我—你」及「我—它」，或是 Eliade 式的「神聖」及「凡俗」，或 Connerton 式的「容納」與「銘刻」，或 Werner 式的「折衷協調」及「各自分立」(或被異化而對它擺出較不肯定的臉孔)，只要我們承認我們不是在討論智力或認知能力，而是由生產模式，亦即由一種⋯⋯**生存**，所致生的意識，那就夠了。這種意識的發展，便能在用來描述生產體制轉變的理論架構內，找到適當的位置——正如 Henri Lefebvre 在 *The Production of Space* (Blackwell, Oxford, 1991)所述——而不是在用來發展腦部生物學的理論架構裡 (亦即，將我們的注意重新聚焦於人類學、歷史與社會學，而不是神經生理學與心理學)。

㉗ Jean Piaget and Bärbel Inhelder, *The Child's Conception of Space*, Routledge and Kegan Paul, London, 1956。這本重要論著完成於 1948 年，對空間認知之發展的研究貢獻很大。亦可參見 Monique Laurendeau and Adrien Pinard, *The Development of the Concept of Space in the Child*, International Universities Press, New York, 1970。

㉘出版為"Centering of Mental Maps of the World," *National Geographic Research* 4 (1), 1988, pp. 112-127。

㉙對這個計畫最簡潔的介紹是 Victoria Bricker and Gary Gossen, eds., *Ethnographic Encounters in Southern Mesoamerica: Essays in Honor of Evon Zartman Vogt, Jr., Studies on Culture and Society*

3, Institute for Mesoamerican Studies, The University at Albany, State University of New York, 1989。我在處理辛納康坦研究時，同時引用了我在這方面的經驗，以及眾多的文獻資料。特別重要的是 E. Z. Vogt, *Zinacantan: A Mayan Community in the Highlands of Chiapas*, Harvard University Press, Cambridge, 1969；Frank Cancian, *Economics and Prestige in Mayan Community*, Standford University Press, Standford, 1965；Gary Gossen, *Chamulas in World of the Sun: Time and Space in a Maya Oral Tradition*, Harvard University Press, Cambridge, 1974；George Collier, *The Fields of the Tzotzil*, The University of Texas Press, Austin, 1975；及 Robert Wasserstrom, *Class and Society in Central Chiapas*, University of California Press, Berkeley, 1983。唯一處理歷史問題的是 Wasserstrom 的著作，因此特別有價值，雖然他不斷持著批判的口吻，他的結論仍然與哈佛大學 Chiapas 研究計畫工作者的結論相當類似，尤其是 Collier。

❸⓪ Denis Wood, "Mapping and Mapmaking," paper read at the Annual Meeting of the Association of American Geographer, April, 1992, San Diego.

❸① 這些都是現今的熱門議題，不過我仍然以 Marshall McLuhan, *The Guttenberg Galaxy*, University of Toronto Press, Toronto, 1962 為主。

❸② Rundstrom，前引書，p. 165。

❸③ J. B. Harley, "Victims of a Map: New England Cartography and the Native Americans," (paper read at The Land of Norumbega Conference, Portland, Maine, 1988, p. 17)引述 William Cronon (*Changes in the Land: Indians, Colonists, and the Ecology of New England*, Hill and Wang, New York, 1983, p. 66)。

❸❹ David Turnbull, *Maps Are Territories: Science Is an Atlas*, Deakin University Press, Geelong, Victoria（Australia）, 1989, p. 42。這是一本智慧而美麗的書，參見本人所撰的"Maps Are Territories／Review Article," *Cartographica*, 28(2), Summer, 1991, pp. 73-80。

❸❺ 雖然**在西方傳統中**，並非我們不從事物本身的觀點，鉅細靡遺地……來繪製地圖，什麼？神祕ㄅㄆ？舉例來說，**古道線(ley-line)**，是史前時代人們用來代表古代的田間小徑或能源形式，但現在已無人知道了。參見 Claire Cooper Marcus, "Alternative Landscapes: Ley-Lines, Fêng-Shui and the Gaia Hypothesis," *Landscape*, 29(3), 1987, pp. 1-10。偉大的西方傳統藉由漠視、壓制及／或否認神祕性、宗教性、非理性……酒神的(Dionysian)一面，來維持完美的理性。

❸❻ 再次地，此處併入的不只是地形圖、地產地圖、國會選舉分區地圖等，還包括了古道線地圖、平面地球學會(Flat Earth Society)的地圖(他們相信地球是中空的)等，更不用說描繪小說、幻想遊戲與科幻小說等等，無數的地圖。

❸❼ Stephen Hall, *Mapping the Next Millennium*, Random House, New York, 1992。

❸❽ 再次地，地圖製作可能**源自於**航行目的——如同密克羅尼西亞人——或是呈現「祖先的足跡」——如同澳洲原住民，或是如地籍簿——(或許)如埃及人與巴比倫人——不過，若沒有保持記錄的需要，它似乎不會**發展**，亦即經歷分化、連結和層級整合。我認為，這樣的發展只有在社會**成長**到需要保存記錄時才會發生；然後保存記錄會推動再現系統的發展；當這種再現系統分化以後，製作地圖便從中發展成為一種**生活方式**。這代表比較多的社會成為繪圖社會，而非製作地圖的社會。

❸❾ 參見 Denise Schmandt-Besserat, "An Archaic Recoding System and the Origin of Writing," *Syro-Mesopotamian Studies*, 1(2), July, 1977, pp. 1-70。她最新的著作是 *Before Writing: From Counting to*

Cuneiform, Vol. 1, University of Texas Press, Austin, 1991。John Alden 在對此書的書評裡寫道:「本書的證據支持一項對這本雜誌讀者而言,相當熟悉的重要原則。人類的發明就像生物學的演化一樣,很少無中生有,它們往往都是從現有的某項設施或結構加以改良,以符合更廣泛的功用。」(*Natural History*, March 1992, p. 67)。我的觀點亦如是。

❹ Mary Elizabeth Smith, *Picture Writing from Ancient Southern Mexico: Mixtec Place Signs and Maps*, University of Oklahoma Press, Norman, 1973.

❹在 Smith 前引書中有許多例子。在 Helen Wallis and Arthur Robinson 前引書的條目中, 對地產地圖有所說明, p. 101。

❹ Woodward, 前引書。更詳盡的討論, 參見他的 "Medieval Mappaemundi" in Harley and Woodward, 前引書, p. 286-370。

❹ Jerome Bruner et al., *Studies in Cognitive Growth*, John Wiley & Sons, New York, 1966, p. 2 and p. 6.

❹ Brian Harley, "Silences and Secrecy: The Hidden Agenda of Cartography in Early Modern Europe," paper read at the XIIth International Conference on the History of Cartography, Paris, September, 1987, p. 1. 他在 *Imago Mundi*, 40, 1988, pp. 57-76 發表的同名論文, 雖然解釋稍有不同, 不過結果一樣。哈利晚年愈來愈傾向主張, 製圖學是為國家服務的政治論述。

❹當然, 還包括被認可的木棒圖(Stick-chart)、都蘭地圖(dhulan)、樹皮繪圖等。重點不在於這些人不製作地圖, 而是和認為地圖是理所當然的製作地圖之社會──**沈浸在地圖之中的社會**──比較起來, 他們所製作的地圖仍然相當孤立、不尋常、特別、稀少。

❹ Katharine Milton, "Civilizations and Its Discontents," *Natural History*, March, 1992, p. 38.

❹同前註, p. 39。

㊽同前註。

㊾其實最有說服力的是 André Kertész 的攝影集，*On Reading*（Grossman, New York, 1971），不過 Marshall McLuhan 最早將此定義爲意識問題（見於 *The Guttenberg Galaxy*，前引書）。對 McLuhan 而言，印刷和閱讀使人類的**聲音**靜默，造成了我們今天的疏離意識，使現代國家成爲可能，其功效有如地圖「印刷促成全國的一致性，以及政府的中央集權，但是個人主義及其對這種政府的反抗，也因此形成。」（p. 235）針對於此，重述註㉖裡 Werner 的論點，關於我們的製作地圖（與印刷閱讀）之社會，和 Milton 所描述的口語社會的差異，其中的關鍵不在於基本認知能力的差異，而是在於不同生活方式勢必形成的不同**意識**。關於印刷書籍之閱讀與（寫作）對於意識之影響的更強烈攻訐，參見 Alvin Kernan 令人信服的 *Printed Technology, Letters and Samuel Johnson*（Princeton University Press, Princeton, 1987）。

㊿ Joseph Conrad, *Heart of Darkness*, The Heritage Press, Norwalk, Connecticut, 1969, p. 10. 値得注意的是，這本小說是康拉德根據 1890 年的經驗於 1898-1899 年完成。

(51) J. K. Wright, "Terrae Incognitae: The Place of the Imagination in Geography," in his *Human Nature in Geography: Fourteen Paper, 1925-1965*, Harvard University Press, Cambridge, 1966, p. 68.

(52)同前註，p. 69。

(53) J. B. Harley, "Victims of a Map," 前引書，p. 22。

(54) Harley，同前註，評論了相關文獻，亦參見 G. Malcom Lewis 的著作，他在這個領域堪稱權威："The Indigenous Maps and Mapping of North American Indians," *The Map Collector*, 9 1979, pp. 25-32："Indicators of Unacknowledged Assimilations from Amerindian Maps on Euro-American Maps of North America," *Imago Mundi*,

38, 1986, pp. 9-34；及"Native North Americans' Cosmological Ideas and Geographical Awareness," in John Allen, editor, *North American Exploration*, University of Nebraska Press, Lincoln, forthcoming。

(55)這也是康拉德透過馬羅講的話：「征服地球主要意謂著從不同膚色或是鼻子比我們低的人種手中奪走土地，當你仔細深究，會發現它並不是一件美妙的事。」(Conrad，前引書，p. 8)我的重點是，當被奪走的土地被納入佔領者的地圖，這種掠奪幾乎算是全部完成。

(56) J. B. Harley, "Victims of a Map," 前引書，p. 1。

(57)這是 Sauron 之眼：「在黑色深淵裡，只見單眼逐漸變大，直到幾乎充滿鏡子爲止。這景象如此恐怖，以致弗洛多彷彿兩腳生了根，無法叫喊，也無法移開視線。這隻眼充塞著烈火，熊熊燃燒，如貓眼般鮮黃，炯炯有神，令人不敢逼視，瞳孔的黑色細縫開成一個洞，一扇望向空無的窗戶。之後，這隻眼睛開始流轉，到處搜尋；弗多洛確定而恐懼地明白了，他自己就是它搜尋的目標之一。(J. R. R. Tolkien, *The Fellowship of the Ring*, Houghton, Mifflin, Cambridge, 1954, p. 379)。托金是尚未揚名的敞視建築(panopticon)現象學家。

(58)類似的故事不只一個，中國人也是製作地圖的民族，阿拉伯人亦然。以較小規模來說，阿茲特克人及印卡人(Inca)也把其他美洲原住民族群納入他們的地圖裡。或許最好是把每個民族都當作製作地圖的民族，只是他們將其他民族納入地圖的程度不同而已。但要假裝我們繪製了 Mayoruna 領域，和他們未把美國繪製在地圖上的差異，解釋成不過是量的區別，則未免有失坦白。他們在我們的軌道內，但我們不在他們的軌道內。

(59)這也不僅發生在過去而已。掠奪美洲原住民的土地及文化資本，在巴西、委內瑞拉的雨林，就像其他各地一樣，未曾稍歇。

(60) Orlando and Claudio Villas Boas, *Xingu: The Indians, Their Myths*, Farrar, Straus, Giroux, New York, 1973.

❻關於「西方」與較小社會之區分的更詳盡說明，可參見我對 Rix Pinxten, Ingrid van Dooren and Frank Harvey, *The Anthropology of Space* (University of Pennsylvania Press, Philadelphia, 1983) 的評論，收於 *Environment and Behavior*, September 1985, pp. 643-647。

第三章　每幅地圖都顯示此……而非彼

　　這不會造成什麼後果嗎？在電腦螢幕上閃爍，由滑鼠指揮的地圖，什麼也沒有暗示嗎？當小孩在玩的時候，他們先後叫出一個個圖像。污染、人口成長、火災範圍、犯罪，錢德勒輪流叫出每個圖。藍道爾則微調著交通模式——**一閃**！交通格網，**一閃**！交通密度。他們的好朋友凱利說：「看看我的城市多大啊！」他正拉回到……區域的觀看角度。

　　權力網絡、人口密度、警力分配範圍、土地價值——漏掉了什麼？省略了什麼？這些難道不就是製作地圖之社會的富有者所堆積而成的嗎？這不是重點嗎？可以明顯獲利地隨意利用每一種地圖？此處，在模擬城市裡（適合**小孩**玩的電腦遊戲）：一家麵包店有十幾張動態的互動地圖！這難道不是站在巨人肩膀上所得到的好處嗎？巨人自己也站在巨人的肩膀上……或甚至是普通男人、女人的肩膀上。數個世代累積的文化貯存與收藏在這裡，幾吹之差會有什麼不同？正是這種**包容積聚的文化資產**，使製作地圖的社會達成製作地圖的目標；這並非某個個人非常謹慎地經由言詞或動作，或諄諄敎誨之慣例的祕密傳遞，辛苦學習才得到的技巧。這是無盡地複製與散佈成千上萬這種個人的智慧，將之掌握、貯藏、註解、校正、附加索引、製成縮圖、化約爲公式、背誦強記，因此，曾經是劃時代的發現或發明，均被簡化成爲常識，深植成爲理所當然的生活事實。中學生一聽到「13 乘以 13 是多少？」，可以在千分之一秒內回答「169」，這並不是他們的智慧高過前蘇格拉底時期的老祖宗，或是他們在巴西雨林狩獵、採果的同輩，或

甚至是他們以前在七年級時退學的同學，而是由於他們能夠接近這龐大的歷經堆積與……**開採**的文化勞動財富。

身爲這個廣大的學習與知識科技寶庫的受惠者，我們可能提出的精確、全面性──**眞理，去他的！**──的宣稱，必然都比我們的祖先偉大，彷彿他們受到……受到什麼的桎梏？嗯，比方說他們沒有人造衛星，例如湯姆・凡・桑特(Tom Van Sant)利用人造衛星所取得的這個圖像──現在很有名，**已經**很有名，這……怎麼稱呼呢？地球的──**肖像圖**(portrait map)。

肖像圖：每個人都這麼稱呼它。這裡，《國家地理雜誌》1990 年 11 月號首次刊登的地球肖像圖，它的頭條這麼寫著：「第一次從太空拍攝到的肖像圖。」❶在新的《國家地理雜誌世界地圖集》(*National Geographic Atlas of the World*)中，文章大力宣傳，這幅圖刊登在半標題頁、標題頁及版權頁，圖說寫著：「地球的肖像……」以及「這幅肖像。」❷在一張廣爲流傳的海報上，只印著……「**晴朗的一天**」(A Clear Day)。❸這種間接迂迴的性質，倒蠻適合一張不希望我們注意到它其實是地圖的地圖，而希望我們想像這是當我們往下**觀看**──例如，從人造衛星上──地球時，我們所**看**到的景象，希望我們認爲它……是幅肖像，也就是說，是一幅圖畫，從**生活**之中繪製、描繪或攝影。

那麼，除了製圖的完美顚峰，一個世界的圖像如此……**眞實**，以致前幾章提及的視角、作者身分、觀點的所有問題（以及所有修正主義者的噱頭），是否都無望地**過時落伍**了？此處是──終於，經過了數百年──在太空中僅次於眼球的最好事物！當然它不是。這並不是戈登・庫柏(L. Gordon Cooper)在 1963 年最後一次水星航行所見到的，當時任務控制單位認爲他出現幻覺，因爲他告訴他們，他看到他們認爲他不可能看到的東西，例如卡車在塵土飛揚的公路上行駛及火車在軌道上奔馳，還有冒煙的建築。❹這些事物在這幅肖像中都看不

地球的人造衛星合成圖（攝影製作：湯姆‧凡‧桑特／地理圈計畫，聖塔蒙尼卡，加州）。

到(甚至透過透鏡也不行)，因為擺在我們面前的景象，用眼睛看不到，而是我們所知道的，只有地圖能給予我們的現實——那個現實是**超乎**我們的視界、我們伸手可及之處、我們生涯的範圍——但同時，我們也曉得，這因此**必然**是社會建構的產物。然而，我們如此習於看到地球以這種方式呈現——明亮的大地襯著深藍色的海洋，以大西洋為中心對稱地排開，南極則是橫跨底部的白色地帶，這樣的圖像似乎不會引起任何疑問。這似乎是同樣的地球，只不過……**更真實、更精確、更……忠於生命**。

　　如同海報上所宣稱的，它是攝影。然而，我們究竟可以多認真地看待這個宣稱？羅蘭・巴特(Roland Barthes)問道：

> 什麼是攝影訊息的內容？攝影傳達了什麼？就定義而論，是景緻本身，是直接的現實。從物體到圖像，當然會有所化約——比例、角度、色彩——但這種化約絕對不是**轉換**（這裡指的是數學上的意義）。為了從現實移到攝影，絕對不需要將現實分解成小單元，然後再把小單元當成符號，實際上不同於它們所溝通的對象；在物體及其圖像之間，不需要建立一種中繼，亦即一個符碼。當然，圖像不是現實，但至少它是完美的**相似物**(analogon)，而且以常識來說，正是這種相似的完美性定義了攝影。因此，這可以看作是攝影圖像的特殊地位：**它是沒有符碼的訊息**……。❺

　　這是對於攝影訊息內容的大方描述：「直接的現實」、「完美的相似物」、「沒有符碼的訊息」。巴特僅僅要求物體不要被切割；在物體及其圖像之間沒有符碼介入；以及圖像並未構成對其物體的數學變換。凡・桑特的圖能夠符合這些條件嗎？

分割現實

全都不符合。首先，必須將現實分割爲小單元——嘿！地球可大得很呢——事實上，是分割爲幾千個單元，即使我們只是停留在〈晴朗的一天〉海報上所說的「幾千張衛星照片」的層次。但《國家地理雜誌地圖集》寫著：

這幅肖像圖是由藝術家湯姆・凡・桑特及美國航空暨太空總署(NASA)噴射推進實驗計畫科學家李歐德・范・渥倫(Lloyd Van Warren)，依據國家海洋暨大氣管理局(NOAA)人造衛星自 1986 年至 1989 年間拍攝到的可見光與紅外線資料製作而成。人造衛星在 850 公里高的軌道繞行，掃描四平方公里的區塊或圖素。❻

有多少圖素？**三千五百萬**。❼這與其說是分割，不如說是磨碎或研磨現實，以多重光譜掃瞄器完成。掃瞄器並不會攝影或快照，但可以藉由一面鏡子「類似一個人以掃帚在房間來回打掃的動作，來回地」**掃瞄**陸地。❽鏡子將從地球反射的光，透過稜鏡投射到一小排光電偵測器或其他偵測器。由此產生的調節電子訊號（每秒鐘有數百萬個資訊，沒有任何研缽或磨杵可以研磨得如此細小），再以數位形式傳送到地球，然後記錄，再經過電腦處理製成照片。❾雖然這種過程很精細，但聽起來很單純而直接。其實不然。每個步驟不僅決定了觀看現實的角度，同時也導源於某種（通常）引發熱烈爭議的……選擇。也就是說，最早介入凡・桑特的地圖，並來自地圖所在之社會的入侵，便發生在……**掃瞄器**的層次。

凡・桑特的地圖是由國家海洋暨大氣管理局 TIROS-N 衛星所搜

集到的圖像製作而成，TIROS-N 的 T 代表的是「電視」(television)的意思(TIROS 是電視暨紅外線觀測衛星的縮寫)，這是早期的遺跡，以前 TIROS 利用電視攝影機 (或是折返光束視像管，return beam vidicons) 傳送當時認為十分**驚人**的雲層圖像。❿ 但電視並未繼續使用。在陸地衛星計畫(Landsat program)的簡短歷史裡 (在其中，多重光譜掃瞄器研發成功，並首先開始使用)，史蒂芬‧霍爾(Stephen Hall)強調掃瞄器的提倡者與擴大使用折返光束視像管的贊成者之間掀起了論戰。霍爾的英雌便是維吉妮亞‧諾悟德(Virginia Norwood)，她是掃瞄器的主要設計師(RCA 的陸地衛星視像管計畫，在發射數小時後即宣告失敗)。但在討論這場爭端時，他忽略了第三個選擇，和 TIROS 相近，稱作返影人造衛星(return-film satellite)。它由美國中央情報局研發而成，最早於 1960 年成功佈置，在 1976 年以前已有 86 個衛星在軌道上運行：「這些衛星在軌道運行的數日內拍攝地球的照片，然後以特殊太空艙將底片射回。這個太空艙重新返回大氣層，以降落傘下降，由一架飛機拖曳一項裝置攫住降落傘的拉線，在半空中拉住太空艙。」⓫返影衛星的優點非常清楚：它們「可以提供更精緻的分解圖像，比視像管或掃瞄器較少扭曲，因此在繪製地圖時特別有用。」⓬為什麼不多多利用呢？除了「因為國防部已經利用分類衛星來繪圖，所以預算局拒絕讓太空總署將繪製地圖列入陸地衛星的工作目標」的事實，以及「太空總署做同樣的事是重覆工作」外，國防部就是拒絕讓太空總署做這件事。也就是說，精密解析及低度扭曲的可用窗戶被……**軍事妄想症**所關閉。⓭

　　陸地衛星科學家最後「決定，就平民實驗用途而言，〔返影衛星〕並不是符合國家利益的最佳選擇，」⓮而希望以重覆涵蓋及多重光譜資料來補足掃描器和折返光束視像管的欠缺之處。由於 TIROS 衛星只能做到攜帶多重光譜掃瞄器，陸地衛星的經驗在此仍有一席之地。在

較早的階段裡，太空總署、內政部（特別是地質測量單位）及農業部，
對於打開哪個窗戶意見分歧：

> 不同的學科所使用的光譜範圍不同，因此太空總署必須在署內與
> 使用機構不同學科的科學家之間協調，擬定折衷辦法。這項歧見
> 於1969年五月太空總署利用掃瞄器的科學家開會時浮現，「他們
> 對於所須的掃瞄器型式達成共識，但對於使用的波長間隔卻有嚴
> 重分歧」。高達掃瞄器研究小組針對陸地衛星所選擇的光譜範圍遵
> 從農業部的建議，並獲得內政部地質測量局的同意，他們對於感
> 測器興趣缺缺〔如果可能的話，他們希望選擇底片型，否則便選
> 用折返光束視像管的資料）。在詹森太空中心使用飛行器掃瞄器的
> 科學家不同意，他們宣稱關於人造衛星掃瞄器應如何選擇令人滿
> 意的光譜範圍，目前所知有限。就這個案例而言，首要的課題環
> 繞著太空總署的科學家，他們希望做更多的研究。❶

　　結果，最後的折衷辦法誰都不滿意，潘蜜拉・麥克（Pemela
Mack）總結說，他們真正的效果是藉由減弱任何使用機構接管操作的
可能性，而加強了太空總署對陸地衛星的控制。❶這是相當關鍵的，因
為雖然最終國家海洋暨大氣管理局要操作 TIROS 系統，最初的
TIROS-N 是由太空總署開發並發射昇空。在每個例子裡，朝向世界所
開啟的光譜之窗，都是由於……**官僚體制的便利**而被選擇的。
　　開在 TIROS 上的這些窗戶，比早期的陸地衛星還要多，但每扇窗
戶仍然裝上了玻璃……**資料處理系統**。N系列感測器所載運的儀器，包
括先進的超高解析度輻射計、高解析紅外線發聲器（雖然稱作高解析，
但解析度仍受到軍事考量的限制）、同溫層發聲器組合、微波發聲器組
合、資料搜集系統，以及太空環境監測器。❶各單位間的口角（難以

避免）導致太空總署為了處理前所未有的大量資訊，以及各使用者的不同需求，而設計了路德・戈德堡(Rube Goldberg)裝置；然而，最後歸根究底還是「**政治的考量，尤其是決定選擇何種資料處理系統的預算局所設的限制**」作祟。**⑱**世界上任何人只要有適當的設備，就可以從先進超高解度輻射計接收到實時(real time)輸出的資料。但為了集中處理，資訊只能透過阿拉斯加和維吉尼亞州的處理站來接收（意即**在人造衛星上記錄然後傳回**），再傳送到馬里蘭州蘇伊特蘭(Suitland)專門的數位資料處理站處理。資料在此先以中型電腦處理，然後轉錄到磁帶或電子光束記錄器（或兩者兼俱）之前，再以手工或大型電腦處理。任何認為這些成品在凡・桑特開始把玩它們之前，並未經過**廣泛的操弄**的想法，現在可以拋棄了。這是資料在離開人造衛星之前，就會面臨的遭遇：

> 兩個經過選擇的 AVHRR 頻道的數位輸出，是以操控資訊頻率處理機(MIRR)來處理，以降低地面解析度(從 1.1 公里到 4 公里)，並產生直線性的掃瞄，如此一來，掃瞄過的解析度基本上是一致的。經過數位處理後，這些資料在時間上配合適當的校正及遙測資料而複雜化，輸出通過類比訊號的低頻濾波器，並調幅至 2400 兆赫的次載波。最大的次載波調節，被訂定為灰階楔形 8 號的振幅，產出的調幅指數為 87±5%。

TIROS 從陸地衛星(它的資料處理系統不僅緩慢、不可靠，而且製造出來的圖像品質不佳，沒有人願意使用)的開發中獲得不少助益，因此製造出改良的成品，即使如此，資料處理系統的窗戶仍然因為……**政治限制**而顯得霧濛濛的。

物體及其圖像之間的符碼

被搗得粉碎，被無恥地操弄：顯然永無止盡的符碼，滑動於物體及其圖像之間。從地球反射的光線被拆解、轉換成電子訊號、錄製下來、倒帶回去、傳遞、接收、再次記錄、校正、加上註解、第三度記錄，或者，它被校正、註解和使用來啓動電子光束記錄器，以製造……一幅圖畫。這些步驟的每一步，都反映了一個符碼，訴說道：**此**意味著**彼**。以掃瞄器裡的三稜鏡爲例：基本上它過濾了通過偵測器的光線，將之「調整」爲不同的波長。在原始的諾悟德模型中，共有六個波長；在早期的陸地衛星裡只有四個；在主題地圖繪製器裡，共有七個；在TIROS-N／NOAA人造衛星裡，共有四個或五個。❿這些波長並不是隨機選擇的，而是就單獨或組合起來而言，它們對應於地球上存在的特定事物：

> 農業部早期利用空中攝影所作的成品，讓科學家明白辨認穀物並非易事。在成長的許多階段中，小型穀物如小麥、大麥及燕麥，顏色幾乎一模一樣。不過，假使植物的顏色被打散爲光譜，顯示植物所反映出的每一種色光，各自有多少，便浮現出稱爲**光譜簽名**(spectral signature)的特徵模式。❷

在這些簽名可以被詮釋之前，必須先進行許多**地面的驗證**工作。這意味著某個人必須拿著相機到田野(亦即實際**下到地面去**)，找出圖像與實物的關係。一旦經過解釋，證實它是如同交通號誌一樣直接的符碼，以最簡單的方式來說，就是每個人逐漸熟悉查閱的地圖集。這是在《國家地理雜誌北美地圖集》的圖說裡所呈現的符碼：「植物以紅色

代表，建築區以天藍色代表，雲層是白色，水域及雲影是藍黑色。」❷

在這類「人造顏色」的圖像中，符碼化再清楚不過了：紅色＝植物，藍色＝建築區，白色＝雲朵，藍色－黑色＝水和雲影。❷人造顏色攝影(false color photography)最初是在第二次世界大戰時發展出來的（十分訝異吧），人造顏色攝影被用來區分**活的**植物（在人造彩色底片上顯出紅色）和用（畫）來偽裝的**死**植物（在底片上看來是藍色或紫色）。差異源自所用的感光乳劑不同，人造彩色底片對於紅色、綠色及紅外線的光線波長較敏感，而非平常的紅、綠、藍色。然而，就數位資料而論，這項分派的架構並非仰賴感光乳劑。任何符碼無論多麼武斷，都有可能成立。以我們的例子來說：「凡‧桑特所選擇的顏色，賦與物質世界寫實的觀點，沿海岸的灰棕色區域，代表大河流的淤泥排出、海藻，或是冰冷深海的湧流。」❷

寫實的(realistic)觀點？既然底片不能信任，**人類會施上恰當的顏色**，這代表什麼意義呢？如果是這樣，起初利用相片的道理到底是什麼呢？經由操控而除去「扭曲」的成分，這些**手染**的圖像愈來愈像它們努力要取代的繪畫。這整個客體化的機制——三千五百萬圖素、電腦、人造衛星、為求幾何精確的精密處理過程——愈來愈像畫家的工具——畫架、調色盤、畫筆及畫刀，而在繪畫的情境裡，「寫實」有不同的意義。《牛津藝術辭典》(*The Oxford Companion to Art*)❷對寫實主義的第一個解釋是，「以最模糊、最普遍的定義來說，這個詞語通常用來指描繪醜陋的事物，或至少是最貧困階級的生活情境的作品，而非以傳統的美麗主體入畫。」其他的定義則以「抽象」、「扭曲」、「風格化」、「理想化」與「普遍化」來和「寫實的」相對。我們在《哲學百科全書》(*The Encyclopedia of Philosophy*)裡最先讀到的是，在中世紀思想裡，「『寫實主義』是相對於唯名論(nominalism)而使用，認為**共相**有真實的、客觀的存在。然而，在現代哲學裡，這個詞語所指

涉的觀點是，物質客體存在於我們之外，獨立於我們的感官經驗，」易言之，即對立於唯心論與現象主義。❷《普林斯頓詩與詩學百科全書》（*Princeton Encyclopedia of Poetry and Poetics*）確實談到「向正常的人類意識顯現時，有一種事實性的眞實印象，」不過此處的討論如同他處一般複雜難解。❷事實上，「寫實」是相當沈重的字眼，早在數千年前就已非單純的詞語，它再也不能假作天眞。**寫實主義的觀點……**顯然色彩不僅已符碼化，而且也因此與存有或存在的每項爭辯扯上關係。

物體的數學轉換

切碎，無盡地符碼化：圖像邁向地球的方式，有如經過數學上所謂的轉換一般。從球體到平面需要這樣的過程，這並不是爲了好玩而做的，至少製圖學家不是，他們甚至爲必然的變形、彎曲、扭曲、訛誤感到悲傷，但這些卻是試圖在平面上同時呈現整個球體時所避免不了的。華多‧托普勒（Waldo Tobler）曾說：「地圖的投射可以視爲適用到空間點座標的轉換，」❷亦即依據數學規則，以一個（如藉由旋轉或轉譯）取代另一個，也就是說，根據符碼，**在這樣的條件下，就如何如何**。比爾‧邦奇（Bill Bunge）在《理論地理學》（*Theoretical Geography*）中這麼說道：

想像下列物理設施：黑板上畫了地球表面圖，以一塊玻璃取代了不透明軟木塞板的活動佈告板，這個裝置放在黑板前面約二十呎處，與黑板平行。此外，想像有許多線，每條線一端均黏著玻璃板，因此不難想像黑板上地圖的每一點都以線和玻璃板相連。這些線條在黑板和玻璃之間建立了**一對一的對應關係**。在線上黑板

端的一組點與玻璃端的一組點之間的特別關係，決定了轉換或幾何規則，我們從一個平面移動到另一個平面，便受到這些規則的限制。❷⑧

　　現在假想這並不是黑板上的地球圖，線條所連繫的是一個球體。**簡直是一團混亂**！很容易想像球體前方的線條會落在玻璃板上，但後方的線條該怎麼辦呢？後面的線該從左邊……或右邊繞到前面來嗎？還是越過球體上方……或是繞過下方？當我們改變線條對應的表面時，問題亦隨之改變。玻璃板不必攤開成平面（如果從平面開始，投影即是平面的）：玻璃可以包裹著球體表面，然後打開攤平（這就形成圓柱投影）。我們或許可以用圓錐，或是多面體做類似的工作（獲致圓錐投影及多面體投影），或者，以任何可開展的平面或多組平面（多圓錐及多圓柱投影等等）。

　　但還不止於此，我們不需要看得到表面，變換可以遵守任何規則，它們可以不斷地組合，各種可能性毫無限制。托普勒說：「無數種各不相同的投影是可能的。」❷⑨羅賓遜（Arthur Robinson）等人說：「無數的地圖投影是可能的。」❸⓪《古狄世界地圖集》的編輯說：「有無數種可能的地圖投影。」❸① 如何選擇？這便是問題所在，因為答案決定了地球呈現在地圖上的方式。這會有多大的不同？嗯，藍伯特方位等面積投影法（Lambert Azimuthal Equal-area projection）以北極為中心，北極即為一個定點。當然你距離這一點愈遠，每件事物看起就愈奇怪（在這樣的地圖上，澳洲和南極洲變得很狹長，幾乎無法辨認）。另一方面，麥卡托投影法（Mercator projection）以赤道中心，北極幾乎完全看不到，它變成是**無限**長的一條線，你愈接近北極，面積扭曲程度愈厲害（雖然實際上阿拉斯加是巴西面積的五分之一，但在麥卡托投影上兩者面積竟然相仿）。但每種投影法均有其優點。麥卡托投影法可

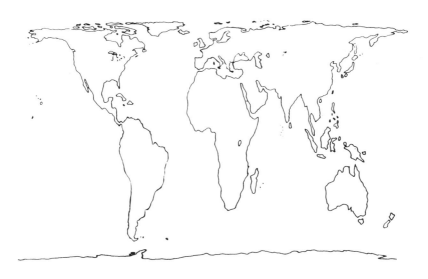

彼得斯等面積投影法。（世界地圖：彼得斯投影法，由阿諾‧彼得斯製作。）

能會扭曲面積比例，但卻保持了原本的形狀（這是形狀一致的），這也
是唯一的等角航線（loxodrones）能保持直線的投影法。因此，它最常
用來製作航海圖。❷至於等面積投影法，主要用途則是呈現人口、植
物、穀物、宗教及其他事項的分布。

　　每種投影法均是如此，對某樣事物合適，卻未必適於另一種。正
如威爾曼‧詹伯林（Wellman Chamberlin）所述：「你必須在等面積和
形狀一致之間作取捨。這兩項地圖投影法的重要特質是互斥的，同一
張地圖不可能兩者兼具，」他繼續闡明說：「面積相等勢必要減損某個
方向的規模，而增加另一個方向的尺度。形狀一致的地圖在每個方向
的尺度規模改變均相等，因此地圖上任何小部分都能保持正確的形
狀。」❸每種特色均有其價值，但各有所用。這意味著選擇地圖投影法
往往是在**互斥的利益中作取捨**；亦即在地圖上**具體呈現**這些利益……

即使我們局限在表面的技術課題上，如角度及面積、距離和方向的呈現。

很容易可以假裝並非如此，假裝選擇其實是「客觀的」，一個人可能……**超脫利益**。為了解釋《國家地理雜誌》為何選擇羅賓遜投影法(Robinson projection)製作世界地圖，總製圖學家約翰·蓋弗(John Garver)說：「這種投影法並不代表任何特殊觀點，我們相信這是製作世界的一般參考地圖最合理的折衷辦法。」**㉞毫無疑問**。如果約翰·蓋弗沒有因為個人理由（他是羅賓遜指導的研究生等等）而如此滿意這項選擇，並做成如此重大的決定，而且假使羅賓遜不是激烈批評其他投影法最不遺餘力的領導人物，這個解釋或許比較容易接受。㉟爭議的論點為何？沒有什麼是……「科學的」。

羅賓遜攻擊的對象是什麼？彼得斯投影法(Peters projection)。在馬克·墨蒙尼爾(Mark Monmonier)引人爭議的小書《如何以地圖說謊》(*How to Lie With Maps*)的索引中，這前後參照到……**高爾－彼得斯投影**(Gall-Peters projection)……我們讀到（**如何利用索引說謊**）：「這不是最初的等面積投影法，頁97；保持面積但形狀扭曲，頁97－98；在媒體宣傳中利用，頁98－99。」㊱這些項目具體而微地呈現了美國製圖學界的關注點，即德國歷史學家阿諾·彼得斯(Arno Peters)提出了未經證實的優先性宣稱，㊲即他的投影法是醜陋的，㊳世界教會協會、美國路德教會及無數的聯合國及國際機構均採用他的投影法，只是因為「彼得斯博士知道如何動員群眾。」㊴彼得斯所質疑的其實是：最受歡迎的投影法總是誇大了較高緯度地區的面積（事實上即北半球的土地面積，大部分土地分布在此），而代價不只是部分真相（如同一把雙刃刀），而且是開發中世界的自我形象。霍爾說得好：

　　為校正這種扭曲，投影法勢必會形成其他扭曲，地圖投影法的歷

史進化可能像是數學的猜賓遊戲一樣，似乎總是欺騙南半球。國
家地理學會在 1922 年至 1988 年間所使用的凡・德・格林敦(Van
der Grinten)投影法，在地球某些部分比例完全不對；長久以來，
格陵蘭往往是製圖學家的致命傷，因爲它的高緯度導致空間上的
誇大，結果比實際面積大上 554％，美國也比原來面積大出 68％。
羅賓遜投影法改善了不少凡・德・格林敦的缺點，格陵蘭誇大的
程度只有 60％。錯誤較少，但畢竟還是錯的。非洲在羅賓遜投影
法中較原來面積縮小了 15％。製圖專家約翰・史耐德(John
Snyder)說，選擇羅賓遜投影法是因爲它提供了「扭曲的最佳組
合。」

　　爲什麼有關係呢？ 這類錯誤的衝擊，遠大於其規模的比例，美
國製圖學會甚爲清楚這點。該學會近來曾指出：「選擇不恰當的地
圖投影法實際上是有害的。我們傾向於相信我們所見到的，當基
本的地理關係如形狀、大小、方向等受到嚴重扭曲，我們會傾向
於接受我們在地圖上所見便是事實。」❹

　　彼得斯不只堅持，不管看來如何，**等面積投影法**是唯一呈現世界
上大部分值得呈現之事物的最佳方法。他還暗示——不，他指出——採
用其他多數投影法，均有先入爲主的偏見。再次引用霍爾的話說：

　　彼得斯認爲麥卡托投影法促進了「地球的歐洲化，」而地圖集裡利
　　用許多不同比例，以顯示世界不同部分的慣用方式，實際上是貶
　　抑了第三世界國家。《彼得斯地圖集》總製圖學家泰利・哈達克
　　(Terry Hardaker)更進一步提到，其他地圖投影法「透過放大鏡
　　來同等看待歐洲與北美，然後再以望遠鏡錯誤的一端來看世界其
　　他地區。」❹

大衛‧騰布爾(David Turnbull)問的問題指向相同的結果:「如果你比較麥卡托投影法和彼得斯投影法,後者的地圖致力維持相對大小,你會發現有什麼差異可能具有文化或政治上的意義?」他清楚地要求我們問的問題,是麥卡托投影法服務了何者的**利益**:「保持羅盤方向(這對航海是一大恩典)的地圖,呈現出英國及歐洲(過去四百年間的主要海上及殖民強權)相對於大多數被殖民的國家,面積較大,這難道是巧合嗎?」❷製圖的既有體制,不僅不滿與邪惡帝國主義活動共謀的牽連(努力只是為了科學),也反對將重點放在麥卡托投影法,認為這種投影法已經有四百年歷史,而且正如我們所知,早已有無數其他的選擇。因此,他們堅持,「彼得斯投影法更接近宣傳而非科學。」❸但正如我們已經看到的,對「宣傳」的注意不過是個藉口,轉移了對於這項事實的注意:即選擇**任何**一種地圖投影法,**總是**在某些互斥的利益中做選擇,總是**無可避免**地要**採取**一種觀點,在**地圖**上予以**宣揚**或**表現**。羅賓遜基本上是……從**美學**出發的。他對彼得斯投影法的描述,儼然一副藝評家,而非科學家的口吻──「掛著等待晾乾的潮溼、破爛的多天長袖內衣褲。」這也不錯。羅賓遜總是自誇罩著藝術家的外衣。❹但即使他在**美學**層次上優於彼得斯,也很難證明《國家地理雜誌》有道理推崇羅賓遜的投影法,更遑論了解蓋弗所說,「比起值得尊敬的前輩來,(羅賓遜的投影法)更貼近現實。」❺在哪一方面?沒有人說彼得斯偏離現實──**只是看起來可笑罷了。**❻

這真的是猜寶遊戲。當美學議題炒作正盛時,便轉而討論科學和精確度,如果真的要亮牌時,便祭出「潮溼、破爛的長內衣褲。」然而,正如布萊安‧哈利所證明的,這是永遠的猜寶遊戲:

　　雖然製圖學家充分了解地圖**勢必**會扭曲現實,但他們為了替他們

的主題辯解，還是經常會説些互相矛盾的話。他們告訴我們一些「似是而非」的論調，如「精確的地圖」爲「呈現有利而眞實的圖像」，就必須「説些善意的謊言。」在這樣的陳述中，即使不顧其中刻意抗辯的要素（即使它在説謊，仍然是「眞實的」和「精確的」），還是可以推論是製圖學家直覺地將「無知」、「訛誤」、「扭曲」等最糟的形式，歸諸非製圖學家之過。舉例來説，當他們談到宣傳地圖或是大眾媒體所呈現的製圖方面的扭曲，立場鮮明的道德爭論便加入話題了。彼得斯投影法引人注目的焦點，促成了一波捍衛「專業水準」的正義論戰。然而，倫理要求的是誠實。在彼得斯的例子裡，眞正的議題是權力：毫無疑問地，彼得斯的議程在於使那些他認爲飽受歷來製圖學歧視的世界各國獲得權力。但相同地，對製圖學家而言，這關係著他們的權力與「眞理宣稱」。我們可以看到，在科學社會學家所熟知的現象裡，他們致力合作共赴難關，捍衛他們已建立的呈現世界的方式。他們現在仍在共同奮鬥。我曾受邀在《ACSM 通訊》發表這篇論文。在寄出稿子後，他們通知我説，有關我對彼得斯投影法的意見與官方 ACSM 對這項主題的宣告有所出入，因此他們決定不刊登我的文章！ **❹⓻**

凡‧桑特的圖像經過掃瞄和過濾，有關扭曲和弄髒的部分均經過校正，現在提交給數學轉換：它被拉長及壓縮，亦即再度扭曲，直到它順應……羅賓遜投影法的美學教條。**❹⓼**藉由肖像攝影的透明性，而得以提出的對於……**現實**，對於……**精確**，對於……**忠於生命**的宣稱，還剩下什麼呢？被軍方妄想症殘害，「寫實」的色彩符碼化、官僚體制的內鬥、美學動機的再操弄、政治動機的削減預算……所剩已經不多了。

「日以繼夜，你是唯一」

但讓我們假設選擇光譜範圍並無問題，國防部允許使用具有驚人的幾何精確度的高解析度圖像，資料處理達到理想狀態，色彩業已重新設定，選定的投影法是……彼得斯投影法(不需要避開這個話題，總是得選定某種投影法的，任何選擇都與互斥的利益有關)……而圖像也的確符合——以攝影的層次來說——巴特所謂……沒有符碼的訊息……我們面臨的確實是……**一張快照**(snapshot)。

即使是張快照，也必須……**在某個時候**……拍攝，而無論何時，總有一半的地球在黑暗之中，或幾乎一半，邊緣鑲著「夜晚的湛藍與白天的金黃交會」之處。賓·克洛斯比(Bing Crosby)不會認得這種我們在書中討論的只有白天的世界。爲什麼？地圖呈現了自證的不可能性：爲了要有可能「看起來自然的顏色」……地球的呈現必須像是一瞬之間全部被照亮，這是地球**表面**的一種建構、一個人造物、一項發明。

這裡則是一個反圖像，是韓森天文館(Hansen planetarium)的夜間地球地圖。光線在海面上灑下亮晃晃的線條、藝術家對於極光的印象、正好印在南太平洋上空的標題，以及許多的註解，這是一幅比較不在乎不被誤認爲相片的地圖。沒有洋洋自得的矜誇——「驚人的地球圖像」、「令人目眩神迷的圖像」**❹**——有一段文字標題寫著……「警告」。它值得整段抄錄下來：

這幅圖像有許多面向，明辨的觀者應謹記在心。首先，這是根據大約四十張不同的相片鑲嵌而成的，每張照片各有自身的扭曲。這些相片已差不多都被縮小爲相同的尺寸，不過最後對應於麥卡托

投影法的圖像，只有5%的精確度。每張相片經過不同的曝光程序，而且是在不同的月光下拍攝的。經過數道額外的處理過程才完成這張海報，結果是不同地區的定量光線強度，只能粗加辨識。拼組的相片是1974年至1984年間，在不同時段及季節所拍攝的，這特別影響到熱帶地區火災的發生次數，這是具有強烈季節性的。圖像中的極光是藝術家依據人造衛星攝影而製造出來的。它的位置只具有暗示性的意義，極光事實上經常出現在環繞北極或南極的環圈。最後，雖然大部分黑暗地區缺乏光線，有些相片的部分佈滿雲層，而在若干地區不易取得適當的相片，例如許多遙遠的島嶼，及南中國和西南非的部分區域。❺

《夜晚的地球》（*Earth at Night*）顯然是一張地圖，一項複雜的人工製品，因其野心而構成與受限。

《夜晚的地球》對〈晴朗的一天〉提出了何種批判？它並未把凡・桑特所標示出的攝影領域視作無效──兩者都是經過處理的人造衛星拼貼圖──質疑的是它的……**全面性**(comprehensiveness)。在最基本的層次上，韓森的地圖質疑的是凡・桑特呈現地球之方式的隱含假設。凡・桑特能夠提出如此有力假設的原因之一，在於這似乎**總結了一段歷史**，製圖學的歷史，至少是永遠追尋更「寫實的」描繪地球方式的歷史。凡・桑特藉由向我們顯示地球就是我們一向看到的樣子──只是更好──而總結了這段歷史。面對這閃閃發光的精巧地圖，我們很難想像還能夠製作更好的世界地圖。然後，你注視著韓森版地圖。**這是什麼**？在感官的層次上，這是……**發散**光線，而非……**反射**光線……的圖像。但這立刻招致了強迫得到一項結論的後果，即可能有……**許多其他觀點**……而且不再相信凡・桑特**和以前的眾多前輩**，有任何特別的權利可以宣稱建構了……**唯一的觀點**。

　　不過，反射與發散光線之間的差異，並非純潔無辜。反射光線來自於太陽光，再**彈射**回到掃瞄器。它具有一種**自然**的性質。但發散光線則全然不同，必須有東西燃燒，有人去燃燒，它徹底浸淫在……**文化**之中。所以，在資料層次上質疑凡‧桑特的感官差異，轉變爲在資訊層次上質疑凡‧桑特的主題差異：地球上……**沒有人？ ❺❶** 我們馬上會尋思──**有什麼其他東西不見了？**

　　這是走向隱藏的一小步。白天隱藏了什麼？**它隱藏了夜晚。** 而最終，這形同否認地球繞著地軸旋轉的立論。這是地圖無可推辭的負擔嗎？完全不是。但這是……快照責無旁貸的責任。**❺❷**

「藍天，照耀我身」

　　快照也許會拍到雲層，也許無論如何，這暗示了地球的特殊面向，而與太陽系中的其他姊妹星球有所區別，此即**它的大氣層**，充滿了水蒸氣，凝結成雲，從海洋移向陸地，帶來了……**賦與生命的雨水**。此處，更接近快照的是本月號《國家地理雜誌》裡的一幅圖像，一個藍黑色的小圓盤，點綴著白色，**除了**雲朵（以及閃閃發光的太平洋）以外，難以分辨其他東西，露出一小塊北美洲，但是南美……**被抹掉了**。這**是**地球，我所知道的地球。說明寫著：「由 GOES-7 氣象衛星於 1991 年 7 月 11 日，依每 60 分鐘的間隔所拍攝的四張圖像，依同一天的人造衛星之全球觀點組合起來。」**❺❸** 與凡‧桑特或甚至韓森（亦避開雲層的遮蔽）的地圖比較，這是一幀快照。當然，那揮之不去、出現心頭、不能漏失的……**是大氣層**。如果沒有大氣層，地球就不是地球了，它將沒有生命，只不過是另一個行星罷了。你也許會反對，認爲顯示雲層會遮蔽陸地和海洋──當然它們會──但是，沒有它們的話，凡‧桑特的作品就不是**地球**的肖像圖了，充其量不過是地球的**陸表及海面**

的圖畫。以這種方式作畫，你的肖像圖顯示的不過是骨架……與血液。

「漫長的夏天」

　　凡·桑特的地圖與快照千差萬別，因為它「搜集了一年當中不同時段的資料，以確保最佳的光線與最茂密的植物。」❺❹除了地圖給予我們沒有夜晚的行星，也給了我們沒有季節的行星之外，這還能意味什麼呢？此處，我正看著另一張地圖，這是最後一次春霜的平均日期地圖。在它旁邊是第一次秋霜的平均日期地圖。反面是第三幅圖，標題是「氣候區」，這是冬季平均最低氣溫圖。❺❺這些區域掃過地圖，如同春天的綠意在大地上伸展，或有如秋天的枯黃樹葉落下。這是我所認識，每年、每日均有變化的世界。如果凡·桑特的地圖只是一幅降雨圖，那會怎麼樣？它的缺乏動態，結果是否認了地球環繞地軸旋轉，而它同時呈現了北半球**與**南半球的夏天，結果是否認地球是個球體，它究竟是什麼？這不好嗎？未必。令人無法同意的是這幅地圖希望兼而有之，它既是快照，除了必要的化學處理的介入外，不經其他媒介，**因此**是客觀的、真實的；同時，它又深深著迷於製造地圖的龐大勞動力，經過……三年所搜集到的成堆影像，必須勞師動眾加以篩選。

　　雖然現在的地圖傾向於（或假裝）呈現事物——在**一閃**之間！——在這一瞬間（也就是說，將其建構為快照的形式），分布在空間裡的形式，但不是每幅地圖都行得通（歷史地圖可就惡名昭彰地做不到❺❻），而主張地圖應該如此呈現的想法，也只不過是偏見。令我困惑的是，它大言不慚地如此肯定，「藝術家湯姆·凡·桑特及科學家凡·渥倫從一年中不同時段選擇場景，以確保最佳的光線與最茂密的植物，」❺❼彷彿這些是人們的渴望，如此理所當然，因此可以建構出某種製圖學的核准封印似的。這裡組合起來的照片是在三年期間搜集到的，這**意味**什

麼？為什麼不是卅年？三萬年？三千萬年？透過這些窗戶的每一扇，地球的不同特徵將展現動態，而其他特徵則處於靜態。透過這扇窗戶，各大洲看來似乎在移動，透過那扇窗戶，有大塊的冰層，透過第三扇窗戶……

選擇時間的解析度，並非乍看之下是為了方便而已，而是一種定義主體的方式。沒有理由說為什麼你的肖像不應該凸顯你嬰孩時期的細髮，你在廿五歲時的美好體態，你四十歲時的成熟特徵，你在七十歲時的沈靜穩重……但我們稱這為拼貼(collage)。這更……**忠於生命**嗎？在某些方面是，但在其他方面未必如此。**❺❽**

要地圖做什麼？

巴特的論點站不住腳，甚至連一張快照也無法說明自己。無論多麼微不足道，它也是被編碼，需要被……闡釋，需要它的正文(text)。**❺❾**我在觀看什麼？我在這裡觀看著什麼？一隻手指點出了這樣或那樣特徵，我耳畔的聲音提供了正文。巴特或許更為願意描述相片本身是沒有符碼的訊息，因為他總是想像著在某種脈絡之中的相片——在報紙或雜誌上，告示板上或客廳的牆上，藝廊或某人的手上——這種脈絡將揀選一張相片，透過衍申意義(connotation)的工夫，賦與其意義。沒有了這一層意義，相片只不過是世界上的另一件事物，而非**再現**：

> 自然地，即使是從純粹內在的分析，相片的結構也不是孤立的結構；它至少會與一種其他結構交流，亦即伴隨著每張印出來的相片的正文——標題、說明或文章。**❻⓿**

他同時提到其他的衍申意義方式：

衍申意義，即賦予相片訊息第二重的意義，是在不同層次的製造相片過程中實現的（選擇、技術處理、加框、陳設），以及最後呈現出相片之類比物的符碼化。**❻**

此處，他觀察到，利用欺騙的效果、人物及物件的配置、上鏡頭的人物，以及美學和排列順序或相片組合的效果，所形成的修辭運用。最後他轉向正文：

正文建構了一項寄生的訊息，設計來賦予圖像衍申意義，運用一個或更多的第二層次符旨（signified）來「催化」相片。換言之——這亦是重要的歷史逆轉——圖像不再**闡明**文字；現在，就結構而言，是文字寄生在圖像上。**❻**

這番話亦適用於凡・桑特的地圖嗎？

全部適用。我們已經看到，在本質上，地圖運用了每種想得到的衍申意義的方法。巴特討論**欺騙攝影**（trick photography），主要是環繞著當時美國參議員米拉爾・泰丁（Millard Tydings）與共產黨領袖厄爾・布勞德（Earl Browder）談話的一張假照片而展開，所謂造假即「人為地將兩張臉合成在一起。」**❻**「造假」用在凡・桑特利用**人工合成北半球與南半球的夏季**上，似乎不是很恰當。但在如《晴朗的一天》這樣的標題，以及「首度從太空中拍攝到的肖像圖」的說明所指的情境裡，稱之為**欺騙效果**就不會差太遠。在討論到**姿勢**的效果時，巴特觀察到當時的美國總統甘迺迪在一張特別的相片裡——抬著眼、雙手緊握——藉著這種姿態所指涉的**刻板印象庫藏，**而達到了它的效果，這

是一種圖像式衍申意義的歷史文法。這正是凡‧桑特的肖像圖所做的事，他把地球描繪成**如同我們向來看到它的樣子**，即明亮的陸地襯著深藍色的海洋，環繞著中央的大西洋而對稱地安排，南極洲則是位居底端的一道白線。的確，如果它不是指涉到地球的這種刻板形象──它或許**可以**整個翻轉過來，它或許**可以**繞著北極或南極為中心（地球**是**個球體；陸地或海洋的任何安排，都是可以呈現的）──它或許不會如此有效地……**總結製圖學的歷史**。巴特在提到處理**對象物**的效果時，他最關切的其實是選擇及組合所衍申的意義。他在一張呈現了花瓶、放大鏡與相簿擺放在窗前，而窗戶外頭是葡萄園和鋪瓦屋頂的相片時，「讀到」了組合：「衍申的意義多少是從所有這些表意單元『浮顯出來』，但這些單元被『捕獲』的方式彷彿這個情景是立即且自發地就在眼前，換言之，毋需表意的過程。」❻❹這不是凡‧桑特肖像圖所呈現的地球嗎？沒有符碼化，一派天真。但從這幅地圖中又同時顯現了衍申意義，而這重衍申意義在更像快照的地球圖像中並未出現，例如藍黑色圓盤加上湧動的雲層及暴風雨而顯得**生氣勃勃**。那個地球看起來堅實、兇猛、有力。凡‧桑特的地圖則**抑止**了雲層的出現，以致地球如此靜謐，彷彿摒住了呼吸，這衍申了地球是……**等待著某件事**，地球如紙一般薄，是精緻、脆弱的。

巴特認為窗前的放大鏡及相簿的衍申意涵，由伴隨的文本明白地揭示出來，這和我們的例子沒有什麼不同：

靈感可以從不幸獲得啟發。1989 年 3 月藝術家湯姆‧凡‧桑特染患眼疾，可能會導致失明。治療方法：在十天內每隔卅分鐘在雙眼點上抗生素。凡‧桑特並沒有與睡眠不足對抗，而是進入一種冥想境界。在苦難的最後，他懷抱了一種強烈的意圖──創造地球的肖像圖，取材於人造衛星圖像，以強調環境的主題。意圖變

成了一種著魔：一年後，他完成了這幅地圖。**⑥⑤**

這使得每件事都變得清楚，解釋了地圖的……**奉獻**性質，它的……**崇高感**。突然之間，我們明白地圖是謝恩的奉獻物，是新世紀的祭壇畫(retablo)。而且不只是凡‧桑特，還包括北方電信(Nothern Telecom)及國家地理學會，他們以各自的視野觀看地球，認為地球是神聖的，具有獨立……於人類之外的……存在。

看這裡：字典上定義祭壇畫為以宗教圖畫形式表現的謝恩奉獻物，大多描繪基督教聖徒事蹟，繪在木板上，懸掛在教堂或禮拜堂內（謝恩奉獻物是為了還願而奉獻的，通常是為了感謝擺脫苦痛）。現在，我們摘出《晴朗的一天》的英文版說明（另外還有五種其他語言版本）：

1991年12月北方電信成為世界上第一個減少製造過程中的氟氯碳化合物(CFC-113)的全球電信公司。這張地球獨一無二的圖像是由湯姆‧凡‧桑特及地理圈計畫(GeoSphere Project)利用超級電腦，合成數千張人造衛星照片，製造出首張沒有雲層的地球照片。這象徵了北方電信公司保護臭氧層的貢獻，這張海報表彰了這項成就。

晴朗的日子應該不止一天。凡‧桑特努力地篩選出人造衛星圖，以創造無雲的一天，期待著那一天大氣層會再次免除氟氯碳化合物的污染(亦即我們不會受困於紫外線的輻射污染)。地圖不僅**象徵**了北方電信的成就，它還予以神聖化，統合了北方電信與呈現其中的地球——或地球的某種觀點。

這正是地圖為國家地理學會所做的，象徵了對地球的**關懷**，同時融合這種關懷與……**神聖的氣味**。適用於此的圖形衍申意義文法，必

須涵蓋這項特刊的封面，即《國家地理雜誌》一百年發行紀念特刊。頭條寫著：「人類能夠拯救這個脆弱的行星嗎？」圖片上是張水晶般地球的全息照片(hologram)，當地球傾斜著時，看起來像是摔破了。內文的說明講得更清楚：「為了象徵這顆星球的脆弱，水晶地球原來是完整的，然後當這個三維圖形在一個電燈泡光照之下傾斜時，就碎裂了。」球體的完整形象被頒授給環保英雄：旁邊的說明寫著：「我們的星球，就像是托座上的精緻水晶球，值得我們做最妥善的照顧。」在目錄頁，〈我們能夠修補地球嗎？〉的標題下，我們看到「當國家地理學會邁向它的第二個世紀，目標之一便是『鼓勵對我們的星球做更完善的照顧。』」**⑥⑥** 這是哪一種星球？這是呈現在凡‧桑特的地圖中，**安靜、纖細、脆弱、如同水晶一般精緻**的地球。

　　地球何時開始顯得如此……**容易受傷**？是人類展開載人太空航行，首次高得足以真正看到地球**全貌**的時候嗎？或是我們首次從月球看到地球，第一次把它看作「地球號太空船」的時候嗎？用自然公司(The Nature Company)的話說，這是第一次看到「我們脆弱的星球，在太空中旋轉」的可怕孤立狀態。無論何時，我們之中有許多人已經愈來愈相信，地球是受傷的、精緻的，如同沙灘男孩(Beach Boys)一個無盡的夏天的承諾一樣脆弱，或是像歐文‧伯林(Irving Berline)所說的「此後，除了藍天以外一無所有」那樣脆弱。但不能像茱莉恩‧賽門(Julian Simon)那樣子堅持「環境危機和資源減少的宣稱是過分誇張了；『不受妨礙的人類機智及企圖心』將永遠能夠找到新的權宜之計，包括新科技在內，以彌補缺陷並進而改善環境」；**⑥⑦** 或是布希政府對於全球溫室效應之態度的描述；或是教宗對節育政策的看法；明白地說，這種觀點不過是眾多觀點之一罷了。其他人對於地球的看法有所不同，他們更相信地球的復元力。最終，相信地球需要修補，乃是……**一種宗教性的觀點**。

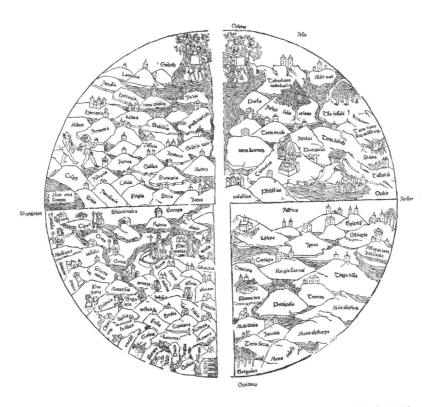

這幅取自《生手入門》(*Rudimentum Novitiorum*)，呂貝兄(Lübeck)，1475 年的中世紀地圖是明顯的基督教世界觀之象徵。這與湯姆・凡・桑特的世界地圖不同，但也沒有多大差別。

　　最後，很難區分我們的地圖與其他中世紀的地圖(mappaemundi)有何不同，而長久以來，中世紀時期地圖均是測試製圖學是否退化的試金石。當大衛・烏德渥要求我們不要誤解他們的圓盤的重要性，或是立刻非難他們描述的時間範圍，他可能提到的是《國家地理雜誌》的凡・桑特地圖，它有圓盤狀的形體，包括了三年來所搜集的圖像。但當他提到這些圖像的功用時——「主要是在地理架構下，以視覺描述基

督教歷史」**❻❽**——才是他最貼近我們的地圖的時候。如果凡‧桑特地圖無意成為基督教歷史的敘述，那麼它是有意以時間性的自覺——所餘時間不多——作為既定信念，而成為環保取向的象徵。這幅地圖充滿了某種千禧年的意味，「**別掉下來，它會破碎。**」

　　雖然這幅地圖是製圖學完美極致的表現，但它出現在**為未來而奮鬥的**製作地圖之社會的脈絡裡，服務了某種利益，這種利益屬於那些獻身於……「何謂生活」的特定觀點的人。你或許同意這種觀點——我自己是——但它假裝是地球以無關利害的科學之聲來說話，而不是透過我，或湯姆‧凡‧桑特……或是你來說話，這種作法**沒有**提供任何利益。

註釋

❶ Gilbert Grosvenor, "New Atlas Explores a Changing World," *National Geographic*, 178 (5), November, 1990, pp. 126－129.

❷ *National Geographic Atlas of the World, Sixth Edition*, National Geographic Society, Washington, D.C., 1990, p. v.

❸《晴朗的一天》是北方電信公司 1992 年發行的海報，以慶祝該公司成為「全球第一個在其製造過程中消除氟氯碳化合物(CFC-113)的電信公司。」

❹ Pamela E. Mack, *Viewing the Earth: The Social Construction of the Landsat Satellite System*, MIT Press, 1990, p. 39.

❺ Roland Barthes, "The Photographic Message," in *Image-Music-Text*, Hill and Wang, New York, 1977, pp. 16－17.

❻ *National Geographic Atlas*，前引書 p.v。

❼ 3500 萬的數據來自於 *National Geographic Atlas*，同前註，不過根據

凡・桑特所撰的 "GeoSphere Project Report," October, 1991，他所提出的數據爲 3730 萬。有關係嗎? 無論如何，這個數據十分龐大……。

❽ Stephen Hall, *Mapping the Next Millennium: The Discovery of New Geographies,* Random House, New York, 1992, p. 62.

❾ 或其他事。Mack 寫道:「在技術上，陸地衛星製造的圖像並非相片（相片的定義是利用發自物體的電磁放射，直接從記錄媒介形成的圖像，因此，連電視攝影機都被排除）。此處**圖片（picture）**是非技術性**圖像**的同義詞。許多技術人員反對把陸地衛星圖像稱作圖片，因爲圖片可以看成是相片的同義詞（區分陸地衛星資料與偵察衛星所取得的相片，亦受到特別關注）。別忘了陸地衛星資料不僅可以用攝影底片來複製圖像，還能以電腦磁帶形式出現以供研究（Mack, 前引書，p. 215）。如我們所見，凡・桑特的地圖是從 TIROS 合成的，而非陸地衛星的人造衛星圖像，但類似的圖像系統之先驅見於陸地衛星，並適用於同樣嚴苛的批評。」

❿ Richard L. Chapman 在其博士論文 *A Case Study of the U.S. Weather Satellite Program: The Interaction of Science and Politics* (Syracuse University, Syracuse, 1971) 裡，對氣象衛星的早期歷史有詳盡說明。亦可參見相關的國家海洋大氣管理局(NOAA)技術備忘錄: Arthur Schwalb, *Modified Version of the Improved TIROS Operational Satellite (ITOS D-G), U.S. Department of Commerce,* NOAA Technical Memorandum NESS 35, Washington, D.C., 1972; Arthur Schwalb, *The TIROS-N／NOAA A-G Satellite Series,* U.S. Department of Commerce, NOAA Technical Memorandum NESS 95, Washington, D.C., 1978; Levin Lauritson et al., *Data Extraction and Calibration of TIROS-N／NOAA Radiometers,* U.S. Department of Commerce, NOAA Technical Memorandum NESS 107, Washington, D.C., 1979; 關於綜論，參見 Dennis Dismachek et al., *National Environmental Satellite Service*

Catalogue of Products, Third Edition, U.S. Department of Commerce, NOAA Technical Memorandum NESS 95, Washington, D. C., 1980。

⓫ Mack，前引書，p. 35。

⓬同前註，p. 74。

⓭ Mack，前引書，pp. 74－75，引述一名退休空軍將領建議美國太空總署的話說：「在情報機構裡，至少是在工作層次上，有一種傳統的、可以理解的感覺，即由太空總署人造衛星偵測地球，及其無法避免的公開，都是有害的，甚至對為了國家安全的分類探測造成致命傷。」一直到最近，**今早的報紙**報導的喬治‧布希(George Bush)簽署命令，為環境科學家利用間諜衛星（飛機、船艇與潛艇）和記錄鋪路，這種態度才有所改變。(William Broad, "Global-warming sleuths get peek at Cold War spy data," *News and Observer*, June 23, 1992, p. 7 B.)

⓮ Mack，前引書，p. 75。

⓯同前註，pp. 76－77。

⓰同前註，p. 79。當然，這種爭執不正是我們社會建立採取行動之優先權的方式嗎？關於這些對於掃瞄器、光譜窗戶的每一種妥協——我們覺察到作者的出現，或至少是作者的聲音，透過地圖說話，不只是凡‧桑特的地圖而已，還有整個社會共謀使他最後製作的地圖**成為可能**。

⓱凡‧桑特的圖像來自於先進超高解析放射計，它掃瞄一（或兩種）可見光及三（或四種）紅外線頻道。其數量依每個人造衛星而有所不同：TIROS-N／NOAA-A,-B,-C 及-E 人造衛星，攜帶四頻道的儀器：TIROS／NOAA-D,-F 及-G 人造衛星為五頻道儀器。

⓲同前註，p. 108。Mack 此處的申論十分細緻，我對它的態度未盡公允，但明顯的政治考量，滲透了陸地衛星及其他人造衛星繪圖計畫的每個決策。

⓳法國 SPOT 人造衛星不需要 Norwood（亦即休斯〔Hughes〕航空〔即通用公司〕）多光譜掃瞄器的鏡子與菱鏡，而是利用多重直線排列感應器，

但功效相同。

❷⓿ Mack，前引書，p. 47。關於遙測的一般介紹，可以直接參考：Robert Colwell, editor, *Manual of Remote Sensing, Second Edition,* American Society of Photogrammetry, Falls Church, Va., 1983。

❷⓵ *National Geographic Atlas of North America: Space Age Portrait of a Continent,* National Geographic Society, Washington, D.C., 1985, p. 7. 副標題並非不相干，它碰觸了作為肖像之地圖的主題，特別是這份地圖集就是以人造衛星圖像聞名。

❷⓶ 在技術上，我們可能應該認為這是一種**重新編碼**，因為如果**綠色＝植物**，**藍色＝水**，只不過是符碼，而其解釋在我們認為是……學習如何看，那又怎麼辦?

❷⓷ *National Geographic Atlas of the World*，前引書，p. v。

❷⓸ Harold Osborne, editor, *The Oxford Companion to Art,* Oxford University Press, Oxford, 1970, p. 955.

❷⓹ Paul Edwards, editor, *The Encyclopedia of Philosophy,* Macmillan, New York, 1967, Vol. 7, p. 77.

❷⓺ Alex Preminger, editor, *Princeton Encyclopedia of Poetry and Poetics,* Princeton University Press, Princeton, 1974, p. 685.

❷⓻ Waldo Tobler, "Transformations," in William Bunge, editor, *The Philosophy of Maps,* Michigan Inter-University Community of Mathematical Geographers, Discussion Paper No. 12, Ann Arbor, June, 1968.

❷⓼ William Bunge, *Theoretical Geography,* Lund Studies in Geography, Series C: General and Mathematical Geography, No. 1, University of Lund, Lund, Sweden, 1962, p. 216.

❷⓽ Waldo Tobler, "A Classification of Map Projections," *Annals of the Association of American Geographers,* 62, 1962, p. 167.

❸⓿ Arthur Robinson et al., *Elements of Cartography: Fifth Edition,* John Wiley & Sons, New York, 1984, p. 79.

❸❶ Edward Espenshade and Joel Morrison, editors, *Rand McNally Goode's World Atlas, 16th Edition,* Rand McNally, Chicago, 1982, p. x.

❸❷ Wellman Chamberlin 提到,「當你讀到目前許多討論製圖學的文章,以廢除麥卡托投影法起頭時,請停下來想一想,麥卡托投影法是全球航海的標準,而且向來用作航空圖表的投影法」等等。他在他的 *The Round Earth on Flat Paper: Map Projection Used by Cartographers,* National Geographic Society, Washington, D.C., 1947, p. 82 裡,作了以上評述。

❸❸ 同前註, p. 72。一個類似的相互排斥之選擇,是在遵循一或多條標準線來顯示一致的比例尺,或是從所有方向,但僅從一或兩個點來顯示,在這兩者之中擇一。不可能正確地呈現所有方向。這方面的權威,還是 Derek Maling, *Coordinate Systems and Map Projections,* George Philip, London, 1973。

❸❹ John Garver, "New Perspectives on the World," *National Geographic,* 174 (6), December, 1988, p. 913.

❸❺ Arthur Robinson, "Arno Peters and His New Cartography," *American Cartographer,* 12 (2), 1985, pp. 103−111.

❸❻ Mark Monmonier, *How to Lie with Maps,* University of Chicago Press, Chicago, 1991, pp. 172−174.

❸❼ 我認為他沒有做到,但讀者可以自行判斷。參見 Arno Peters, *Peters Atlas of the World,* Harper and Row, New York, 1990。

❸❽ Robinson,前引書,宣稱在彼得斯投影法下的大陸,看起來是「懸掛在北極圈等著風乾,潮溼、破爛的長袖多天內衣褲」,這可真是科學之音!

❸❾ Monmonier, 前引書, p. 97;亦可參見 Peter Vujakovic, "Arno

Peters' Cult of the 'New Cartography': From Concept to World Atlas," *Bulletin of the Society of University Cartographer*, 22 (2), 1989, p. 1－6.

❹⓪ Hall, 前引書, p. 380。

❹① 同前註, pp. 380－381。

❹② David Turnbull, *Maps Are Territories: Science Is an Atlas,* Deakin University Press, Geelong, Victoria (Australia), 1989, p. 7.

❹③ Hall, 前引書, p. 382。

❹④ 這是另一個製圖學家在有必要時, 就喊出來的偉大的藉口。參見我對 David Woodward, editor, *Art and Cartography: Six Historical Essays* (University of Chicago Press, Chicago, 1987) 的評論及他的回應, 兩篇均刊載於 *Cartographica*, 24 (3), Autumn, 1987, pp. 76－85。關於一般美學的社會建構及歷史偶然性, 可參見 Pierre Bourdieu, *Distinction: A Social Critique of the Judgment of Taste,* Harvard University Press, Cambridge, 1984; 以及 Terry Eagleton, *The Ideology of the Aesthetic,* Blackwell, Oxford, 1990。

❹⑤ Garver, 前引書, p. 913。

❹⑥ 事實上, 這看起來⋯⋯**令人震驚**, 不過這只是針對那些混淆了地圖及地球儀的人。相持不下的優勢是, 它除了保持等面積以外, 還有其他特性使它格外容易使用。舉例來說, 它維持了東－西和南－北的方向。

❹⑦ J. B. Harley, "Can There Be a Cartographic Ethics?" *Cartographic Perspectives,* 10, Summer, 1991, pp. 10－11. ACSM 代表美國測量與製圖學會 (American Congress on Surveying and Mapping)。

❹⑧ 這並不是直接的操作。正如 Robert Richardson 在技術性的註解中指出, 投影法「沒有以數學公式表示的定義, 這是很不尋常的」("Area Deformation on the Robinson Projection," *The American Cartographer*, 16 〔4〕, October, 1989, p. 294), 這個缺陷在 John Synder 最近出版的

計算法後，才部分得以改善（“The Robinson Projections——A Computation Algorithm,” *Cartography and Geographic Information Systems,* 17〔4〕, October, 1990, pp. 301－305）。只有《國家地理雜誌》採用羅賓遜投影法投射出凡•桑特的圖。北方電信公司採用另一種未經說明的投影法來投射它的海報，以多一個矩形取代了羅賓遜的曲線輪廓。

㊾ Grosvenor，前引書，p. 126－27。

㊿ W. T. Sullivan, *Earth at Night*, Hansen Planetarium, Salt Lake City, 1986. 向該天文館訂購海報，還附贈有關感應器、書目及「值得沈思與深究的問題」等更詳細的資訊。但對於這是有關夜空光害污染的政治小冊，卻隻字未提。

(51)的確這又再度掀起有關解析度的所有問題。回想 L. Gordon Cooper 可以看見人類景觀，清楚得可怕。軍方偏執狂造成的解析度不足，在此付出代價，這幅景觀製造得如此粗糙，以致人類活動在白晝下幾乎看不出來（這讓許多人鬆一口氣）。

(52)再一次，地圖**總是**讓我們看到我們看不到的東西，看到超出我們視野的現實。這正是要點所在，使其有價值的重點。但這必然使地圖成爲社會建構的產物，使它無法披上自然的外衣，亦即自然眞實的掩護。

(53) Roger H. Ressmeyer, “The Moon's Racing Shadow,” *National Geographic*, 181 95），May, 1992, pp. 38－39. 這四幅圖像的要點，是要捕捉住月球陰影的軌跡。那是一道環繞著地球的黑暗帶，是一幅有力而具煽動性的圖像。

(54) *National Geographic Atlas of the World*，前引書，p. v。

(55) James Underwood Crockett, *Bulbs*, Time-Life Books, New York, 1971, pp. 148－149.

(56)不過它們的標示性（indexicality）都**指向**這個期間，並以空間中事物的移動來塡塞。凡•桑特的地圖並未指出期間，在它的圖像裡，壓抑了任何有關動態、改變、努力、移動的暗示。事實上，這全被轉移至……**地圖作者**。

地球就像是個處女新娘, 仍然是……**完好無缺**。有關這個議題的有力討論, 可參見 David Woodward, "Reality, Symbolism, Time, and Space in Medieval World Maps," *Annals of the Association of American Cartographers*, 75(4), 1985, 特別是 pp. 519-520。

❺❼ Grosvenor, 前引書, p. 127。

❺❽ 這類決定是作者或藝術家所作的最基本決定之一。無論從印刷乾燥機處自動顯現的外觀如何, 都不能夠忘記這張地圖是有**作者**的, 雖然再次地, 以製作電影來類比, **導演**可能是更爲恰當的字眼。

❺❾ 巴特十分淸楚地了解到相片是被符碼化的, 而且不只在感知的層次上符碼化。「這張相片純粹的『直接意義』地位, 其類比的完美與充足, 簡言之, 它的『客觀性』, 還是很有可能屬於神話(這是一般認爲相片具有的特徵)。事實上, 有很大的可能性(這將是一項工作假設)是, 相片訊息──至少在報紙上──是具有衍伸意義的」(Barthes, 前引書, p. 19)。

❻⓪ 同前註, p. 16。

❻❶ 同前註, p. 20。

❻❷ 同前註, p. 25。

❻❸ 同前註, p. 21。

❻❹ 同前註, p. 23。

❻❺ Grosvenor, 前引書, p. 126。

❻❻ *National Geographic*, 174(6), Decebmer, 1988, cover and pp. v, xxvii, and 765.

❻❼ Daniel J. Kevles, "Some Like It Hot," *The New York Review*, March, 26, 1992, p. 33.

❻❽ Woodward, 前引書, p. 519。

第四章　　地圖所服務的利益隱而不顯

「服務一項利益」：爲什麼說到是地圖服務利益時，這種講法如此難以令人相信？

我們已經知道，這項利益不過是這件事的必然結果：地圖使我們能看到原先看不到的東西；它也僅僅是我們無可避免要付出的代價，爲的是免除作者——他從具體的生活歷史中，製作出這種景象——的出現與干擾，而且，最終地圖所給的就是這項利益，並使得地圖作爲**再現**(representation)，得以和它所再現的世界區分開來。那麼，爲何地圖的這項利益——這項約定……**令人如此難以忍受**？

那是因爲地圖之所以有力，正是在於作者……**消失了**，只有當作**者不被察覺**，地圖奮力要呈現的眞實世界才能夠物質化（也就是，被視爲**是**這個世界）。只要作者——以及他或她具現無誤的利益——容易被注意到，就很難忽略掉他，很難看到在她之外的周遭，以及所描繪的世界，很難將它看成……**是這個世界**。相反的，它將被看成只是世界的**翻版**，一個關於世界的**故事**，一個**虛構物**：無論它有多好，總不是什麼可以被認眞對待的東西。當作者——和利益——處於邊緣（或完全不被理會），再現的世界就得以……**佔滿我們的視野**。很快地，我們就會忘記這是某人爲我們安排的一張圖畫（經過切割與僞造，挑選與編碼）。很快地……它就是世界，它就是眞的，它就是……**現實**。

來，聽聽《基督教科學箴言報》(*Christian Science Monitor*)上一篇對馬克・墨蒙尼爾(Mark Monmonier)的《如何以地圖說謊》的

評論中，約翰・凡・佩爾特(John Van Pelt)怎樣描述地圖世界：

> 主要的工具是健全的懷疑主義。任何「單張地圖，不過是用相同資料可以製作出來的無數地圖裡的其中一張。」知道了這個，我們就能帶著全新的敬意，去回應地形測量圖的優雅和精確，但我們還是不遺餘力地去質疑擬議的住屋計劃圖、任何描繪持續之集中的地圖，以及自我圖利之製圖的典型──廣告地圖。❶

但這些地圖彼此之間的差異何在？是在它們所具現的利益上嗎？一點也不。如我們所知，所有地圖──從最顯然「客觀」到最明顯「主觀」的地圖──都具現了作者的利益，事實上，那**就是**以地圖形式呈現的作者利益。凡・佩爾特所描述的地圖之間的差異，只在於它們所具現的利益是否顯而易見……是否近在眼前的程度不同。健全的懷疑主義只在被要求去抵禦**明顯**的利益（廣告、地產開發商）時，才發揮了作用。當作者使他們自己透明化，突然之間，我們就有了……**全新的敬意**。它如此簡單就發生了，我們如此容易就將它──只不過是地圖的社會建構──視為理所當然，彷彿它就是自然的，這實在令人驚訝。這一切所需要的只是作者的消失，利益的隱而不見。

再提一次凡・佩爾特吧。依循意料之中（但值得敬佩）的語調，他說：「然而，地圖絕對不等於真實」，然後，他立即調整一下自己……**在尺度的基礎上**：「小尺度地圖比大尺度地圖更容易缺少細節──地圖製作者只有較少的空間可以圖示特徵，因此他必須更具選擇性。但大尺度地圖也略去了一些細節。」❷**一些**細節而已？換成……**幾乎所有細節**如何？我們習於抵制這樣全面性的斷言，但它卻是真的。今晨，我窗外對街的山茱萸看來很像海面的泡沫。透濾而過的陽光灑在褪色的柏油路上，像是一塊一塊的群島，隨著微風移來滑去。知更鳥與北美

紅雀，藍樫鳥與鴿子俯衝、側彎，從高處撲下並大聲啼叫。只要白天暖和起來，並且打開窗戶，我會聽得更清楚。但即使窗戶關著，頭上的飛機依然聲音響亮。喬西走在史帕特旁邊，牠抬起腿……撒尿。

我找出《西萊里方形／北卡羅萊納－威克郡／7.5 精密系列》(*Raleigh West Quadrangle／North Carolina-Wake County／7.5 Minute Series*)（地形）測量圖。其中一張「小」尺度地圖可以小到1:100,000,000；❸也有 1:24,000 的尺度，大得足以稱為「大」尺度地圖，但我在地圖上遍尋這些細節卻徒勞無功。涵蓋我住家附近的淡紅色區域，只顯示出地標建築物，其他還有水文分佈、等高線和名字等等。我能清楚知道房子**應該**位於「Cabarrus」的第二個「a」的正下方。是有顯示道路沒錯，但沒有移動的陰影，甚至也沒有即使週日一大早，也不忘在路上呼嘯而過的汽車。在山朋(Sanborn)習於製作的大尺度保險地圖上，房屋確實出現了：這些圖以 1:600 的比例，記下特徵，並有獨特的門口和住址。甚至還顯示出我們搬進去那天拆掉的車庫。但它們並沒有注意到松鼠或牠們棲息的大胡桃樹，即使樹比房子還要大(而且終究是更重要的)。尺度再大一點，地圖就成了計劃圖：在地景建築系學生製作的一大卷圖上，大胡桃樹真的出現了。但這時 Cabarrus 連同對街的山茱萸一塊消失了。

「這不相干啊」，某人抱怨了：「沒有人會替**樹**保險的。」「太短暫、太多變了，」另一個人說。「太多聽覺了，」第三個人尖聲道……但所展示出來的乃是**預先**對世界做了一番編輯，是在我們著手製作地圖前，將預定的各種細節擠壓到特定之事物類別裡的方式。「鳥和蜜蜂？製作地圖的人對那些東西才不感**興趣**。」正是如此，所以，他們將什麼東西畫入地圖？他們畫入他們**感興趣**的東西。而這就是地圖所具現的利益……無可避免。❹

這在某些地圖中更顯而易見。利益幾乎如水煮沸，喧騰於《麥科

密世界地圖》(*McCormick's Map of the World*)，圖上冒泡般地滿佈著公司名字(出現四十九次)、產品(十三個瓶子、壺、盒子的圖解)、商標（在風向圖的中央）和盾形紋徽（它的銘辭圍繞著地球）。夾雜在咖啡、茶、香草和香料豐收的裝飾圖案中的是，巴爾的摩(Baltimore)的麥科密總公司、洛杉磯的南加州總部，以及舊金山的席林分公司(Schilling Division)等插圖。還有著名的探險家插圖分列圖上中央的兩旁；中央的圖案，則是在福特‧麥亨利(Ford McHenry)（位在巴爾的摩，麥科密總公司所在地）上方的美國國旗，以勝利姿態飄揚──藉其所在位置來影射──**凌越世界**之上⋯⋯其他國家的國旗（「感謝美國海軍水道測量局的國旗研究」)則圍成五顏六色的圖邊。國家的名字有標示出來，並附上所產的香料名稱（例如：暹邏，「白胡椒」)，一行小字則稱摩路加斯(Moluccas)為「香料群島」，所有這些華麗多采的圖案字樣，組成了「麥科密香精－調味料－茶葉－咖啡大百科」。這張地圖在說什麼？它說，「麥科密：來自全世界，全球聞名」，它說，「選購麥科密。」❺

　　這是另一張利益薰心的地圖，《聖安東尼奧》(*San Antonio*)，以人、地、事物為作料，加上道路、河畔步道、促銷用語（「席羅美食」〔Schilo Delicatessen〕、「美國第一座老年公共住宅在聖安東尼奧」、「孤星啤酒」、「Brook's A.F.B. 1917 年建立」、「殷葛蘭庭園購物中心」)等暗示，調味出來的墨西哥辣醬(1840 年代源自聖安東尼奧，由紅椒皇后供應公眾享用)。圖下角落處有大片裝飾圖案，標示著歷史(殖民者、先驅者)和墨西哥（馬拉阿契樂團〔mariachi band〕)。混雜、擁擠、**狂熱**，地圖如是說：「歷史的、現代的、熱鬧、刺激、墨西哥風味的聖安東尼奧！」它說：「當你回到家，告訴每個人你在這裡過得多麼快樂！」它（非常露骨地）說：「將你的下個工廠蓋在⋯⋯聖安東尼奧。」❻

最後一個例子是《戴爾他國內飛航路線圖》（*Delta's Domestic Route Map*），也就是，美國和部分的加拿大、墨西哥、加勒比海……幾乎被遮蓋在層層交疊的藍線下，這些藍線不僅代表戴爾他的航線，更令人爲其**數量之多感到咋舌**。這張地圖說了什麼？它說：「我們把美國蓋住了，」也就是說，「我們將讓你非常溫暖，使你不會想要在其他飛機上入眠。」地圖有說謊嗎？沒有，它爲什麼要費心說謊？戴爾他公司沒有興趣賣你一張它不飛經的路線的機票。重點在於勸阻你——利用行之已久的修辭技巧（強調、誇大、隱瞞、隱喻）——在下次要搭飛機時，不要想到美國航空或 TWA 或 USAir。

但這兒還有另一張地圖，美國內政部地質測量局製作的《娃納奎方形》（*Wanaque Quadrangle*）地圖，也就是娃納奎水庫（Wanaque Reservoir）和周遭的山丘、城鎮……幾乎被覆蓋在細密的等高線下，這些線不但顯示了娃納奎的**地形**，更使人爲其地形之**複雜多變而驚異**。這張圖在說什麼？它說，嗯它……**它說了什麼**？首先，它不像《戴爾他國內飛航路線圖》般意思那麼明確。那張地圖立論明確，然後大力促銷，而這張地圖就……**嘮嘮叨叨**。它談到地形還不夠，接著繼續討論 1954 年到 1971 年間都市區域的擴張。它喃喃談到陸地水域，其他每個片段則是談論樹木。然而，它的方式是平心靜氣：它似乎不確定想要說什麼，以致似乎難以想像它要說些什麼，或它想說什麼……**特別的**。那它的要旨是什麼？到頭來，似乎是沒有。

這就是它的要旨。以前我們曾在哪裡見過？**幾乎我們看過的每張地圖**。一次又一次地，我們看到相似的東西：內容與形式的**模糊**，目的與手段的**混淆**。地圖顯示了所有東西（因而得以宣稱沒有經過刻意的揀選），並且如其所然地顯示（忽略了地圖爲求正確與眞實所必須撒的「白色謊言」）。地圖被視爲有多種用途，以致沒有哪一種用途可以主宰一切，換言之，地圖作爲工具可以廣泛地被許多社會機構使用，以

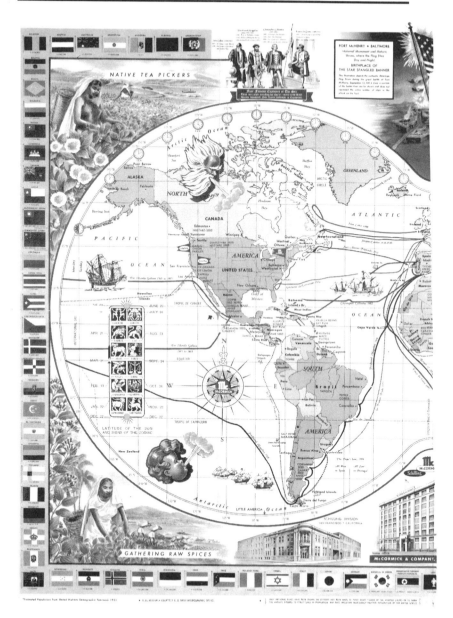

「麥科密：來自全世界，聞名全球。」（麥科密的世界地圖已不再出版，其複本也無法取得。）

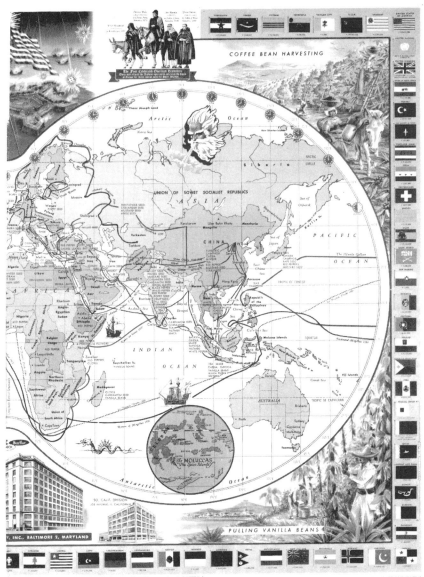

致無人可以宣稱地圖是他所獨有。地圖的責任被推卸到各個層級相互競爭的使用團體，作者的身分也分散在許多專業人員之中，而無法建立起來。說謊和遺漏，模糊且混淆，地圖因而得以照著世界真實的模樣來顯示它。約翰‧蓋弗正是因為這些理由，而讚賞羅賓遜投影法：「……我們相信這是製作世界的一般參考地圖，最合理的折衷辦法」──雖然誇大了俄羅斯和美國的面積，縮小非洲，以及「有點壓縮」的格陵蘭等等──正因為它造就了這非常令人心悅的……漫無目的（pointlessness）：「這種投影法不會擁護任何特殊觀點。」❼

文化的自然化

刻意的曲解與欺瞞，自我矇騙與否認，花費這番工夫所達致的漫無目的，究竟有什麼好欲求的？它是最終的不在場證明，它是最有效的面具，它是……**世界**。世界的要旨是什麼？**完全沒有**，它是漫無目的。必然包含於地圖中的利益，因而得以偽裝……成為自然的；它冒充為……自然本身。只有**這個世界所需要**的小小白色謊言造成阻礙。❽誠如馬克‧墨蒙尼爾所說的：

用地圖說謊不僅容易，也是必要的。想要在平面的紙或螢幕上，描畫出複雜的三度空間世界的有意義關係，地圖就必須扭曲現實。作為一個比例模型，地圖必須使用幾乎總是比所代表的特徵要大或密集得多的各種符號。為避免緊要的訊息隱匿在細節的迷霧之中，地圖必須提供一個對現實有選擇性、不完整的觀點。沒有什麼辦法可以逃離製圖的弔詭：為了呈現一有用且真實的圖像，一張準確的地圖必須說白色謊言。❾

　　注意陽光如何灑在街道上，鳥在樹上如何鳴唱，閃亮的山茱萸如
何變成……**一團迷霧**，以犧牲非洲來誇大俄羅斯和美國面積的方式是
……**必要的**，混淆真實與謊言的方式，冒充為……**技術性的問題**。事
實上，它們都冒充為技術性的問題(而不是哲學的質問)，地圖**必須**提
供一個選擇性、不完整的現實之觀點(**所以怪不得它**)，而結果就是除
了**一些製圖上的惡意**——政治宣傳、假軍事情報、廣告地圖(《麥科密
世界地圖》)——地圖依然……**漫無目的**，因此它所展示的自然，基本
上仍然保持……**原封未動**。

　　針對文化之自然化的這種冷靜表現，我們應當作出什麼樣的反應?
對羅蘭‧巴特而言:

> 這些反省的出發點，通常是一種看到「自然性」(naturalness)就
> 產生的不耐感，報紙、藝術和常識不斷地用自然性來裝扮現實，但
> 即使我們居住其中，現實無疑是受歷史決定的。簡言之，針對關
> 於我們當前時勢的陳述，我憎恨看見自然與歷史經常被混淆。我
> 想要在這種「不消說」(what-goes-without-saying)的裝飾外表
> 下，追究依我之見隱藏其中的意識形態濫用。❿

　　傳統製圖學對其實務操作的捍衛裡，最為狡猾詭詐的正是「不消
說」的特性，不僅因為它使看地圖的人，以及被深刻的文化勞動所誘
發而接受它就是地域的人，看不到必然存在的利益，也因為它同樣使
製圖者也看不到這些利益，而製圖者因之將自己變成……**地圖的受害
者**。

　　這形同一種壓抑的形式，也就是說，不僅否認了有一項利益或一
種觀點(讓我們面對事實，只有上帝才沒有特殊觀點)，更是否認了有
任何東西被否認。連恩(R. D. Laing)是這樣說的:

當我十三歲時，我有一段非常尷尬的經驗。我不會再敍述一次來使你們發窘。大約在它發生後的兩分鐘內，我陷入將它趕出心頭的過程中。我已經忘掉大半了。精確點說，我處於藉由忘記我已經忘了它，來遮掩整個處置過程。我無法說出在那之前我這樣做過多少次。應該有許多次了，因爲我記不清在那之前的許多尷尬經驗，而我也不記得有遺忘的**動作**。十三歲前的事我忘記了。我確定這不是第一次施展這種把戲，也不是最後一次，但我因此相信，這些情景大多數仍如此有效地受到壓抑，以致我仍然忘記我已經忘了它們。這就是壓抑。它不是一單純的舉動。我們忘記某事，並忘記我們已經忘了它。結果，對我們而言，我們沒有忘記任何事。⓫

　　不論是打廣告的人胡說八道，或納粹宣傳者的謊言，抑或軍事假情報專家拙劣的虛構，對它們感到憤怒很容易，但卻頗爲虛僞。⓬不過，或許以虛僞對待那些與前述半眞半假的事物無甚差別的東西，還算太客氣了。因爲事實上所有這些多多少少自招的謊言，其掌有的權威，歸功於大型的國家繪製地圖計劃、數以千計的敎室牆壁掛圖、汽油公司經常提供的道路圖、地圖集裡的圖版、新聞週刊與敎科書中的挿畫和圖表等，以上這些，如同墨蒙尼爾承認的，都撒了**白色謊言**而得以製造出來，但這些地圖對此**完全**保持沉默。因爲正是製圖家，而非挿圖畫家或政治漫畫家，首先隱藏了他介入地圖複製自然這個過程的意義和重要性，才要在**製圖家的產品**裡，尋找被壓抑的經驗——再現的利益、地圖的要旨。這不僅因爲去理解這個利益**是**什麼非常重要，還因爲利益的**壓抑**使得地圖能如此有效地僞裝成眞實而精確的，也就是它提供「宣傳」、廣告、軍事假情報等地圖運作所必須的脈絡。因而，

問題從來不是「**這張地圖如何愚弄我?**」而是「**爲何我一開始就如此容易全心全意地相信它?**」根據這種觀點:

> 地圖不再被理解爲主要是地景形態的被動記錄, 或事物世界的消極反映, 而被視爲有助於在社會地建構起來的世界中, 進行對話的「折射」(refracted)影像。我們因而不再以傳統製圖學批評的準則來閱讀地圖, 即一連串的二元對立如「眞實與虛假」、「精確與不精確」、「客觀與主觀」、「如實描繪與象徵」(literal and symbolic)的地圖, 或奠基於「科學完整性」與「意識形態扭曲」的地圖之間的對立。地圖從來不是價值中立的影像;除非就最狹隘的歐幾里德幾何學而論, 否則地圖本身既非眞亦非假。就內容的選取以及再現的符號與風格而論, 地圖都是一種想像、連結, 以及構造人類世界的方式, 而人類世界則偏向於且施加影響於特定的社會關係, 並爲其所助長。接受這樣的前提後, 就更容易了解, 地圖是多麼適合被社會上有權勢的人操弄。❸

說完這些, 哈利便轉而從事歷史的探討(當然, 他是個歷史學家)。但由於這樣做會有把事情孤立在過去的後果(「**我過去很壞, 但我現在不會了!**」), 所以有必要強調, 這種操弄並非僅是這個或那個歷史時期、這個社會或那個社會的一個面向, 而是**地圖本來就具有**的一種性質。

自然的人文化成

在地圖的文化內容得以自然化之前, 地景的自然內容須先經過人文化成, 才得以存在。❹這是一種文化的勞動, 一種指認、劃界、命名、編目的勞動……它是一種繪製地圖的勞動。既然這些過程都在生

活——人類對於土地的佔用——裡一起發生，我們就沒有一個最先之處來開始。土地並非**有系統地**劃分成平原和山丘，然後再加以劃界、命名與編目。相反地，人文地景在歷史中形成，有時是飛快地，但通常是在一段段不相連屬，但有耐心的步調中，點點滴滴地形成。如我們所知，在佔領土地的勞動中，地圖並不是單純的目擊者，靜靜地在一旁記錄沒有它也會發生的事，而是一個積極的參與者，屢屢策動著指認和命名、劃界與編目的行動，並假裝只是在觀察。描繪一條河流就會——無可避免地——連帶使其灌溉的土地凸顯出來；原先是整體的便突然拆成一片一片——水流、河岸、斜坡、山丘——當其成形時，便有了具體的位置(僅僅是相對於彼此)，以及立刻得到的命名。這當然是一種人類存在於世的方式——繪圖是一種使環境經驗得以分享的方式**⓯**——但在**製作**地圖的社會中，這些活動擔負著一些比較不明顯的功能：

> 將獨特的聯邦公有土地測量方格，應用在美國地質測量局所出版的官方地形測量系列，這麼做的表面意圖是很明白的：這有助於替地區定位，以及編派專有的座標。而暗藏的意義則藏於這些相關的概念中：資源編目、指認、分派和私有地產的購置；設置數千哩的鐵蒺圍欄和車道來保護地產與作為通道；彰顯的命運；以及美國的幾何學。設計與製作這樣的地圖，是一種征服和佔有自然的行動，這是美國社會的基本價值，而不僅是製作各種記錄，體現一種無用的好奇心。**⓰**

正因為地圖將自然予以人文化成，地圖的文化生產就必須隨之自然化，以使得使用地圖的社會所造成的隨歷史而變化之地景，可以被接受為——**自然的**。**⓱**但如果我們要了解這個過程真正如何運作，也

就是說，地圖如何**完成**這巨大的工作，我們就必須轉而注意地圖，而且不是遙遠時空的地圖，也非我們的社會裡，因其來源而遭致邊緣化的地圖，而是來自中心、核心的地圖……

娃納奎地形學方形……

圖的左上方寫著「美國／內政部／地質測量局」，右上方是「娃納奎方形／新澤西州／7.5 精密系列 (地形)」。兩者中間則是「美國／國防部／工程師團」。這裡暗含的多重作者身分，在左下角的文字區塊中釐清了：「由陸軍製圖局繪製」，以及「由地質測量局編輯出版」。下一行則寫道「由美國地質測量局(USGS)、USC&GS，以及新澤西州測量局監製」。讀者幾乎被這些官僚機構的意涵所淹沒。這薄薄的一張紙，就包含了——並提議了可能的行動——聯邦政府兩部的四個次部門和一個州政府部門付出的勞力。**你在看地圖時，真難以想像這種事**。山丘與河川，湖泊與城鎮，諾芬綠色州屬森林(Norvin Green State Forest)的綿延覆蓋，似乎沒有承受任何政府機構的壓力。雖然指明地圖製作者是陸軍或內政部，影響了人們如何閱讀他們所製作的任何圖像——無可避免地，他們建立了某種信心(同時也暗貶了其他製作者)——工程師團、地質測量局、新澤西州測量局，卻似乎與地圖內容無關，而這張地圖即使包含了各種事物，也顯得不過是……**觀察到的東西**：污水處理廠、橡木地(Oakland)、墓地、狼窟水壩(Wolf Den Dam)……

……只顯示了經過選擇的特徵

異質性，例如涵蓋如此多層級政府部門的作者身分，證明了這裡

美國地質測量局的《娃納奎方形》，新澤西州，7.5 精密系列（地形圖）。

所描述的世界之……不偏不倚(impartiality)：每件事物所在的地方，萬物皆在其位：

> 測量局製作的方形地圖，不同於其他特殊用途地圖，它可以使用在許多方面。顯示在圖面上的尺度、等高線間隙、精確的描述和特徵等，是逐步發展出來的，以滿足政府機關、產業界及一般大眾的需求。由於這些地圖具備多樣性的用途，因而被稱為通用(general-purpose)地圖。地圖所要滿足的功能，決定了應該繪製什麼樣的特徵，但在決定什麼特徵能真正被顯示出來以前，也會考慮其他因素。⓱

美國地質測量局一百周年所出版的這份對其產品的官方檢視，接著列出了三項因素：特徵的**永久性**(permanence)、編纂訊息的**成本**、以及地圖的**易讀性**(legibility)。

娃納奎方形只顯示「永恆」的特徵

特徵的**永久性**？這意謂了什麼？「紫色代表都市地區的擴張」，圖上如此說明，還有「紫色部分的修改，由地質測量局根據 1971 年空中攝影所編輯。」由於修改的部分未經實地勘查──這聽起來地圖像是只被**修改**，而非**更新**，以符合不斷變遷的地景──所以還未命名。但其中包含了些什麼？**五十多個新池塘？一打新的分區？幾英哩的新道路？**也許我漏掉了什麼，但上面這些有什麼永久性嗎？我們所感覺到的是……轉變，變遷。⓲我們也察知一個符碼的出現：永久的＝重要的。不消說，在地圖之上或之外，這並不很明顯：「文化特徵特別容易改變。如果地圖要擁有合理的使用壽命，那麼所繪製的特徵，在某種程度來說，就必須

局限於相對較恆久的部分，」莫里斯‧湯普森(Morris M. Thompson)所說的就是這些；❷雖然這可以解釋爲何我庭院裡的鳥，沒有出現在《西萊里方形地圖》(*West Raleigh Quadrangle*)上，但還是非常模糊不清——我們已認識到這是**客觀的**一個屬性。另外一種方式是去看測量局使用的「地形學的地圖記號」。這個圖例——並沒有印在任何方形圖上（是因爲人們設想這些記號能自己說話嗎?)，構成一份測量局認爲足夠恆久而可以繪製的特徵之**目錄表**。在 1979 年時，有 106 項：**主要幹道, 硬路面；輔助性公路, 硬路面；低流量道路, 堅硬或改良路面；未改良道路；小徑；單軌鐵道；多軌鐵道；橋樑；吊橋；隧道；人行橋；高架道路；地下道路**……你搞懂了吧。永久性特徵還包括**露營地、**

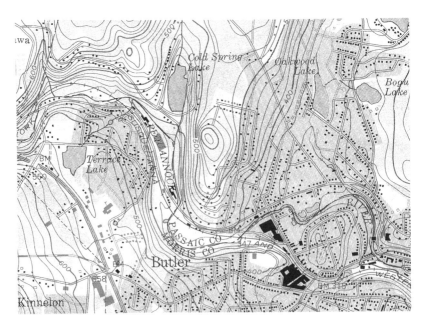

這裡所繪製的每樣東西都是永久的。根據什麼時間尺度?

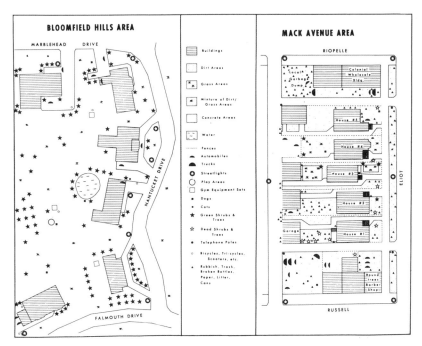

此處所繪製的底特律花田山和梅克大道地區的事物，是美國地質測量局所忽視的：死去的灌木與綠樹、破瓶、碎屑、垃圾、腳踏車、三輪車、摩托車……(取自 Detroit Geographical Expedition and Institute, Field Notes: Discussion Paper No. 3, *The Geography of the Children of Detroit*, Detroit, 1971。)

野餐區、暴露的船難殘骸、圍籬或田野分界、冰河、間歇泉，以及已控制住的洪水淹沒區。❷雖然這份表列幾乎無法澄清什麼是「特徵的永久性」(其中已經滿佈許多矛盾，以至於再提到「永久」的定義**根本**是政治性的，就頗為粗野了)，即使如此，對於它們的常識性理解是如此穩固，以至於所有的疑惑幾乎都沉沉睡去：測量局還能夠將什麼其他東西**繪入地圖**呢？

這完全視意圖而定。此時我正在看另外兩張地圖，一張是底特律

花田山(Bloomfield Hills)的一個街區的地圖，另一張是梅克大道區(Mack Avenue area)的街區圖。㉒以下是一些**它們**的共同圖例上有的項目：**汽車；卡車；狗；貓；綠色灌木與樹；枯死的灌木與樹；**腳**踏車、三輪車、速克達等；垃圾、廢物、破瓶、紙、碎屑、罐。**花田山遍佈草地、灌木和綠樹，隨處可見腳踏車與三輪車。庭園未設圍籬，裡面有三項運動設施、一個遊戲場和一個池塘。在梅克大道區，死掉的樹木佔多數，垃圾比綠草還多。大多數庭園架起圍籬，沒有腳踏車、運動設施、遊樂場或池塘。顯然兩個地方非常不一樣，但這種差別不為地質測量局所認可。為什麼？因為造成差異的這些事物，幾乎都沒有被美國地質測量局繪入地圖。理由何在？**因為它們不是永久的**。它們當然**是**永久的，在底特律，草地和小動物對花田山而言，就如同垃圾與破瓶子對梅克大道區一樣，是永久的特徵；事實上，比 1967 年火災或其後發生的大火中燒掉的建築物**還要**持久。㉓但永久性從未與這些東西有關：測量局對持續的東西沒啥興趣，在測量局的圖例與整張方形圖上，都表明了這並非重點；重點在其他地方，也許是地產（在地形方形上繪製有 13 條不同的邊界，更別說是分區角落和邊界標誌了），或是具體的建築物（大部分測量局地圖的心力都投注於此），或是其他由測量局最終真正遵循的議程所更為支持的某項功能，但這些議程（讓我們承認吧！）完全未曾關注美國地景對兒童頗有敵意。

娃納奎方形只顯示便宜的特徵

由此看來，地形圖是騙人的：細節的明顯豐富性，應允了比我們所能想到的還要**深入**的理解。以流向地圖東南角的皮奎納克河(Pequannock River)沖積平原上的這家工廠為例（幾乎要落在地圖外了），它是這青山綠水景致裡的產業侵入者。它後面的細線標明著從紐

約鐵路、蘇西克安那(Susquehanna)鐵路和西部鐵路而來的鐵道支線。一條道路與它們交叉而過，通至工廠後面的土地。我打賭，沿著鐵路旁有著許多已經腐朽的老舊 C 形鉗和有尖釘的金屬板，以及到處漫生的秋麒麟草和安妮皇后的蕾絲(Queen Anne's lace)。路旁的矮樹叢中，也有可能已經生鏽的掣子和纜線軸。當早晨霧氣瀰漫河面，你可能會**嗅到**凝重空氣中的木焦油味。或許景象不是這樣。也許，從道路到河邊都已鋪設妥當，也許色彩明亮的五十加侖油桶堆成十層高，放在有鐵絲纏繞的鎖鏈圍籬裡。也許氣味非常刺鼻，使你只想趕快跑開。但是方形地圖沒有繪製這些細節，而以紫紅色覆蓋了一切，但人們會懷疑：測量圖是否暗中將 1954 年版本中有出現，但在 1971 年空中照相裡沒有的特徵刪除掉了？或者它們……**被丟在一旁**……以便讓永久性的想法有一些實質意涵？

　　所有完成的事，都經過預算管理局(Office of Budget and Management)的同意：「能夠顯示哪些地圖特徵，部分是由編輯訊息的成本所決定的。」❷❹這聽起來多麼不同於墨蒙尼爾所說的，「為了避免在一團混亂的細節裡模糊了重要的訊息，地圖對於現實必須提供有選擇性的、不完整的觀點。」❷❺墨蒙尼爾的這種限制導因於製圖學中固有的「弔詭」，亦即對繪製地圖而言「自然會有的」弔詭。測量地圖就更坦白了；這是預算——**政治性的**❷❻——優先順序的問題：

> 空中照相是大部分地圖訊息的來源，但相片上無法辨識的特徵，必須用實地探查方法來繪製，而這比較昂貴。舉個例子，並非所有的分區角落都能顯示出來；在空中照相上它們太小而無法看見，而用實地測量法來繪製它們，卻耗費過多成本。❷❼

但這**實際**上意謂的是，所有無法被拍攝到的事物就不繪入地圖。像

什麼東西呢? 嗯, 像工廠所做的事、廠裡的工作人數、他們工資多少、他們價值多少、有多少東西從紐約鐵路、蘇西克安那鐵路和西部鐵路載出去、土地價值為何、從土地徵收多少稅收、地主住在哪裡、他們傾倒哪些廢棄物在皮奎納克河、工廠的氣味、它的**聲音**⋯⋯

廉價地圖沉默不語

人們很容易就嘲笑這些事物, 但他們沒有嘗試過在鐵工廠附近睡覺的滋味。躺在**幾個街區以外**的床上, 聽著鐵鏈的撞擊聲——咚、咚、咚——每兩分鐘一次, 夜復一夜都是如此。或者, 睡在高速公路旁。雪瑞・葛洛佛 (Sherre Glover) 可以輕鬆地說道:

> 回應五月七日的文章〈住戶群起抗議高速公路的噪音〉: 噢, 得了吧。當大多數人正享受著他們的生活時, 難道我們已經到了這種地步, 不再能承受任何不便, 即使一星期裡只有一夜數小時? 為何人們在搬到一個新地方前, 不先留意高速公路、機場和豬舍這類事物⋯⋯❷❽

但處在聲音與氣味鮮能被拍照所捕捉的世界裡, 做可不像說那麼容易。當然, 以我們國家地圖繪製計劃進行的方式而論, 不將這些繪入地圖比較節省成本, 但這總是與其中牽涉的優先考量與偏見有關。然而, 如邦奇 (Bunge) 與波度沙 (Bordessa) 所觀察的, 「聲音能告知我們大量關於一個地區的訊息。」❷❾開文・林區 (Kevin Lynch) 早在其關於基地計劃的教科書初版裡, ❸❶就做了類似觀察, 這也是他另一本書《經營地區感》(*Managing the Sense of a Region*) 的核心觀念, 書中討論「一個人所能見到的事物, 以及足下的感受、空氣的氣

味、鐘聲與機車的聲響，這些感受的模式如何構成地方的品質，以及這種品質如何影響我們的安適、行動、感覺與領悟」**㉛**──亦即，討論了比照相所能捕捉的事物**更爲完整的眞實**。**㉜** 在《世界的音調》（*The Tuning of the World*）一書中，穆瑞‧薛弗（R. Murray Schafer）將此想法打造成爲「一個音景設計（soundscape design）的理論。」**㉝**

　　上述每個計劃都示範了繪製音景地圖的合理性。邦奇與波度沙將克利斯逖坑（Christie Pits）寂靜的小樹林繪製成圖：「在克利斯逖坑，寂靜的小樹林只有在這些地方出現：奧西頓（Ossington）和里茲（Leeds）大道上的教堂庭園、屋後的街巷、非上課日的校園，以及公園的某些部份。社區中任何可以安靜地玩彈珠遊戲，或是有張長椅可坐著讀報的小角落，都是人們所尋求的必需品。」**㉞** 林區複製了一張麥可‧薩斯渥茲（Michael Southworth）製作的地圖，這張圖探索性地試圖「逃脫當代城市的視覺樊籬。」**㉟** 雖然林區發現薩斯渥茲描畫的波士頓市中心之音景**過於細膩，**以致無法做區域分析，他還是讚揚「繪製聽覺領域中，挑選過的悅耳或刺耳聲響(教堂鐘聲、音樂、鳥啼、清晨的垃圾車、直昇機、鑽孔機等等)」**㊱** 之小尺度地圖的嘗試。薛弗則複製了溫哥華的史坦利公園（Stanley Park）的等音量（isobel）地圖，以及由「傾聽之散步」所編繪出的「聲音地圖」。他還從地產的角度，明白指出視覺與聽覺空間兩者之間的衝突：

　　法律允許擁有地產的人，限制別人進入其私人花園或臥室。但他有何權利得以抗拒聲音的入侵？舉例來說，機場用不著擴充其佔地面積，還是可以經年累月製造驚人的噪音，而日益支配了社區的聽覺空間。當前的法律對解決這些問題並未做出任何貢獻。在這種情況下，人只能擁有地面，對地上即便只有一公尺高的生活環境，也沒有權利要求什麼，就算他爲捍衛這份權利而打官司，勝

算也是微乎其微。現在所需要的是，重新在社會上及最終在法律上，肯定聽覺空間的重要性，視之為一不同但同等重要的衡量事物方式。 **㉝**

　　沒有將聲音繪入地圖，是地質測量局粗心大意所致嗎？也不盡然。沒有一張地圖能顯示所有東西。如果地圖能這麼做，它將……**只是複製世界**，而世界是我們不需要地圖……就**已經擁有的**。地圖的存在理由，正是它要從世界難以想像的繁複之中做**選擇**；地圖只有靠著它的選擇性、它的注意力、焦點集中於此而非彼、它的狂熱，是的，它的**熱情**，才能將自己與它所再現的世界區分開來。正是**因為**地圖並未顯示所有東西——或近乎所有東西——它**才有**權要求我們注意。每張地圖毋須涵蓋所有事物，但必須供出、**勇敢面對**其所具現的利益，而此利益驅動了——且活化——它們的選擇性，亦即由歷史所驅動的偶然性。在**永久性**和**成本**的冷漠表面下，隱藏著地圖所服務的現實利益，但藉著壓抑的技倆，地圖不僅否認這些利益的存在，更拒絕承認它做了這種否認。

　　再談談湯普森吧！他論證了如何選擇可以繪製的特徵，但這回是就特殊用途的地形圖而論：

> 例如，為設計一條新高速公路所製作的地圖，要顯示林地覆蓋的類型和沿線土壤及岩石的分類。關於排水、地產邊界和建物的資料，將依所需要的細節圖示出來。地圖將呈長條形，而只涵蓋比較小的土地面積。 **㉚**

　　這聽起來像是：**你還會需要什麼其他東西呢？**以高速公路工程師的角度來看，可能沒有了。但這地圖究竟有多麼完備？它實際上具現

了多大範圍的利益？這要視……**你傾聽的地點**而定。以下是地方報紙中的一段文章：

> 超過一百五十名北萊里區的居民，給了州政府運輸官員一個怨聲載道的星期四。民怨集中在鄰近他們住家延伸達 9.7 哩的市區運輸系統拓寬工程上——這將會造成超過兩倍的交通噪音。「如果有哪個州政府官員不知道噪音是什麼，就邀請他到我家來，在後院開個宴會吧」，史坦利巷 (Stanley Drive) 的席維雅‧露比 (Sylvia Ruby) 在公路興建公聽會說道，「在後院裡，說什麼話都聽不到。」❸❾

但這並非由於政府和其他官員不了解問題，不去測量噪音大小，甚至將之繪入地圖；而是噪音不具有地形測量所繪製之特徵那種**理所當然**的性質，並且被邊緣化，時常被當作**非物理性的**，彷彿聲音不遵守物理學定律似的，不會使生活悲慘，不會造成耳鳴，不會致命。❹⓿正是將**不在地圖上的一切事物排除掉**，才能如此有效地將圖面上的事物**自然化**（凡是不在地圖上的……就**不是真實的**）。

娃納奎地形學方形的易讀特徵

談談第三項過濾因素。世界經過永久性，以及接著是——以成本的名義——可見與否等因素過濾之後，我們現在再讓它通過……**易讀與否**的考驗。以下是湯普森的話，但他附和了各地的學院派製圖家：

> 易讀性的要求是說，小的特徵必須用比真實比例還大的符號來表示。例如，道路在 1:62,500 比例尺的地圖上，至少要顯示成 90 呎寬，即使實際上窄些。房屋和其他建築物，也要用比它們的實際

比例還要大的記號來表示。如果較小的特徵以真正尺度來表示的
話，其代表記號將顯得太小而不易閱讀。比真正比例還要大的記
號，會佔去地圖較多的空間；因此，在小特徵聚集的擁擠區域，比
較不重要的特徵就可以省略。**❹**

　　所有這一切是如此合乎邏輯，如此美妙：這個要求那個，那個要
求這個，**因此**……並不是我們刻意**要**省略什麼（除了較不長久或繪製
起來太貴的特徵），實在是我們**被迫**如此。邏輯和眼睛的生理限制……
堅持如此。若不是有「較不重要」的字眼顯得比較突兀，這些話就似
乎太技術性（因而太瑣屑），連提都不用提了。但看看艾杜瓦・因霍夫
（Eduard Imhof）怎麼說的：

　　地形圖比照片顯示更多東西。它不僅是用測量與圖繪所製作的地
　　表平面圖，還呈現了其他多樣化的訊息，而這無法從直接獲取的
　　影像如空中照相中得知。**❷**由於尺度的限制，製圖家必須做選擇、
　　分類及標準化的工夫；他在知識上和繪圖上將事物簡化與組合；
　　他根據視覺現象在地圖上的重要性，將其強調、放大、縮減或壓
　　縮。簡言之，他**概推**、**標準化**，以及**選取**，而且了解到許多元素
　　彼此干擾，互相對峙或重疊，因而將其**協調統整**一番，以釐清區
　　域的地理模式。**❸**

　　來自製圖家的這番話頗不尋常：**知識上的簡化與組合、強調、縮
減、壓縮**……因霍夫所說的製圖家遠非湯普森所說的，將「較不重要
的特徵」「客觀地」省略掉的自動機器人；相反地，他是科學家，在釐
清地理模式之際**創造知識，**而這知識就其定義原本就是**工具性的。❹**在
這種情況下，易讀性比較是屬於心智方面的事，而不是眼睛的問題。這

凸顯了湯普森閃躲掉的問題──以及其他那些極力想把製圖學陷於心理生理（psychophysical）桎梏的人❹──亦即……使**什麼東西**容易閱讀？藉著所有這些做決策的機制──顯示什麼，如何顯示──我們努力想要看到的是什麼？

我們在新澤西州找什麼？

「林屋」（Ringwood）：很難忽略娃納奎方形右上方的這個字。它是四組以 12 號字體印出的字之一：「林屋」、「娃納奎」、「西米爾福」（WEST MILFORD）、「橡木地」（OAKLAND）。圖上這些最明顯的名字是指什麼？指的是新澤西州的自治村鎮（borough）（三個在巴賽〔Passaic〕郡，一個在伯根〔Bergen〕郡）。自治村鎮是新澤西州固有的市自治體，也就是一個鎮或村落。林屋村並未真正出現在《娃納奎方形》上，而是在另一個鄰接的方形地圖《翠林湖》（*Greenwood Lake*）。如同《娃納奎》，《翠林湖》也有地形過度豐富所造成的困窘。它以綠色外皮來表示鄉村地帶，其間則切入一長形池塘（事實上，翠林湖過去曾以長池〔Long Pond〕為名），四處散佈著腫瘤與硬塊、傷痕與水泡，散佈著山丘，亦即丘陵和山脈……以及湖泊與溪流，**完全**為林木遮蓋──其實大部分都位在阿伯蘭‧希威特州屬森林（Abram S. Hewitt State Forest）內──除了西北邊有果樹滿佈朗德丘陵（Round Hill）以及泰勒（Tayler）與渥維克（Warwick）山脈。阿帕拉契步道（Appalachian Trail）在圖上的出現令人驚訝，提醒了我們在湯普森所列舉之種種地形圖用途中（打獵、釣魚、滑雪、露營……），健行居於次要地位。❹我眼前桌上的這張方形地圖，不像《娃納奎》那張在 1971 年藉由空中照相修改過──雖然如同《娃納奎》一般，它在 1942 年繪製完成，並於 1954 年經過精細修訂──所以當我將它們接

在一起時，我是粗魯地把 1954 年和 1971 年的東西混作一堆。這解釋了爲何它們看來如此不同，紫色部分高聲喊叫著《翠林湖》所沒有顯示的「改變」，後者因而顯得較老舊、較不現代、較無……**發展**。「林屋」的名字時常出現在翠林湖那張圖上，村名以 12 號字體印出；在組成村鎮的房屋聚落上頭用 10 號字體；「林屋溪」（Ringwood Creek）、「林屋磨坊池」（Ringwood　Mill　Pond）、「林屋莊園州立公園」（Ringwood Manor State Park）用 6 號字，更小號數的則用在通往希維特（Hewitt）的「林屋大道」（Ringwood Avenue）沿線。嗯，**等等**！遍佈此地的這些交叉符號是什麼？**看起來**，它們是，它們是……**鐵礦**嗎？**廢棄的鐵礦**？

我們在找鐵礦

在新澤西州？沒錯。艾倫‧涅芬斯（Allan Nevins）提醒我們，「林屋可以號稱是美國鋼鐵工業的發源地。」**❹**他指出，一個喬治二世時代的移居者，首先在林屋河畔建造了一家鐵匠鋪；其後不久，奧登（Ogden）家族組成了林屋公司，在 1742 年建造其第一座熔礦爐。當時是靠燒煤炭來熔化鐵礦的——即使是一座小型熔礦爐，每年都要消耗一千英畝的森林——並且需要水力以便進行「鼓風」與鍛鐵的工作。**❹**因此，隨後奧登家族就在原先購置的工廠附近幾畝地外，補足了周圍土地，以掌控皮奎納克河及娃納奎河一帶，就不足爲奇了。在法國與印第安人的戰爭後不久，彼得‧哈森克萊佛（Peter Hasenclever）從殖民政府那邊，取得林屋與長池周圍一萬畝的地，爲倫敦公司（London Company）增添不少地產。哈森克萊佛擁有一座 860 呎的水壩，橫越塔西托池（Taxito Pond）——現在叫圖西多池（Tuxedo Pond）（位於鄰接的《斯洛茲堡方形》〔*Sloatsburg Ouadrangle*〕上）——較

低的一端，提供所需水力，使林屋工廠的產能擴充至每週 20 公噸。隨後，在羅伯‧艾爾斯金（Robert Erskine）的管理下，採礦事業開始供應產品給華盛頓的大陸軍團（Continental Army）。當然奧登、哈森克萊佛和艾爾斯金等家族，並沒有獨佔新澤西州的鋼鐵事業：「在美國獨立戰爭後不久，據說無論從那個方向穿越全州，都至少會碰見兩家老工廠；而直至 1777 年，光是摩里斯（Morris）一郡，就有近百家仍在運轉的鐵工廠。」❹喧囂聲大得可怕。水車推動打鐵用的大鎚，將生鐵的渣滓去除：「當大鎚落下，舉起，又再落下，噪音可以傳遍數哩內安靜的村落。」❺

　　獨立戰爭之後，倫敦公司拋售其財產給詹姆士‧奧德（James Old），而他將這些財產賣給馬汀‧瑞松（Martin Ryerson）。瑞松一直是新澤西州最重要的製鐵業者，持續達半個世紀。不過，他的兒子們做得較不成功，在 1853 年將他們的產業賣給了川頓鋼鐵公司（Trenton Iron Company）。❺川頓鋼鐵由艾德華‧庫伯（Edward Cooper）與阿伯蘭‧希維特（Abram Hewitt）成立於 1845 年，業績快速地成長，成為全國最大的鋼鐵廠。希維特時常探勘新澤西州鄉間尋找礦藏，以供應他們的工廠：

　　為了尋找最好的礦石以供他的川頓工廠使用，〔希維特〕將自己沉浸於舊澤西（old Jersey）的礦藏、熔鐵爐和鍛鐵廠的傳說軼事裡。他養成習慣，利用所能騰出的二或三天時間，旅行至西北邊四個郡——韓特頓（Hunterdon）、瓦倫（Warren）、摩里斯（Morris）以及薩西斯（Sussex）——的山丘。此處各種樹林——山下的山毛櫸、橡樹、楓樹和樺樹，山頂的松樹、針樅——依然深邃茂密，伴隨著在片麻岩與石灰石間穿梭的流水聲韻。在樹林深處，沿著接近荒廢的小道前進，他有時會發現遺跡，似乎訴說著古老種族

的故事。頂端有著銹蝕鐵柵與環鍊的豎坑，可能會突然通往岩石堆礫的山坡。沉重、頹圮的石牆，圍繞著毀壞的水車，矗立在淙淙而流的溪畔，流水則注入一地窖般的窪地。或者有一磚石所建的城堡，滿佈著藤蔓與青苔。底部有著張開的熔鐵出口，位在車轍深印的道路盡頭。路面上則礦渣與泥土碎石混雜──這是一座老熔鐵爐的廢墟……❺❷

　　對希維特而言，探究這些遺跡是事業的一部分，儘管如此，他也感受到它們所散發出的浪漫氣息。它們挑起了森林冒險的傳奇故事；人們闖入蠻荒的山區、沼澤地和盤結的森林，與相遇的印第安人、美洲豹格鬥；不只爲了取得毛皮與開拓農場，也爲開礦和工業鋪路。他們的名字振奮了爲事業冒險的浪漫精神；「倫敦公司」在殖民地時代就已經在林屋、長池和夏綠蒂堡（Charlottburg）等地建立工廠，在得到任何有形回饋之前，就已經花了超過五萬四千英鎊。接著是有關發明的傳奇事蹟。這些早期的鐵器商，必須賣出他們的爐子、農業用具、廚具、五金和武器，他們運用偉大的發明才能，構想新的鐵製用品……川頓的鋼鐵廠是所有這些的繼承者，也承繼了前一個世紀裡，英國鐵工廠越來越快速的新發明。庫伯和希維特所使用的礦石，主要是來自澤西丘陵一帶，但也有些來自賓夕凡尼亞州。他們前往菲立茲堡（Phillipsburg），當地三座高聳的鼓風爐──第三座建於 1852 到 1853 年間──每年能熔鑄至少兩萬五千噸的礦石……❺❸

　　「憂心礦石可能不夠用，常常令希維特不得安眠。假如他能找到像安多福（Andover）那樣的另一個礦藏就好了！1853 年，林屋，整個東部最爲著稱的鐵礦產區……找到了市場。」❺❹希維特欣然迎向這個

機會。看看地圖，發現林屋很容易就能與新艾瑞鐵道(Erie Railroad)接通，於是希維特立即派公司裡的開礦專家前往勘查。在接到專家興奮的報告之後，希維特自己也去看了一次，宣稱林屋的發展潛力是他所見過中最好的。自1763年以來，此地開採了12個高產量的礦場：「藍色(Blue)、小藍(Little Blue)、倫敦、加農(Cannon)、彼得斯(Peters)（艾爾斯金認爲這個最好）、聖喬治（St. George）和其他等等。當希維特買下這個地方時，之前已經開採出三十到五十萬噸的礦石，但仍有很多存留地底；他可以鬆一口氣了。」(55)

突然之間，地圖不一樣了

現在地圖看起來不一樣了；它不再是原來的地景了。原來似乎是山川湖泊的田園景象，變成了一個工業區：大鎚的聲響傳遍寧靜的山谷，鼓風爐屹立在林地上，任何時候都充斥著燃料與鐵漿；溪流被圍堵起來以提供水力。周邊有抽絲機和輥軋機、加熱爐和攪煉爐、切削廠和鑄造廠。運河與鐵道纏繞山谷，船與火車載運著鐵礦和生鐵。當希維特夫婦搬遷至林屋，他們接收了老鐵器商馬汀•瑞松所建的房子，鄰近彼得•哈森克萊佛的華廈。他們在原先是篩選機和搗碎機的地方，設置馬廄。雖然有花園——希維特太太還以此聞名，仍然離不開鐵。在房前陽台上，希維特放置一個環鍊，它來自一條有名的鐵鍊——被認定是以林屋的鑄鐵所製——革命人士曾經藉以鎖住哈德遜（Hudson）河來阻擋英軍。旁邊則放著當初打造鍊條用的鐵砧，以及用來舉起大鎚的水車。(56)

雖然希維特絕非毫無道義的企業家——亨利・亞當斯（Henry Adams）視他爲「華盛頓市最有用的公眾人物」(57)——他還是認爲「鐵的使用是一種社會指標，藉此可以衡量國與國之間文明的相對發展程

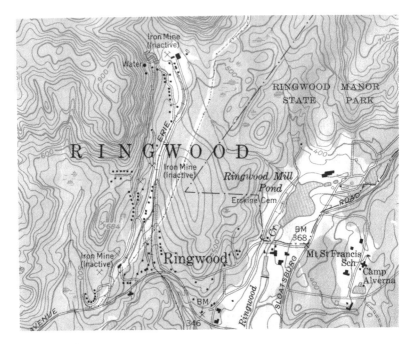

羅伯・艾爾斯金和阿伯蘭・希維特的足跡在美國地質測量局的《翠林湖方形》這個角落的廢棄鐵礦和地名裡徘徊。

度。」❺❽這就是他的精神——對鐵與公眾的複雜信念——藉此，作為美國國會的一員，他起草了議案，於 1879 年時，將四或五個當時全國性的測量機構（金恩〔King's〕、海頓〔Hayden's〕、鮑威爾〔Powell's〕和惠勒〔Wheeler's〕的單位）合併成地質測量局，得以及時製作出《娃納奎》和《翠林湖》方形地圖：

> 這項立法遭致許多反對。有人嫉妒新的地質測量局的首腦職位，因為海頓的地位原先優於金恩與鮑威爾，而後兩者實際上卻躍居首任和次任局長。過去也有人對戰爭部侵佔人民財產感到眼紅。西

部地區有非常強大的既得利益者，徹底反對任何意圖加強土地法令的措施。希維特為求在國會通過議案，需動用其所有的技巧與力量。他回應每個反對意見，嚴詞指責「貪婪的公司與權力過大的資本家」，他們企圖掠奪我們西部的偉大遺產。希維特並指出，陸軍工程師團將不斷忙於製作需要的軍事測量圖。如他所言，傑出的科學家將不會在意隸屬於部隊的年輕軍官。最重要的是，他闡明了西部無法衡量的重要性，財富與成長的鉅大潛力皆蘊藏其中。最後，他以勝利的姿態通過了議案。多年以後，當地質測量局在辦公廳懸掛金恩與鮑威爾的肖像時，它也註明要徵求希維特的肖像。**❺❾**

他們無須煩惱：希維特的肖像已經銘刻在每張測量局製作的地形圖上了。

使用所有測量局的決策機制(顯示什麼，如何顯示)，我們究竟費盡力氣想要在其製作的地圖中看到什麼？答案現在變得非常明顯了。用希維特的話來說：「在我們這富饒的土地中，蘊藏了什麼可以挖掘、採集、收穫，並成為美國乃至世界財富之一部分的東西？它們如何蘊藏，藏在哪裡？」**❻⓿**我們努力想要看到的是……**美國是一個龐大的裝滿花果之羊角，一個巨大的食櫥。❻❶**在希維特的自由主義論調下，這則聖訓必須被自由地接受──亦即「為了所有〔橫行其上〕人的福祉」**❻❷**──但以他所必須對付的各方勢力來看，不得不承認他的自由主義不過是眾多銘刻於《娃納奎》（以及所有其他地形圖）的利益之一，而這些利益包括……**貪婪的公司**（面對事實吧，川頓鋼鐵公司也**必須**佔有礦產）、**權力過大的資本家**（然而頗為難堪地，這**正是**希維特的寫照）、**戰爭部**（它是實際的地圖製作者，而其要求獨控所有測量的論調，是希維特最初就贊同的）、**傑出的科學家**（希維特認為其中一些是他的朋

友，包括克萊倫斯・金恩〔Clarence King〕）、**西部強有力的旣得利益**（希維特並非完全沒有）。❻難怪地圖不只有一種聲音。這從來就不是共謀的問題，打一開始我們就堅持，地圖所包藏的利益，旣不單純也非唯一。

　　雖然眾聲喧譁，所發出的和弦聽起來卻是……**無關利害(disinterested)的科學**。❻藉由在修辭上和諧地否認其修辭技巧(簡樸的白邊，高雅柔和的顏色)，地圖所再現的似乎就是如此。西部強有力的利益、資本主義、因擔心鐵礦匱乏而無法安眠……**都已經消失了**。測量地圖的極度冷靜之所以有魅力，正是因爲它未曾透露誘惑的跡象：被開墾之自然（不論財產是如何自由地分配）──或者……**原封不動的自然**──的訊息更爲有力，因爲這彷彿不是由**地圖**所訴說（**地圖顯得沉默不語，而容許**世界說話），而是由自然自己說話。

註釋

❶ John Van Pelt, "The Loose World of Mapmaking," *Christian Science Monitor, September,* 18, 1991.

❷同前註。

❸ 1:100,000,000 是 Edward Espenshade and Joel Morrison, editors, *Rand McNally Goode's World Atlas 16th Edition* (Rand McNally, Chicago, 1982) 中，大部分的世界主題地圖使用的近似尺度。

❹就如凡・桑特有興趣於土地和水面，而非雲朵，他也只對白天而非夜晚的地球感興趣。當然，他們也想**透過**這些地方性的利益，而指涉到更多全球性的利益，就如凡・桑特的例子，想要瞭解地球作爲一個整體的狀況。

❺這樣還是沒有道盡這張地圖的含意。麥科密於 1955 年出版此圖，作爲促銷的贈品。它對 1950 年代美國的描述，不下於我曾見過的任何其他單一

文件。雖然「說到香料的羅曼史」與製圖學的歷史 (無恥地予以挪用)，以它那種光彩細緻的方式，它也提到了「美國，西方文明的繼承人與守護者，它的子民將於飲茶時，一口一口地品嚐它所帶來的世界。」用這麼多話來形容：「跋山涉水的長途旅程，穿過遙遠的城市，越過陌生的海洋，來到你的茶壺或茶杯始結束。讓我們再倒一杯香郁、令人振奮、神清氣爽的麥科密茶！」這張地圖值得以專文來分析。一般都是注意到十六和十七世紀裝飾用的印刷地圖，而我們這張圖則非常自覺地將自身置於這種傳統之中。

❻這張地圖由 Archar (Toronto, Canada) 於 1981 年出版。地圖稱自己為「City Character Print」，但我贊同薩西渥斯夫婦的看法(Michael and Susan Southworth, *Maps,* Little, Brown, Boston, 1982)，他們稱其為一張「浮動地標圖」(Floating Landmark Map)，並提到「浮動地標」的風格普遍用於觀光與海報地圖上，而這些圖基本上就是將重要景致剪輯而成的蒙太奇(montages)。準確的資訊是不需要的，扭曲失真正是這種風格的關鍵要素。結果是，實際上相距很遠的建築物，顯得像是只有一牆之隔的鄰居般。由於這種地圖有失真、省略、不正確的方位和誤導人的並置，因而不可能作為認路之用。所以它是當作海報、紀念品或廣告來用。」(p. 88) 我特別欣賞他們將「失真」處理為「風格」的一個面向，亦即一種修辭的技巧。

❼ John Garver, "New Perspectives on the World," *National Geographic,* 174 (6), December, 1988, p. 913.

❽也就是說，要將整個地球上所有的空間關係放到一張平面的紙上，本來就是不可能的。這小小的特殊辯解，總是製圖家**最先**仰賴的，因為假若他**必須扭曲世界……**就可以算不上什麼**嚴重的事**(因為不是故意的，因為不得不如此……**事情本來就是如此**)。

❾ Mark Monmonier, *How to Lie with Maps,* University of Chicago Press, Chicago, 1991, p. 1.

❿ Roland Barthes, *Mythologies,* Hill and Wang, New York, 1972, p. 11.

⓫ R. D. Laing, *The Politics of the Family,* Pantheon, New York, 1971, p. 98.

⓬特別是: Hans Speir, "Magic Geography," *Social Research,* 8, 1941, pp. 310－330; Louis Quam, "The Use of Maps in Propaganda," *Journal of Geography,* 42, 1943, pp. 21－32; Louis Thomas, "Maps as Instruments of Propaganda," *Surveying and Mapping,* 9, 1949, pp. 75－81; F. J. Ormeling, "Soviet Cartographic Falsifications," *Military Engineer,* 62, 1970, pp. 389－391; John Ager, "Maps and Propaganda," *Bulletin of the Society of University Cartographers,* 11, 1977, pp. 1－14; Phil Porter and Phil Voxland, "Distortion in Maps: The Peters Projection and Other Devilments," *Focus,* 36, 1986, pp. 23－30; 其他文獻不計其數。

⓭ J. B. Harley, "Maps, Knowledge, and Power," in Dennis Cosgrove and Stephen Daniels, editors, *The Iconography of Landscape: Essays on the Symbolic Representation, Design and Use of Past Environments,* Cambridge University Press, Cambridge, 1988, p. 278.

⓮這與巴特的格言一致:「自然 (the natural) 從未是物理自然 (physical Nature) 的一個屬性; 它只是社會大多數人拿來誇示的一種不在場證明: 自然就是合法」(Roland Barthes, *Roland Barthes,* Hill and Wang, New York, 1977, p. 130)。

⓯ Robert Rundstrom, "A Cultural Interpretation of Inuit Map Accuracy," *Geographical Review,* 80 (2), p. 162.

⓰同前註, p. 156。

⓱換句話說, 那些使用地圖開疆拓土, 以逞其目的的社會成員, 否認在這過

程中他們自己和地圖所扮演的角色（「沒有人開墾了什麼，而地圖只是依事物原貌將它們記錄下來」），以便獲取修辭上（和政治上）的利益：將現狀視同自然的，亦即，無可避免的（所以，爲何要抗拒呢?）。

❶ Morris M. Thompson, *Maps for Americans: Cartographic Products of the U.S. Geological Survey and Others,* Department of the Interior, Washington, D. C., 1979, p. 27（強調部分爲作者所加）。

❶ 但既然它是永恆的，我們就想到了矛盾修飾法（oxymoron）：永恆的變遷。

❷ 同前註, p. 28。這裡也隱含了另一種編碼：永久的＝廉價的（因爲你不用大幅修改地圖）。如我們將要看到的，只要你關注這些議題之一……**它就成爲另一個**。Bill Bunge 加了這段話：「如果要顧及地表所發生的巨大變動，就必須經常重做調查。人類是唯一不僅將生物地景（biological landscape）大作興革，並且對這個星球的地形與氣候作實際探索挖掘的生物。地景最重要的改變，並非任何在一張空中照相上可以察覺到的轉變，而是我們**所看重之事物的轉變**」（W. Bunge, *Detroit Geographical Expedition, Field Notes, 1,* 1969, p. 2）。在這種改變中，有什麼會是……**永久的**?

❷ 同前註, p. 29。雖然圖例並沒有印在地圖上——它會佔掉不少篇幅——但可以很容易就在小冊子上找到。新舊地圖之間會產生一些變化。Thompson 還加進了一張「顯示在地形圖的特徵」的圖表（pp.115-121），指出213 個可能出現的項目，包括「快要沈陷的地區」、「溝渠，間歇的」、「湖泊或池塘，時有時無的」和其他「永久的」特徵。

❷ Martin Taylor, et al., "Mack Avenue and Bloomfield Hills ——From a Child's Point of View," in *Geography of Children of Detroit, Detroit Geographical Expedition and Institute Field Notes, 3,* 1971，第 19 頁與 20 頁間。

❷ 你幾乎可以用任何你所想要的方式來將這些繪成地圖。需要把每樣玩具

或每件垃圾顯示出來，就如位在林地著色部分下的每棵樹，或是位於「省略建築物地區」著色部分下的每棟建築物。黃色部分可能代表「對小孩友善的地區」，灰色則代表「對小孩有敵意的地區」。這樣就形成 Bunge 在他的《愛與恨的地圖集》中想像的那種地圖。參看「無草空間 (Grassless Space)──The Karst」地圖，它以四種類別顯示了底特律市中心大部分地區的無草空地的比例。這張圖收於 W. W. Bunge and R. Bordessa, *The Canadian Alternative*: *Survival, Expeditions and Urban Change,* York University, Atkinson College, *Geographical Monographs,* 2, 1975, p. 290。

❷❹ Thompson，前引書，p. 27。

❷❺ Monmonier，前引書，p. 1。

❷❻這在 Pamela Mack 所寫關於陸地衛星系統的歷史中，一再反覆地闡述（*Viewing the Earth: The Social Construction of the Landsat Satellite System,* MIT Press, Cambridge, 1990）。

❷❼ Thompson，前引書，p. 27。

❷❽ Sherre Glover, "Speedway tolerable," *News and Observer,* May, 18, 1992, p. 8A. 這是一封給編輯的信。噪音──來自機場、高速公路、音樂表演場──這個問題在這份報紙所佔的篇幅越來越大。在地方版中，有一篇關於某個鄰里控告機場製造噪音的報導，而漫畫版則有加拿大的方格漫畫《更好或更壞》（*For Better or Worse*），繼續著關於 Phil 和他與鄰居 Bullard 的狗之間爭論的故事。「這不公平，喬治」，他靠著一個幾乎塞滿「汪！汪！汪！」的框格說，「你買到一間安靜有隱私的房子！／一個人的家就是他的城堡！／而我們家隔壁卻是一隻吵死人的怪獸。」

❷❾ Bunge and Bordessa，前引書，p. 16。我在 1969 年證實了墨西哥的十幾歲青少年，光靠聲音就能區分每日的時間，以及區分平日和週末（Denis Wood, "The Image of San Cristobal," *Monadnock,* 43 (1969), pp. 24-45；到 1971 年，我擴充這個研究，顯示他們也能只靠聲音就分別出

不同的鄰里 (Denis Wood, *Fleeting Glimpses: Adolescent and Other Images of That Entity Called San Cristobal las Casas, Chiapas, Mexico,* Clark University Cartographic Laboratory, Worcester, Massachusetts, 1971, pp. 167－174)。

③⓪ Kevin Lynch, *Site Planning,* MIT Press, Cambridge, 1962. 到了第二版，索引中就有六條關於噪音與聲音的條目 (*Site Planning, Second Edition,* MIT Press, Cambridge, 1971)。第三版則增至九條，並包括一篇達七頁長的論噪音之附錄 (Kevin Lynch and Gary Hack, *Site Planning, Third Edition,* MIT Press, Cambridge, 1984)。

③① Kevin Lynch, *Managing the Sense of a Region,* MIT Press, Cambridge, 1976, p. 8.

③② 一個關切這種更豐富世界的地理學家是 Douglas Porteous。他的 *Landscapes of the Mind: Worlds of Sense and Metaphor* (University of Toronto Press, Toronto, 1990) 一書的第三章，就是處理音景的議題 (第二章則談論嗅景〔smellscape〕)。

③③ R. Murray Schafer, *The Tuning of the World: Toward a Theory of Soundscape Design,* University of Pennsylvania Press, Philadelphia, 1980.

③④ Bunge and Bordessa, 前引書, pp. 17 A－B。他們拆穿了一種認爲這些小樹林可以從空中照相推論得知的想法，當他們觀察到，「在今天，教會是組織性活動的場所，用來對抗喧囂的環境，而非安靜地退縮」(當然，校園要有寂靜的小樹林是得看時間的: 要繪製它們，需要一種類似地質測量局所使用的記號表示法──用於「已受控制的洪氾土地」，如此來記錄週期性的……**聲音**氾濫)。「寂靜小樹林」這個詞是借自 Schafer, 前引書, p. 253。

③⑤ Lynch, 前引書, p. 145。這張地圖的原始出處是 Michael Southworth, *The Sonic Environment of Cities* (MIT 論文, 未出版)。在 Southworth 重要的一篇文章"The Sonic Environment of Cities" (*Environment and Behavior,* 1(1), June, 1969, pp. 49-70) 中，將論文作了摘述，也複製了地圖。而後，林區於 1976 年、Schafer 於 1977 年(前引書，p. 265)、Michael and Susan Southworth 夫婦於 1982 年 (前引書，p. 190) 也都複製過，1982 年那次還經過漂亮的重繪。關於掙脫視覺束縛的引述，取自 Southworth 在 *Environment and Behavior* 期刊上的文章 (p. 69)。

❸❻ Lynch，前引書，p. 101。Kerry Dawson 是另一個急切想要「脫離一種完全奠基於視覺屬性的美學，而注意其他可以提供不同感官經驗的屬性」的人。參見他的"Flight, Fancy, and Garden's Song," *Landscape Journal,* 7(2), Fall 1988, pp. 170-175。

❸❼ Schafer，前引書，pp. 214-215 and 264 and 267。在這份早報的地方版，有一新聞標題是這樣:「因噴射機噪音，居民要求賠償」。這裡爭論的正是 Schafer 所提到的變遷:「『在他們的庭院，可測得飛機的噪音達 93 到 97 分貝』，James Fuller 說。他是代表原告的一名萊里律師。『這幾乎像是站在一個搖滾演唱會的擴音器下所聽到的那樣。對他們而言，基本上戶外的空間已經被奪走了。』造成爭議的是，在美國航空公司中心於 1987 年六月啓用後，加倍的飛行次數是否會損害到周遭居民的地產價值」 (Wade Rawlins, "Residents ask compensation for jet noise," *News and Observer,* May 19, 1992, p. B 1)。

❸❽ Thompson，前引書，p. 27。

❸❾ Robert Barret, "Residents want more walls to contain noise from Beltline," *The News and Observer,* April 20, 1990, p. 1B. 其實他們那時也可以抗議官員們拒絕承認工程帶來的碳氫化合物污染，對野生動物、歷史價值、安全等等的衝擊。地質測量局服務那些控制它的人，亦即那些控制國家 (汽車、混凝土) 的人的利益。

❹❿「噪音越來越大聲。在美國有超過一半的低高度領空，是分配給軍事飛航，

而在民航與軍事領空，運輸量皆有成長。在鵝灣 (Goose Bay)，拉布拉多半島(Labrador)，因努印地安人——北美洲從事狩獵和魚獵的最後民族之一——的文化就快要消失。由因努人居住，將近四萬平方哩的森林上領空，現在被德國、荷蘭和英國的軍機用來執行低空飛行訓練任務。噴射機飛下至河谷，那裡是印地安人捕魚和獵取馴鹿、大鹿之處。機群就以樹木的高度，從頭上呼嘯而過，噪音使印地安人耳聾、頭暈目眩、道德解體。一年有例行的八千次這種飛行，但到了 1992 年，預期會高達四萬次。爲因努人辯護的律師 John Olthuis 說，『他們整個民族將會被消滅。』」(Peter Steinhart, "Eavesdropping in the Wilds," *Audubon,* 91 (6), November 1989, p. 26.)

❹ Thompson，前引書，p. 27。就某方面而言，這聽來如此明顯，不消說。但正是在**這裡**——**不消說**——乃是所有問題發源之處。在 *The Visual Display of Quantitative Information* (Graphics Press, Cheshire, Connecticut) 一書中，愛德華・圖夫特 (Edward Tufte) 論證道，「資料豐富的圖樣，給予統計數據一個完整的脈絡和可信度。資訊使用程度不高的圖樣是可疑的: 什麼被剔除掉, 什麼被隱藏, 爲何我們看得到的這麼少? 高密度的繪圖藉由展示許多訊息, 幫助我們在眼睛的視線內, 比較各部分的資料: 我們一次看一整頁, 而一頁的內容越多, 我們眼睛就更有效率, 更具比較能力。所以, 原則就是: 在合理的範圍內, 將資料的密度和資料母體的規模增至最大」(p.168)。並不是地形測量圖表的資料太貧乏——事實上, 圖夫特語帶讚賞地提到, 地質測量局在一般方形地圖上放入了一億項資訊——而是它所展示的資料經過選擇, 沒有相稱地顧及到眼睛決定性的力量!

❷ 實際上, 我們的確如此。例如, 我們方形地圖上的邊界, 是從一些不同資料來源——沒有一項是攝影——編輯得來。

❸ Eduard Imhof, *Cartographic Relief Representation,* de Gruyter, Berlin, 1982. 他的論點是, 這並不是一項可以自動執行的工作, 而是需

要經過地理學和圖像訓練之製圖家的專業判斷。參看我的評論，載於 *Association of Canadian Map Libraries Bulletin,* 54, March, 1985, pp. 37－40。

❹ 由於因霍夫、圖夫特和雅克・伯汀（Jacques Bertin）覺察到這種工具性，而使得他們不同於其他許多製圖者：「圖像充其量只是用來做關於量化推論的工具」，圖夫特如此說道（前引書，p. 9）。伯汀則說得更加明確：「一張圖不是『畫好』就了事；它是經過不斷地『建構』與『再建構』，直到它揭露出資料之間互動所組成的所有關係為止」。這意味著「一張圖從未以自身為目的；它是決策過程裡的重要關鍵。」伯汀也堅稱：「製圖學最重要的就是作為一種資料處理工具……它不是有助於發現在地理上對應於某個既定特徵的特性，就是用來發現由一組既定特性所定義的地理分佈」（*Graphics and Graphic Informatioin Processing,* de Gruyter, Berlin, 1981, pp. 16 and 161;亦參見他的權威著作 *Semiology of Graphics,* University of Wisconsim Press, Madison, 1983）。注意上面引述中強調的**工具**、**決策**、**資料處理**、**發現**。無論這些是什麼，地圖已不再是……一張圖畫。

❹ 此時我是想到喬治・堅克斯（George Jenks）和他的學生們於 1970 年代在堪薩斯大學所做的研究（參見 Theodore Steinke, "Eye Movement Studies in Cartography and Related Fields," in Patricia Gilmartin, *Studies in Cartography: A Festschrift in Honor of George F. Jenks, Cartographica,* 24(2) Summer, 1987, pp. 40－73），以及更廣泛地說，由羅賓遜和堅克斯所領導的整個關於製圖學思想的學派，他們特別強調要將地圖視如一幅圖畫。

❹ Thompson, 前引書，p. 16。

❹ Allan Nevins, *Abram S. Hwitt, With Some Account of Peter Cooper,* Harper and Brothers, New York, 1935, p. 120. 我既已大量引用 Nevins 所寫有關新澤西州鋼鐵工業的歷史，更別說是關於希維特的

生平了。

❹參見 Cyril Stanley Smith and R. J. Forbes, "Metallurgy and Assaying," in Charles Singer et al., editors, *From the Renaissance to the Industrial Revolution, Volume* Ⅲ, *A History of Technology,* Oxford University Press, Oxford, 1957, pp. 27－71；與 H. R. Schubert, "Extraction and Production of Metals: Iron and Steel," in Charles Singer et al., editors, *The Industrial Revolution, Volume* Ⅳ, *A History of Technology,* Oxford University Press, Oxford, 1958, pp. 99－117。

❹ Nevins，前引書，p. 98。

❺同前註。

❺事實上，他們曾把產業抵押給素未謀面的 Peter Townsend。Peter Cooper──一個紐約的發明家、實業家和理想主義者（也是 Cooper Union 等等的創辦人）──最初接管了抵押，但隨後就以最高估價買下了產業。之後，他又將其賣給川頓鋼鐵公司，亦即他的兒子 Edward Cooper 和未來的女婿阿伯蘭・希維特。參見 Nevins, op. cit., p. 120。

❺同前註，p. 97。

❺同前註，pp. 98－99。

❺同前註，p. 120。

❺同前註，pp. 124－125。

❺工廠與鄉村田園的糾結交錯，是美國南北戰爭後那段時期普遍可見的景象。參見 Marianne Doezema, *American Realism and the Industrial Age* （Clevelan Museum of Art, Cleveland, 1980）書中的圖解，特別是 Thomas Anshutz 1896 年的作品 *Steamboat on the Ohio*（封面和 pp. 28, 29, 33）。

❺ Henry Adams, *The Education of Henry Adams, An Autobiography,* The Heritage Press, Norwalk, 1942, p. 275。一旦他獲取了財富

並轉而從事公共服務，他幾乎放棄了鋼鐵的事業。他服務於國會達五任之久，而且是具影響力的紐約改革派市長。更甚者，他不同於其他強盜作風的同輩實業大亨，而支持工會，包括自由罷工的權利，以及工人對經營管理的參與。

❸在下列書中有引述此段：Samuel Eliot Morrison and Henry Steel Commager, *The Growth of the American Public,* Oxford University Press, New York, 1937, p. 131。

❹ Nevins，前引書，p. 409。亞當斯說：「他比較是受到希維特所說的話觸動，在希維特勤勉生涯的最後，作為一位立法者，除了合併各個測量機構的法案，他並沒有留下什麼永恆的功績」，前引書，p. 275。但令我感到印象深刻的則是，在一百二十年前，Mack 所詳細記錄的爭取陸地衛星的同樣勢力——**都提出相同的論點**——就已經彼此競爭。

❻ Thompson，前引書，p. v。這段引言被獨立出來，以醒目的姿態置於版權頁後，以作為——讀者會如此設想——計畫的指導精神，這不僅是地質測量局繪製美國地圖的計畫，也是 Thompson 為其做「官方」陳述時的計畫，而其「主要的重點……是放在地形圖上」（p. 14）。

❻如何來取用它呢？藉由繪製地圖。首先，地形學家將會描繪地表，然後田野地質學家使用這些作為基地圖，來描繪出地表下的東西。而後，探勘者就出現了，開採礦藏，接著就有城鎮、學校、**黃色校車**。很快地，它就發展起來，彷彿就不曾是另外一個樣子。Nevins 把它稱做，「一項將橫貫密蘇里的廣大西部，轉變為文明所用的工程」（前引書，p. 407）。這樣不是很完美嗎？**把它變成……**

❻在 1992 年，這種樂觀論調就再也不能維持下去了。因為就如聯合國環境與發展會議（United Nations Conference on Environment and Development）的秘書長 Maurice Strong 最近所說的，「過去的那種發展模型，製造了我們的工業化世界，以及開發中國家的少數特權階級所享用的生活方式，今日已經無法持續。」他接著描述，為了將我們導引到更

安全、更能存續的未來，必須要做什麼：「這種轉變的核心，就是我們的經濟生活必須要有根本的改變——對於地球資源的使用更加謹慎，並予以照護；在分享與分擔我們科技文明的利益與風險上，有更高程度的合作與平等」（由 Alan P. Ternes 所引述，"Great Expectations," *Natural History,* June, 1992, p. 6）。我們對地質測量局的任務，已不再能強做正面的看法了。

㊌這些讓我們想到 Thompson 所列之地形測量圖的其他可能用途：探勘、選取水壩位址、安置通訊設備、挑選工業用地、安裝管線、規劃公路。

㊍這種聲音很少像在 John McPhee 的 *Rising From the Plains* （Farrar, Strauss, Giroux, New York, 1986） 一書中，David Love 說的時候那樣模糊而微弱。Love 是美國地質測量局一位非常傑出的田野地質學者，「研究洛磯山脈地質令人敬愛的長者。」他在那邊出生和成長，深愛者懷俄明州的洛磯山脈。當他研究的科學引領他在黃石國公園地下發現石油時，他毫不猶豫地就追隨下去。McPhee 說道，「在探勘計畫進行的過程中，他心中的環保主義者阻止他，他知道如此將遭人蔑視，但他不打算因任何人的信念或見解而中斷他的科學研究」(p. 205)。McPhee 引述 Love 的話，「一個科學家作為科學家，不會決定關於石油和天然氣探勘的公共政策應該如何」（pp. 204-205），特別是當他所服務的政府部門，正是為了**經濟上的利用**，而致力於國家資源的描述。McPhee 形容 Love 的語調，似乎「摒除了情感與意見」(p. 204)，亦即，成為……**科學的聲音**……但它被化約成為只是維持科學的資本之工具。

第五章　利益具現在地圖的
符號與神話裡

　　我們知道地圖所作的事：地圖隱藏了使它們得以存在的利益；這使得我們比較容易將它們所說的事，當成……**未曾言明**……當成……**空話**。這就是地圖所作的事。它們到底是怎麼辦到的呢？

　　攤在我們面前桌上的是《北卡羅萊納州官方公路地圖》（*Official State Highway Map of North Carolina*）。它剛好是 1978-1979 年的版本，沒什麼特別原因：當我們想找例子時，它湊巧就在手邊。如果你不曉得這張地圖，你大可以用想像的，它是一張紙，約莫二呎乘四呎那麼大，可以摺疊成為四英吋乘七英吋大小的順手口袋或手套。其中一面繪有北卡羅萊納州的觀光勝景——點綴了一些照片，包括一隻劍角羚羊（國家動物園的房客）、一位製作珠飾的柴洛克族（Cherokee）婦女、一座滑雪纜車、一個沙丘（但是沒有城市）等——交通時刻表、州長的歡迎詞，以及汽車旅行者的禱詞（「我們的天父，當我們啟程駛動車輪，我們祈求今日有特別的恩寵……」）。另一面上，北卡羅萊納州——周圍是淡黃的南卡羅萊納、維吉尼亞、喬治亞和田納西，淺藍色的大西洋沖刷著海岸——被呈現為白色背景上的紅、黑、綠與黃色線條的網狀構造，在黑色圓點或粉紅色斑點附近格外密集。它看起來像是半透明皮膚下的靜脈與動脈，如果你盯著看久一點，你甚至可以讓自己相信有血液在其中川流。群佈這幅圖像週邊的有十個都市地區和藍脊公路（Blue Ridge Parkway）的大尺度圖示、城鎮索引、高度選擇性的哩程圖、幾條安全守則，以及，沒錯，圖例。

圖例

　　當然，它沒說那是圖例，但還是一個圖例。它上面寫道：「北卡羅萊納州官方公路地圖／ 1978-1979」。標題左方畫了正在飄動的州旗，右方畫的是一隻北美紅雀 (州鳥)，停在開花的山茱萸 (州花) 枝條上，下方是一隻嗡嗡叫，停在半空中的蜜蜂(州蟲)。下面是四個紅色的標題──「道路分類」、「地圖記號」、「城鎮人口」與「哩程」──將記號及其文字（例如紅點後面跟著「招待中心」等字）組織起來。我們稍後會回到這些記號，不過為了完整起見，應該要注意更下面有圖形與文字的比例尺（英哩與公里），以及底部的文句，「北卡羅萊納州的公路系統是全國最大的州立路網。堅硬的路面通向每一個風景與度假地點。」❶

　　顯然這個圖例──先別提圖上其餘部分──承擔了很沈重的東

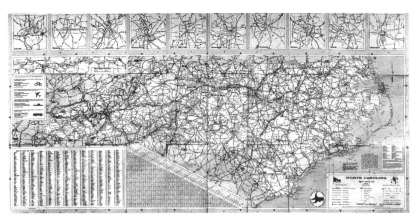

「1978－79 年北卡羅萊納州運輸地圖與觀光導引」。不幸地，在此複製地圖中，淺藍、黃色、粉紅和白色的區分看不出來了（北卡羅萊納州交通局）。

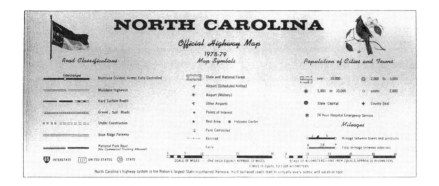

「1978−79 北卡羅萊納州運輸地圖與觀光導引」裡的圖例欄。很可惜你無法區分原來的色彩（北卡羅萊納州交通局）。

西，積極反映了這幅地圖的各種用途。強調複數的用途，乃是因爲這個事實經常被忽視、否認或壓抑，而非疏漏（製圖學家沒這麼天眞）。在這個例子裡，第一個主要的「使用者」無疑是北卡羅萊納州，它**利用**這個地圖來做宣傳工具(在這個脈絡裡，**利用**很自然)，比任何其他廣告都還要被仔細閱讀，甚至仔細保存(因爲有其他用途)，因此在州境內的招待中心，以及其他地方的遊客中心發送，在州展覽會的攤位上，應要求分送給潛在的觀光客、移民，以及工業區位專家。這在「勝景導引」和選用裝飾的照片上很明顯地表現出來（除非是反過來，而「導引」主要是在說明照片，就像《國家地理雜誌》的文字一樣）⋯⋯但是在圖例裡也同樣明顯。

　　這不僅僅表現在州旗、州鳥和州蟲無可避免的出現上──雖然它們是用兒童百科全書式的色彩繪製──而主要是地圖製作者選用爲圖例的**其他東西**，以及組織的方式(即使顯然很直接的次標題，諸如「城鎮人口」，也有一個以上的秩序原則在操作)。如羅賓遜等人所述，習慣上會假定「圖例或圖解對大部分地圖本來就是不可或缺的，因爲它

們對於所使用的各種記號提供了解釋，」❷但是這段話並不真確，這幾乎不必多加說明。圖例在製圖學家的意識裡點燃火花，並不比主題地圖早多少，但是經常被省略，而且它所提供的解釋，頂多只是地圖上的「記號」的一部分而已。它們並未附隨地形測量圖（而且可用的圖例並不完全），或是《藍得‧麥克納里國際地圖集》（*Rand McNally International Atlas*）的圖版的事實，都清楚說明了這一點。這些地圖裡確實有圖例——在書中**某處**，或是要特別訂購——但只不過是透過它們完全分離的、位居其他地方的特質，更顯現出它們其實可有可無。

這種可有可無的特性，也不是地圖記號「自我解釋」的結果，雖然羅賓遜等人或許會堅持「除非在圖例裡有解釋，否則地圖上所用的記號都應該是能自我解釋的，」❸但事實是**沒有**記號會**解釋**自己，站起來說，「嗨，我是個水閘」，或是「我們是沼澤」，就像一篇論文裡的**字詞**不會對讀者解釋**自己**一樣。大部分的讀者能夠看懂大部分論文（和地圖），是因為當他們在共同的文化裡成長（並且**進入**他們的共同文化），他們學習了大部分字詞（和地圖記號）的意義。那些他們不認得的字詞，就依靠上下文來猜測，或者就跳過去，或請別人解釋。有少數的正文附有字彙解釋(glossary)，雖然像地圖圖例一樣，這些字彙很少被查閱，而且可有可無。但是**讀者這邊**對於符號的熟悉，從來未曾成為標記的一種性質；即使是最為明顯、透明的符號，對於不熟悉符碼的人而言，還是不透明的。

因此，並非地圖不需要被**解碼**(decode)；而是地圖以大部分地圖讀者可以立即解讀的符號來**編碼**(encode)，就像簡單的散文一樣，而標記被轉譯在圖例上。因為圖例比較不是在「解釋」標記，而是將「標記轉換為文字」，因此，如果**文字**沒有意義，那麼圖例和地圖圖像(image)本身相較之下，也就沒有什麼用處，至少符號具有脈絡，而

且有機會自我宣揚一番（任何「閱讀」外文地圖的人，都可以做個測試）。要能了解這一點，又能夠理解圖例真正扮演的角色，有一個方法是看看地圖上那些沒有列入圖例的符號。我們可以《北卡羅萊納州官方公路地圖》為例。先把焦點放在整個州的地圖圖像上，忽略較小的地圖如本州大城市、藍脊公路的附圖、里程圖（它的指示跨越了地圖圖像，遮住南卡羅萊納州，剛好在柯修〔Kershaw〕下面）、其他運輸資訊來源的指引、邊線與尺標，以及便利城鎮索引之操作的文字、數字和其他標記——假裝這一切和地圖圖像的符號一樣是自明的，就是忽視了我們是多麼費勁地學習到如何解釋這張圖畫平面的構造，我們是多麼費力才將之視為理所當然——忽略這一切，以及一切文字，並且盡量略過浮在大西洋上，距離恐怖角（Cape Fear）東方二十哩的北卡羅萊納交通局標誌，還是有十八個圖面上的符號，**沒有出現在圖例上**。那差不多是出現在圖例上的符號的半數。

它們為什麼沒有在圖例上？當然不是因為它們能夠自我解釋。不論有多少讀者相信藍色自然且明白地確認了水面的出現，或是那些燈塔與山丘的小圖案解釋了自己，對於那些不知道符碼的人而言，符號並**不是**符號，不會拆解成為標記。**看看**這些：在史特林山（Mt. Sterling）的眼睛與眉毛裡，任何人哪裡看得到山；或者，在豎立的拔釘器裡，有誰看得到恐怖角的燈塔？使用藍色代表水面也沒有什麼「自明」之處。不僅在歷史上，水面曾經以紅色、黑色、白色、棕色、粉紅色和綠色❹表示，就在這張圖的正面上，水也以其他顏色展示：「封面」照片的大西洋拍岸之浪是銀色和白色；下錨的釣船的照片裡，是黃褐色和白鑽色；在萊特菲里海灘外的月色海水的快照裡，是溫暖的銀灰色；在眼鏡瀑布底下溪流的照片裡則是黃綠色。只有在顯露陰影的瀑布裡有藍色的水。藍色與水之間這種缺乏「必然」與「自然」的對應，證明了地圖**圖像**上用來代表水面的顏色，同時承擔了作為**整張紙的**背

景的責任，純屬偶然，而且我們確實也永遠不會企圖將周圍的邊緣讀成是周流的海洋。周圍沒有出路：這裡的每一個**符號**，都是一種完美的說出要說之事物（「燈塔」、「山」、「水」）的習慣方式——這就是為什麼這張地圖**看起來**如此透明，如此容易閱讀。但**如果**圖例的功能是要解釋這些習慣(或者，至少將之轉譯為文字)，那麼這些符號也應該屬於圖例，就像那些已經在圖例裡的符號一樣。

而且，如果這些符號屬於圖例，那麼用來表示「其他州」的淺黃色，代表「北卡羅萊納」的白色，標示「國家公園」的綠色帶有紅色破折線的連續粗線條，以及結結巴巴地表示「郡界」（有時未沿著邊界或橫越水面）的黃色帶有黑色長短折線的連續粗線條，也都應該屬於圖例。這些都同樣是習以為常，但是它們比起以藍色代表水面，比較不那麼通俗，也比較有可能被誤認；在一張以長-短-短的黑色破折線喃喃訴說著「州界」，一條連續的藍線低語著「海岸」或「河岸」，一條細紅色破折線咳嗽道「軍事保留區」，一條稍微粗的紅色破折線說著「印第安保留區」，而一條更粗的線宣告「阿帕拉契步道」的地圖上，尤其是如此。一條細黑破折線耳語著「國家野生動物保護區。」一條連續的紅線則以度（degree）表示，暗示了製圖方格。

然而，雖然所有這一切……不尋常……的符號都不在圖例上，但是**在**圖例上，我們發現在州際、聯邦與州屬公路系統的道路符號之間，有解釋性的區分形式與顏色。真的有那種對他而言，製圖方格是不言自明，而公路符號卻模糊不清的人嗎？可能沒有這種人，雖然無疑有許多人身陷公路符號系統的細微差異之中，而製圖方格及其神秘難解的度與分，對他們而言則是深沈的謎。越來越清楚的是，如果圖例的目的是要「解釋」的話，那麼每件事物都退後了：最不可能廣為週知的事物，正是圖例沈默不語的部分，對於住民與旅人都肯定十分熟悉的那些面向，圖例卻喋喋不休。喋喋不休，卻未必有指導性：「道路分

類」項目底下的符號，與其說是一個系統，不如說是標記的後院大拍
賣，有許多項目雖然收入了圖例，卻依然「未經解釋」。舉例來說，我
們應該如何理解「硬鋪面道路」的三個標記？我們應該區分連續紅線、
連續黑線和封閉的破折藍線嗎？或者，這只是任意三種表示同一種東
西的方式？在熱心的注意之下，系統的想法必然會煙消雲散：當你正
要下結論道紅色代表聯邦公路，你卻看到 US74b 公路是黑色；當你
已經決定未編號的州屬公路是封閉的破折藍線，你卻發覺一點也不知
道那代表什麼。興建中的公路有另外三種同樣模糊的符號，還有另外
兩種符號代表多線道公路。描述通行狀態（控制與否）、管轄權（聯邦
或州）、狀況（已興築、興建中）、組成（硬鋪面、碎石、泥土）和容
量(是否多線道)，確實有其利益，但卻沒有**足夠的**利益來強迫任何人
面對五向度符碼的製圖複雜度。這團混亂絕不僅限於圖例的「道路分
類」部分。在「城鎮人口」底下的七種符號，只有四種與人口有關，彼
此之間亦無一致性。州首府，郡治和「廿四小時緊急醫療服務」各有
標誌，而與人口的符號混淆。因此，「州首府」的符號是圓形的，和少
於一萬人的城鎮符號很像；「郡治」的符號是菱形。「緊急服務」的符
號是淺藍色的星號。

　　我們可以看見當你讀到這些時，嘴唇在嚅動。它們說，「這張地圖
多麼差勁！我的五歲小孩都可以做得更好。」但這不是真的。即使是學
設計的研究生，面對這麼複雜的工作也會崩潰。單是設計的問題就是
在考驗他們(更別說⋯⋯**製圖學**的問題了)，但政治現實卻徹底消滅了
他們，尤其是（迄今已是預期中的）機構間合作的要求（地圖的一面
是由交通局負責，而另一面是由商業局製作），還有取悅州參議員與代
表的考驗，以及展現那些細微卻十分要緊的區分共和黨與民主黨當局
之地圖象徵的必要性。這對地圖而言，也不是那麼糟糕。它是某種類
型的忠實例證。舉例來說，它和《1985-1986 伊利諾州官方公路地圖》、

《1974 年密西根大湖州官方交通地圖》（爲了彌補州昆蟲的遺漏，它畫了州寶石〔綠岩〕、州魚〔鱒魚〕和州石〔petoskey〕）沒有什麼不同；它也沒有《德州 1976 年官方公路旅行圖》那麼怪異，爲了替地形起伏描上陰影，看起來卻像是……燒焦了。這個類型的**所有**地圖，以及大部分其他類型的地圖，其特徵都是在圖例（像這張地圖）上頭將大家十分熟知，無須字句多加解釋的地圖符號，一團混亂地以字詞表示，卻在地圖上到處**散佈**必須專業的製圖學家才能說明的慣例。

神話

反射式的反應不是對這個例子一笑置之，認爲它是個壞例子，而不論多麼經常碰到這種例子（例如，「總是會有爛地圖！」），就是要求對圖例的設計來一場革命（「重新思考州立公路地圖的圖例」）。兩種反應都完全沒有抓住重點。**這些圖例的設計沒有任何差錯：它們被認定就是要那個樣子**。對許多人來說，這很難以接受，但是一旦理解了圖例的角色不在於澄清某個地圖元素的「意義」，而是本身就是一個符號，這個結論就更難以……**規避**了。正如淺藍色的星號表示了「廿四小時醫療服務」，整個圖例本身就是一個符徵（signifier）。如此一來，圖例指涉的不是地圖（至少不是直接指涉地圖），而是回過頭來，透過深思熟慮地選擇地圖元素，指涉了地圖圖像本身所指涉的東西……**州**。**圖例所意指的是北卡羅萊納州，而非地圖圖像的元素**，但促使圖例轉變爲符號的**是**地圖元素的選擇及其在圖例框裡的配置。這個符號只有製圖學家（或圖形設計師）才無法理解。其他人瞥了一眼，就單純地接受了這個北卡羅萊納州的符號，它微妙地混合了……**汽車文明的精緻素養、都市狀態和休閒機會**。以這種方式理解，圖例就有了意義。紅色的標題，本來很奇特，現在成爲一段侵略文字的**標題**。在飄揚的旗

幟下，出現了「道路分類」的字眼，**複數形**。北卡羅萊納州的道路系統如此密集，若只有一種分類會無法處理。橫過圖例，在田園風味的枝條與鳥兒（看來有「鄉土」、「傳統價值」的味道）和如果你能看得見的蜜蜂（讀來像是「辛勤工作」〔「不是聯邦」〕）底下，出現了「城鎮人口」的字眼。城市**與**城鎮⋯⋯**以及**鳥與蜜蜂。❺簡直是太多了，雖然如 1986-1987 年版的地圖所說，「北卡羅萊納州全部都有。」

　　不論是什麼，它確實有一大堆。看看那些道路符號！不過，它們的繁殖增生不能再被視爲展現了繪圖和分類上的混亂，而是一個堅持道路**眞的是**北卡羅萊納州之一切的符號。這個符號的濃密度支持了標題的預設，並且正當化了鄰近的旗幟。有比符旨（signified）還要多的符徵，已經不再是個需要解釋的謎，而是對於「北卡羅萊納州眞的有這麼多道路嗎?」這個問題的部分解答。這是以圖畫對應了圖例框底部的一行黑體字：「北卡羅萊納州的公路系統，是全國最大的由州政府維持之道路網。」❻當然，這些道路所連結的是城市。用了七種符號和四種線條來揭示，而製圖者不能不看到的複雜性，只是四層的都市層級，眞是太好了。同樣地，這是以圖示來表現地圖另一面，州長的一封信裡關於「繁榮」城市的評論。嘿：這是一個發達的州（雖然是田園風光），是都市的、有敎養的、世故精巧的(但是奠基於傳統價值)。公里比例尺加強了精緻的味道，如此**歐洲風味**，幾乎是淫穢(不過它被小心地孤立在圖例右下方的角落,在里程的標題底下)。道路與城市：道路**通向**與**來自**城市，也就是說，這正是在南方尋找比如說工廠位置的人所需要的東西。現代的，換句話說，就是時新的。但是，正如鳥與枝條與蜜蜂提醒我們的⋯⋯**不會稀奇古怪**。

　　不過，它也不全是關於工作。在其間，在某些時刻之間，在道路與城市與城鎮之間，在道路與城市與城鎮的**符號**之間，在無害的標題「地圖記號」(藉由其位居中央的位置，也將圖例上所有的地圖符號網

羅在內）底下，也許可以發現有趣的符號，**乾淨的**樂趣，**良好的**乾淨樂趣，但總算是樂趣：「公園露營地」、「州屬與國有森林」、「接待中心」、「休息區」和「觀光點」，更別提其他巡遊方式的符號，如渡船、鐵路和**三種**機場了。由明顯位居圖例中央的淺綠色森林符號（標示爲「公園」）引導，這種異質性訴說著對人們的照顧（「接待中心」、「休息區」），而且以圖畫表示總結了圖例（而且位居底部，與頂端的「北卡羅萊納」正好相對）的黑色文句「硬鋪面道路〔有三種符號〕通向每一處風景與度假點。」

哇！這幾乎是過頭了。如果它是某家耐力十足的設計公司的精巧設計，那它是太過分了。但是，它卻是把戲太多，反而顯得眞誠。**它是誠懇的**。我們一點也不相信有任何人會坐下來，冷嘲熱諷地做出這些，謹愼地以兒童百科全書式色彩的自我沖淡性質，來抵銷過度興奮而無所顧忌的公路符號系統。但這並不是說，就這個圖例而論，我們所見並非巴特所謂的「神話」——一種最好是由其意圖而非表面意義界定的「言說」（speech）。❼巴特式的神話總是由先前的符徵和符旨之結合所構成的符號建構而成。舉一個特別無趣的例子，閱讀一句拉丁文法書裡的一句拉丁文，quia ego nominor leo：

> 這一句話有模糊之處：一方面，其中的字詞確實有簡單的意義：**因爲我的名字是獅子**。另一方面，這句話在那裡，其實是要向我意指其他東西。就其向我身爲一個受格的學生陳述而論，它很清楚地告訴我：我是一個文法例句，用意是要說明述詞一致的規則。甚至我不得不了解到這個句子並未向我**意指**它的意義，它幾乎未曾嘗試告訴我有關獅子與他擁有的是什麼樣的名字；它眞正且基本的表意作用（signification），是要對我提出述詞的某種一致性。我的結論是我面對的是一種特別的、更大的符號體系，因爲它和

語言共存；實際上，是有一個符徵，但是這個符徵本身是由符號組成，它本身是第一層的符號系統（**我的名字是獅子**）。其後，形式模式正確地展開了：有一個符徵（**我是一個文法範例**）和一個全面性的表意作用，這正是符徵與符旨的扣連；因為獅子的命名和文法範例都不是獨立提出的。❽

　　這與我們的圖例的平行之處很顯著。一方面，它也承載了簡單的意義：**在地圖上你找到一個紅色方塊，在地面上你就找到一個觀光點。**但是如我們所見，圖例幾乎不從事這些意義的開展，即使是和地圖上每個被命名的圖像比較——如「辛格泰利湖濱團體露營區」或「世界高爾夫名人館」。因此，圖例上的紅色方塊，並未增加我們理解地圖的能力。相反地，它以一種斷言的方式加諸我們，確認**北卡羅萊納州有觀光點**；事實上，它**透過**地圖訴說**關於**這個州的事情。但是，如同巴特的例子，這個關於北卡羅萊納州的斷言，是從圖例紅色方塊的簡單表意作用（亦即認同於「觀光點」的字眼）建構而來的，並且加諸其上。

　　於是，我們有兩層的符號系統，其中較簡單的被較複雜的所挪用。巴特以這種方式呈現了這個關係。❾在我們的例子裡，在語言的層次上，符徵是出現在圖例裡的各種標記：紅色方塊、黑色破折線、淺藍色星號。就符旨而言，我們有相對應的字句：「觀光點」、「渡輪」和「廿四小時緊急醫療服務。」總的來說，這些標記與字句構成了**符號**，就其本身而論，它們的符號功能不再有用（辛格泰利湖旁邊並沒有350碼的紅色方塊），而是指示了或指向了其他東西（一個稱為辛格泰利湖濱團體露營區的觀光點）。總合起來，這些符號構成了圖例，**但這又是伸展出去的另一個符號系統的一個符徵。**在神話的層次上，我們的符旨是置身北卡羅萊納州可能意味著什麼，某種關於其吸引力的想法（至

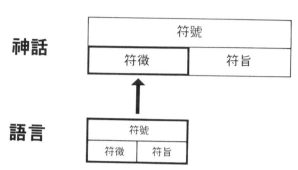

符旨與符徵合併在符號裡，而這整個又被神話當成是第二層次的符號系統的符徵。巴特警告說，此處神話模式的空間化只是一個隱喻（重畫自 Roland Barthes, *Mythologies*, Hill and Wang, New York, 1972, p. 115 的圖）

少是針對某個特定的消費者），這種概念也在地圖另一面作為裝飾的照片裡，在州長的訊息裡，在「汽車旅行者的禱詞」裡被製成符號，這個概念我們可以稱為……**北卡羅萊納性(North Carolinaness)**。符徵當然是被神話從語言層次挪用來構成其符號的圖例。這個神話很狡猾地不需要在語言層次宣告自己。這就是它的權力。就在接受的時刻，它蒸發了。圖例畢竟只是圖例而已。我們只見到它的中立、它的純真。**它還能夠是什麼？它畢竟是一張公路地圖！**

確實如此。**它就是這樣**。正由於這種曖昧模糊，使神話可以隱形運作（使凡・桑特的地圖、娃納奎方形，以及這張公路地圖，可以遮掩使它們得以存在的利益）。神話棲息在第一層符號系統之上，它抗拒轉變成為象徵(這使它難以言詞表示，因此……**難以談論**)。作為一個圖例或一張地圖，或是一張照片，它還是第一層符號系統的完滿呈現，它永遠可以回溯到第一層的系統。間接迂迴看來像是廣告詞的東西，直接面對卻是最為平凡的圖例，因此，那仍然在耳裡迴響的廣告詞，被理解成為只是地圖事實的**自然**回聲。依據這種方式，**北卡羅萊納性**被

接受為**地域的一種屬性**，而非實際上的州政府之宣傳姿態。以巴特的話說，這構成了「文化的自然化」：

> 這就是為什麼神話被體驗為純真的言說：不是因為它的意圖隱藏不顯——如果是潛隱的，它們就無效了——而是因為它們被中立化了。事實上，讀者之所以能夠純真地消費神話，乃是因為他並不將神話視為符號的系統，而視為歸納的系統。在只不過是均衡等價（equivalence）的地方，他卻看到一種因果過程：在他眼裡，符徵和符旨之間有自然的關係。這種混淆可以另一種方式表達：任何符號系統都是一個價值系統；神話的消費者現在將表意作用當成事實的系統：神話被讀成一個事實系統，而其實它只是一個符號系統。❿

　　不被視為一個符號系統：這就是重點所在。在不被如此看待的一切系統中，有哪一種比製圖更隱而不顯？最基本的製圖宣稱……乃是**成為一個事實之系統**，而且它的歷史最常被寫成其日益精確地呈現事實之能力的故事。如我們所見，眾人皆知這個系統會崩潰：揭露「宣傳地圖」時，沒有人比製圖學家更為熱切了。但如我們也曾見到的，揭發了這種用途之後，製圖學家只覺得更為自在地認定他們的產品絕對不是符號系統，即使在這點上其實毫無選擇。一張官方州立公路地圖，或許不再能夠像初看之下那樣是個事實系統；但這基本上是我們論證的結果。在這個脈絡之外，一張公路地圖還是被當成毋庸置疑，被當成所能想見的最為自然的東西。它在汽車儀表板夾層、加油站的架子（即使今日必須付費購買），以及廚房櫥櫃抽屜裡出現，……都被視為**理所當然**。但如我們已經說明的，即使地圖裡如此純真的一部分……**像是圖例**……，都承載了令人疲乏的神話負擔，更別提**禱告詞、州長**

的訊息、照片和如此溺愛地圖圖像的**其他附屬品**。

地圖本身——如果我們可以指稱這種東西的話——也沒有逃離神話的掌握。相反地，它比較傾向於神話，正因爲它成功地說服我們，它是感知世界的自然結果。舉例來說，一張州公路地圖，無可避免是……**一張州的地圖**：也就是說，是州政府的工具，管轄權的一項確認。例如，從駕駛人的角度，並沒有必要將公路地圖上鄰接北卡羅萊納的州塗成黃色。並沒有**眞實的**需要去顯示邊界。畢竟法律在邊界上並沒有要求交通改變多少，即使有的話，地圖對此也沈默不語。**⓫**在語言的層次上，地圖和圖例一樣，**似乎**提供了重要的訊息；但是這個印象難以維繫——**訊息太少，以至於提供的東西沒什麼用**。和圖例一樣，地圖在這一點上毫無道理。然而，依神話的角度，對於州界的描述正是重點所在。雖然許多人會認爲這是最爲冷靜的中性事物（還有什麼比在州公路地圖上包含州界還要中性?），地圖以白色肯定北卡羅萊納對於土地的支配，卻無任何純眞可言。不僅有效的地域控制一向依靠有效的繪圖，而且繪製之領域圖像的重複衝擊，使人確信了對於控制的權利宣稱(因此廣泛地應用州的輪廓來封印、製成臂章和徽章)。有誰會質疑北卡羅萊納州的存在權利、北卡羅萊納州的**現實**？看！它就在地圖上！這張 1986-1987 年版地圖的一百六十萬份副本，構成了一百六十萬次對於州的統治權的確認，然而，這些確認在被注意到時，能夠消退回到地圖上，而其呈現完全被視爲理所當然，由於它被預期是地面……**自然的**……一部分而視而不見。

這是神話之途：地圖總是否認有任何表意作用堆積其上。它畢竟只是一張地圖，而其託辭是它是純眞的，是如其所然地觀看事物的眼睛的僕役。但是在言說以外的世界，在地圖以外的世界，州的存在是不確定的：州的存在並非自然，而大抵是屬於地圖的存在，因爲繪製一個州，便是確認它的領域之呈現，若略去不畫，便是否認它的存在。

只有認識到，一個不被承認（不被繪製）的州算不上是個州，認識到是人們決定（選擇）承認（繪製）它，才賦予州的確認實質的內涵，或者不承認(繪製)它，便使它失去了重要性，我們才有可能理解到，對於承認波普塔沙納(Bophuthatswana)，川斯凱(Transkei)、希斯凱(Ciskei)和芬達(Venda)（譯按：都是南非境內的獨立黑人家邦）之獨立存在的地圖的憤慨；對於否認台灣之獨立存在的地圖的憤怒；或者，就此而論，對於郡界穿越印第安人保留區的地圖的憤慨，例如北卡羅萊納公路地圖上，史溫(Swain)和傑克遜(Jackson)郡的郡界穿越了柴洛克印第安人的闊拉(Qualla)邊界。⓬這並非地圖正確或錯誤（這不是精確度的問題)，**而是當地圖假裝對於一個人們藉以區隔的議題保持中立時，其實採取了立場。**⓭這也不是這些憤怒混淆了地圖和地域，而是他們認識到了製圖學家費心要否認的東西，即不論是否喜歡、是否願意，由於地圖徹底地構成了一個符號系統（亦即一個價值系統），它們非常容易被神話包圍或入侵。因此，在各方面，**地圖都不像是我們觀看世界的窗戶，而比較像是主教和君王展示其宗主權的現身之窗**——這不是因為製圖學家必然要如此做，而是因為在符號系統運作的方式底下，他們沒有選擇。

　　矛盾的是，它是僅僅立基於選擇的無所選擇，因為做選擇就是揭示一種價值，而地圖是在各種選擇之中做選擇的結果。選擇將波普塔沙納繪製成為一個獨立國家，揭示了一種政治態度，許多人會馬上承認這點。但**一切**選擇在某種程度上都是政治性的，而且選擇繪製**公路**也是有所揭示，因為這也是一種價值。如果並未認可公路，那麼很難製作一張州公路地圖，但是沒有任何強制命令要州去繪製道路，正如沒有任何命令要去繪製機動車輛死亡事故的地點，或是繪製引擎排放物致癌物質的密度，或是與汽車交通有關的噪音污染程度。⓮生活在一個製作一百六十萬份這種地圖，並且免費分送給旅人、觀光客、移

民和工業區位專家的州裡，應該令人滿意，但是州政府認為出版公路地圖比較合算。北卡羅萊納確實出版了《北卡羅萊納州公共運輸導引》——一份像公路地圖的文件，顯示城際巴士、鐵路與渡輪的路線——但是它的最新版只印了一萬五千份，不及公路地圖的百分之一。**⓯**由於不是廣告，公共運輸地圖的製作沒有接受商業局的補助。是否這就是為什麼公路地圖，在其金髮的徒步旅行者、泳者、高爾夫玩家和衝浪狂熱者之間，沒有黑人，而黑人在公共運輸地圖上如此顯著？在此處，黑人購買城際巴士車票，登上市公車，並且坐在輪椅上，接受協助登上有特殊設備的車輛。特殊協助的態度看來親切：「有許多人詢問如何不使用私家車而能夠出門的資訊。由於這些詢問……」但是在公路地圖上，卻沒有這種語調。從來就沒有**需要**去要求製作一張公路地圖：畢竟它是……**州政府的一項自然功能**。每件事物（即使是公共運輸地圖）都共謀自然化公路地圖的目標，做了決定，使製作這種地圖看來不像是決定，而比較像是本能的行為，使它的文化、歷史與政治必要性透明澄澈：你可以看穿它們，那裡只有地圖，純潔無邪，屬於自然，屬於這個世界的真實面貌。

符碼

當然，這是一種幻覺：**關於地圖沒有什麼是自然的**。它是一個文化產物，是在選擇之中從事選擇的累積，其中每一個選擇都揭示了價值：不是世界，而是世界的切片；不是自然，而是對自然的一種觀點。不是純真無邪，而是承載了意圖和目的；不是直接的，而是穿透了玻璃；不是坦直的，而是由字詞與其他符號所中介；簡言之，不是如它所是的東西，而是在……**符碼**之中。當然，它是在符碼裡：**一切**意義、**一切**表意作用都導源自符碼，**一切**可理解性都依靠它們。對那些在早

餐麥片盒上——隨意連結了字母與數字的小紙板車輪——首度遭遇符碼的人而言，這個觀念的一般化，可能引起某種不安。不應該是這樣。當你打上領帶去上班，你就穿上了符碼。當你皺著眉頭，你也是以符碼來表達。當你替一位女士開門——或者等待一位男士爲妳開門——你也是依照符碼來獻殷勤。當你打字或是胡亂寫字，你也是以符碼書寫。人類的語言或許是我們所熟知的最爲精巧與複雜的符碼，而字典只是一個巨大笨拙的早餐麥片玩具，但還有極端繁複的次語言符碼（金吉・羅傑斯〔Ginger Rogers〕與佛來德・阿斯泰爾〔Fred Astaire〕的舞蹈），以及非常微妙的超語言符碼（例如詹姆斯・喬伊斯〔James Joyce〕的《尤利西斯》〔Ulysses〕之結構底下的慣例）。通常同時會使用幾種不同的符碼（這即一個正文）。佛來德與金吉被放置在場景裡，裝扮妥當，將頭髮梳理成特殊樣式，擺弄姿勢，說唱且跳舞，而這一切都已經過編碼。**⑯**構造了《尤利西斯》慣例的符碼，無法在英語的符碼之外遇到，它正是嵌埋其中。甚至有衆符碼之符碼（code of codes）：舉例來說，模仿（mime）被禁止當作字詞的符碼，而一般而言，藝術被一種以其他符碼爲元素的符碼區分出來。製圖學的長期印記，是它既以藝術，也以科學的語氣說話。

　　在比較技術性的層次上，符碼可以說是一個指派的架構（或規則），將被承載的（conveyed）系統（符旨〔signified〕）的項目或元素，搭配或分派給一個承載的（conveying）系統（符徵〔signifier〕）。公路符碼是這種運作的典型。一方面，有意圖（她意圖轉彎），允諾（沿著這條路走三哩將會抵達霍利泉）和命令（不要通過、停止、前進）。另一方面，有姿勢（從駕駛座窗戶直伸出去的手）、文字與數字（「霍利泉／三哩」），以及燈號和標線（紅色交通燈號、道路中央的實心黃線）。意圖、允諾和命令是被承載之系統的元素：**符旨**（內容）。姿勢、文字、數字、標線與燈號是承載之系統的元素：**符徵**（表達）。符碼（規則

——這個例子裡是法律）將後者指派給前者，將它們搭配起來。如此一來，便創造了**符號**。

這裡有一項重要的區分。符號並**不在**姿勢或燈號、文字或數字之中：它**不是符徵**。符號也不在意圖、允諾和命令裡：它**不是符旨**。符號僅僅、全然且毫無例外地存在於關連之中（由符碼、規則、習慣和法律所建立的關連）。例如，在駕駛人伸直手臂到左車窗外，與他要左轉的意圖（實際上還有左轉車燈的閃爍來輔助）之間，沒有無可避免（必然）的關係，不比駕駛人手指向天空，與他要右轉的意圖之間的關係來得多（雖然在某些歷史契機，會使這種關係成為慣例）。然而，這些可能很快會有所改變（或許在世界上某些地方已經有了改變），因而伸出左車窗的左手臂，表示了要右轉的意圖，而手指向上方表示要左轉：從溝通的角度看，這沒有什麼差別，因為意義在符碼裡，而新的符碼可以像舊的一樣容易掌握。換言之，符號是符碼的創造物，如果沒有符碼的話，符號——像油脂一樣——就會轉化成為其組成元素，即沒有具形的符旨，和沒有意義的符徵，兩者分離開來。符號所附著的乃是符碼化(codification)，別無其他。或者，如安伯托‧艾柯(Umberto Eco)所言：

> 一個符號總是由一個**表達層面**的元素，依慣例關連上**內容層面**的一個(或多個)元素。每當有這種關連(correlation)，而且由人類社會所認知，這便是一個符號。只有依這種意思，才可能接受索緒爾(Ferdinand de Saussure)的定義，即符號是符徵與符旨之間的對應。這個假設有某些結果：a **符號不是一個物理實體**，物理實體至多只是表達之適當元素的具體事例；b **符號並非固定的符號實體**，而是獨立元素（來自兩種不同層面的不同系統，並且在符碼關連之基礎上相逢）的會遇場所。❶❼

由於符號既沒有物理存在(不像符徵)，也沒有永久性，它們經常被指稱爲**符號功能(sign-function)**，或者，用艾柯的話說：

> 確切地說，並沒有符號，只有**符號功能**……當兩個**功能因子(fun-ctive)**(表達與內容)進入一個相互關連之際，符號功能就實現了；同一個功能因子，可以進入另一個關連，因而成爲一個不同的功能因子，並產生一個新的符號功能。因此，符號是製碼規則的臨時結果，這種規則建立了元素之間的**暫時性**關連，這些元素都可以——在一定的符碼化之環境下——進入另一個關連，並因此形成一個新符號。**⓲**

這並非玩弄文字遊戲。這些辭彙也不重要。重要的是這個觀念，即符號，或符號功能，或是象徵——它們稱爲什麼**並不打緊**——的實現，**只有**在符碼規則使來自兩個領域或系統（一個是符徵，屬於表達；一個是符旨，屬於內容）的兩個元素或項目（或功能因子）產生關連時發生，而且**只要**有這種關連，就有一個符號。你可以稱這個符號爲圖形。你可以稱它爲圖畫文字。你可以稱它爲一個字詞。你可以稱它爲一個指標。你可以稱它爲一個象徵。你可以稱它爲一件雕塑。你可以稱它爲一個句子。你可以稱它爲一張地圖。你可以稱它爲紐約市。在每個例子裡，不論它是什麼，**就其符號功能而論**，它也是一個符號，亦即是符碼的創造物。

　　沒有符碼就沒有符號。這一點必須一再強調：也就是說，沒有自我解釋的符號；沒有符號能夠如此像它們的指涉物，因而可以自明地指涉之。它們一定是任意的，無可避免地揭示……一個價值。強納森‧卡勒(Jonathan Culler)說道：

索緒爾以語言符號作爲標準，認爲一切符號都是任意的，牽涉的是對於依習慣界定之符徵與符旨的純屬習慣的連結；然後他將這個原則延伸至諸如禮儀的領域，主張不論在使用符號的人看來，符號是如何自然或有其動機，它們總是由社會規則和符號慣例所決定。相反地，皮爾斯(Peirce)一開始便區分了任意的符號，即他所謂的「象徵」(symbol)，以及兩種有動機的符號，即「指標」(index)與「圖形」(icon)，但是在他關於後者的著作裡，他得到與索緒爾類似的結論。不論我們面對的是地圖、繪畫或圖畫，「每個物質圖像的再現模式，大都是承襲慣例。」如果我們將許多複雜的慣例視爲理所當然，並且對之保持沈默，我們只能夠說地圖眞的像它所再現的東西。圖形似乎基於自然的相似性，但其實它們是由符號慣例所決定。❶⓽

　　一旦慣例(規則、符碼)的上位角色被接受了，就很容易解釋「自明地」類似地圖上的河流的東西，同樣也「自明地」類似循環系統圖裡的靜脈，而毋需援引複雜的隱喻原則(這不是說這些原則在符號的起源裡並未發揮作用)。並不是讀者心裡想著，「喔，沒錯，缺氧的血比動脈的血要藍一些，**而且**，在晴朗的藍天裡，河面通常是藍色的；而且，靜脈和動脈都在一個分支(參見「樹木」)的網絡(參見「網」、「編織」)裡運送(不論「運送」意味了什麼)液體，嘿，讓我們看看這意味了⋯」情況一點也不是這樣。情況是讀者發現他或她自己**刹那間**置身完全不同的符碼化環境裡。在語言的層次上，循環系統圖的解碼，毋需參照地圖的符碼，**反之亦然**。就巴特所提示的而論，**相似性**(resemblance)都不成問題，在任何例子裡，都有與**某個同一性**(identity)(河流的**同一性**，靜脈的**同一性**)的相似性，這種同一性「十分不精

確，甚至是想像的，因此我可以繼續說『相像』而甚至不必曾經看過模型，」⑳就像那些由於「它們看起來像靜脈，」便確認這是靜脈符號的人一樣，他們其實沒有見過靜脈（沒有見過肝臟靜脈，沒有見過下腔靜脈），或由於「看起來像是河流」，就確認了河流的符號（科羅拉多河），卻未曾見過它（未曾見過科羅拉多河幾乎乾枯的細流，注入加利福尼亞灣）。這不是關於相似性的問題：藍線就是一條藍線。起作用的是符碼，而不是符徵。如果其中牽涉了圖形，那總是在系統之結構的層次上（它是類比的，而非隱喻的）。缺氧的**藍色**能夠訴說的「靜脈」，並不比動脈**同時存在的**紅色、它們在末端的**特殊**交會，以及它們**完美的平行對稱**來得多；和藍黑相間的線條相較之下，河流符號的**獨特**形式、它與其他形式的**獨特關係**（其他河流、山岳、道路、城鎮與海洋）更加能夠訴說「河流」；因此，「靜脈」也可以很容易地以黑色或灰色表示，而「河流」可以在流域圖和水災保險收益地圖裡辨識出來。聲稱是符碼而非符徵起作用，其實是以另一種方式說明，是符碼而非標誌造成符號。

十種製圖學的符碼

因此，如果要**解碼**地圖（或是要替一張地圖**編碼**），就要專注於**符碼**。有可能至少區分出十種符碼（無疑地還有更多），地圖不是採用了這些符碼，就是地圖透過這些符碼而被利用。這兩種符碼彼此相關，所有的地圖也都銘刻於（至少）這十種符碼之中。地圖所使用的符碼稱為**內部表意作用符碼 (codes of intrasignification)**。因此，它們是在地圖之內運作：在**語言的層次**運作。而藉以利用地圖的符碼，我們稱為**外部表意作用符碼 (codes of extrasignification)**。這些符碼是在地圖之外…在**神話的層次**運作。

在內部表意作用符碼方面，至少有五種，即**圖形** (iconic)、**語言** (linguistic)、**構造** (tectonic)、**時間** (temporal) 和**呈現** (presentational)的符碼。在**圖形**符碼底下，我們納入了「事物」(「事件」)的符碼，這些事物的相對位置正是地圖為之神魂顛倒的東西：熱那亞(Genoa)的街道、癌症死亡率、法國酒類的出口、拿破崙俄國戰役的損失、飛航路線、地下鐵、曼哈頓的建築物、南加州六個郡的空氣污染程度、北卡羅萊納州的河流、道路、郡、機場、城市與城鎮。圖形符碼是存貨清單之符碼，是世界的片斷化：碎裂成為都市層級，成為測高法的層次，成為乾與溼。**語言**的符碼乃是名字的符碼：Via Corsica, Corso Aurelio Saffi；氣管、支氣管和肺癌，白人男性，依郡別分，經年齡校正的發生率，1950－1969；法國、北美；莫斯科，Polotzk；DME　chan　82 St　John　VSJ 113－5；Cortland　St World Tr Ctr N RR Path；Graybar 大廈, Seagram 大樓；橘郡，反應碳氫化合物；恐懼角河，US 421；Pasquotank, Cherry Pt., Winston－Salem, Hickory。語言的符碼是分類或所有權的符碼：辨識、命名、指派。這些事物在空間中的關係，則由**構造**符碼來設定：表現在**數量**上——編碼於每一英吋裡的英哩（或英呎）數——以及表現於**形態**之中——城市的面積測定、山脈的體積量測、大陸的投影幾何學、橫越地區的地形量度，以及指引如何到達雞尾酒宴會之草圖的簡單地形。構造符碼是發現的符碼，它是如何抵達的符碼：它是到達的符碼。由於除了時間之外，沒有連接，關連的符碼是**時間性**的，是期間 (duration) 的符碼，時態 (tense) 的符碼。**期間**建立了尺度，建立了地圖之期間的「厚度」：例如 1950－1969 癌症死亡率的地圖，比 1978－1979 北卡羅萊納公路地圖來得「厚」，而後者又比 1979 年 7 月 22 日早上六點至九點反應碳氫化合物的地圖厚。期間顯露了（或是遮掩了，或沈默於）共時性 (cosynchronicity) 的經過。**時態**訴說著…

何時：有些地圖是過去式（「亞歷山大大帝的世界」），有些是未來式（「明日的公路」），但大多數地圖存在於現在（「今日世界概況」），或者，如果它們有可能免除時態，即沒有完成或持續的過去式(aorist)：根本就沒有期間(沒有厚度)，脫離了編年(不是失落，而是位居其外)，免除了時間（這種地圖在語言的層次上就達致了神話）。

這一切符碼──圖形、語言、構造和時間──具現在符號裡，連帶了表現性之適當元素的具體例證之所有特徵。在紙頁上，在紙面上，在閃爍燈光的照耀下，這些具體的例證被**呈現**符碼（presentational code）所排列、安置、組織：它們被⋯**呈現**。標題、圖例框、地圖圖像、正文、插圖、嵌入的小幅地圖、比例尺、指示、航海圖、致歉、圖表、照片、解釋、箭頭、裝飾、顏色表、鉛字字體等，都被選擇、分層、組構來達成言說：一致的、連貫的論述(discourse)。它是關於圖面之構造的問題，什麼放在中央，什麼放在邊緣，什麼要用螢光粉紅色，什麼要用威廉斯堡藍，圖紙要隨著（明顯的）年代而起裂紋，或是像橡膠布一樣，重複摺疊也不會變皺，地圖的圖像要佔據主位，或者由文字主導一切。即使是在最低的層次上，它也永遠不只是一個逃脫錯誤命名和解釋不清、語言困難和喃喃自語、推理障礙和錯誤推理之恥辱的問題。根本上，它是流暢與雄辯的問題，很快地就會是表達的氣勢與力道的問題，是修辭和辯論的問題，只要是在呈現符碼開始之處，很快便將地圖帶**離**內部表意作用的領域，而進入外部表意作用的領域，進入滋養它、消費它⋯**使它得以存在**的社會裡。

外部表意作用的符碼裡，再度有五種是不可缺少的，它們是**主題**（thematic）、**地理**（topic）、**歷史**（historical）、**修辭**（rhetorical）和**利用**（utilitarian）的符碼。它們都在神話的層次運作，都為了自己的意圖（誠如它們製作了地圖）而盜取地圖，都扭曲了地圖的意義（語言層次的意義），翻轉成為它們自己的意義。如果呈現符碼容許地圖達

致論述的層次，**主題**符碼則建立了其範域。**地圖所論述的是什麼？它所主張的是什麼？** 雖然確實是主題符碼指揮了它們在地圖上的呈現，從讀者的角度看來，主題被體驗爲是潛藏在**以圖像**編碼**於**地圖之中的「事物」裡：舉例來說，道路，它是一幅道路和公路的地圖；它確認了道路與公路的重要性（僅僅是藉由描畫它們，僅僅是將它們置於前景）；它的主題是機動的移動性（機動移動性的正當性）。或者，它是一張一般參考地圖，一張水位與地形起伏的地圖，區劃成爲政治單位，塗抹了鐵路與城鎮，也就是說，這是一張被人類覆蓋、被壓制馴服的地景（landscape）之地圖（紅色的鐵路──有時是黑色──無可避免地令人憶起小人國用來綁縛格列佛的繩索），它的主題是被征服的自然。而正如主題符碼取走了圖形，**地理**符碼（有來自 topos〔地方〕的長 o，例如地形〔topography〕，而非標題〔topicality〕）則取走了構造符碼所建立的空間，將空間轉變爲地方，賦予地圖**主體**，結合之(綁縛之)，命名之（藉由語言符碼），使它與其他空間區分開來，確認它的存在：**就是這個地方。歷史**符碼的作用也是如此。只是它是在由時間符碼在地圖所上建立的時間裡運作。地圖的期間不是有日期的界線嗎？歷史符碼將它們歸屬於某個時代，指派給它一個名字，將它編納進入歷史的視野裡(它將地圖的主體……建立在時間裡)。所以，一張中美洲的考古地圖需要這樣的標題：「西元 1500 年前／前哥倫布的榮耀」，十九世紀的農場農作物、政治單位、經過選擇的都市地區、馬車路、鐵路和戰役的地圖，需要這個標題：「1821－1900 ／獨立時代」，而另一張類似的主體（但是添加了難民中心的符號），標題是「1945 迄今／騷亂與不確定。」❹沒有不可以被化約爲這種前後一貫之因果架構的時間，被吸納進入這些…陳腔濫調裡，由於被掌握、理解，因而既舒適且安穩。

　　如果主題符碼設定了論述的主體，而地理和歷史符碼確定了地方

與時間，那麼**修辭**符碼則設定了語調，消費了呈現的符碼，因而最爲完整地在其文化（在其價值組合）裡擺置了地圖，就在指示的這個動作裡，向它自己指出了（地球的）某個地方，指出了它的⋯**作者**，指出了製造地圖的社會，指出了地點和時間，以及這個社會的中心點──隨著它所指涉的地球某個面向的陌生與異國風味，而更爲戲劇化，也就是說，它的標題可能是以模仿⋯**竹子**的鉛字打印。它是一種侵略主義的符碼，像泰山一樣搥打胸膛的符碼，那是一種微妙的沙文主義符碼，敦促《國家地理雜誌》在其 1803－1845 中央平原的地圖上稱之

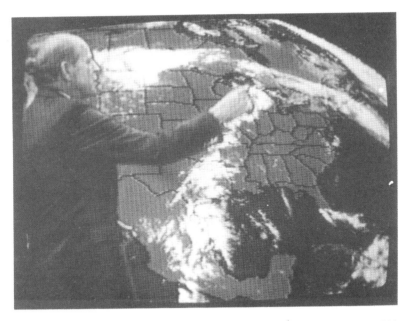

一位電視氣象播報員指著一幅地圖。同時，這幅地圖也指向他，建立與強調了他的現代性、成熟世故，以及因此得來的可靠性。繼而，這又奉承了我們由於選擇這個頻道而產生的自尊感受。這幅地圖被消費的部分幾乎都是它的修辭功能。

爲「道路」，卻在其1821－1900的中美洲地圖上，稱之爲「**馬車路**」。❷
但它畢竟是一張「美國」地圖，也就是一張反映了**北**美洲人，或者至
少是大里約河（Rio Grande）以北居民天份的地圖（因爲根據《國家
地理雜誌》，古馬雅只有「**貿易**」路線，即使是官道（Camino Real）也
只是一條「小徑」）；而且，如果因爲它**是**繪圖的社會，繪圖社會站在
舞台的中央，而其他社會都位居兩翼。對修辭符碼而言，地圖的存在
本身乃是它的較高級文化、它的世故成熟的符號：地圖徹底是修辭的，
因爲如此，沒有地圖可以避開它。它就像是衣服：即使不穿，還是身
陷由時尚符碼所編織而成的意義之網中。試圖擺脫修辭符碼，只不過
是在通過它時，叫喊得比較尖銳罷了：正是由於不顧慮呈現符碼的微
妙面向，才使得《核戰地圖集》的出版者被充分顯示爲「具有社會意
識」；❸正是由於違犯了「好品味」，才使得我們認爲《世界概況地圖
集》的編者滿懷怒氣。❹他們對於修辭符碼之力量的顛覆，形同對於
他們自己的修辭立場的大膽宣告（製圖的裸體主義、製圖的裸奔、製
圖的龐克），與美國地質測量局所佔有的位置正好相反，如我們所知，
地質測量局模糊了它的立場，將之隱藏在對於修辭的修辭性合奏式否
認底下（以科學的外衣裝扮自己）。在其他地方，地圖會披上藝術的外
衣。或者，穿上廣告的外衣。或是鄉土的外衣（北卡羅萊納州公路地
圖）。修辭符碼將對它所意圖宣揚的神話最爲有利的外衣，披在地圖之
上。沒有什麼是不可碰觸的。一切都可以被利用。

　　而地圖最終是被利用，整個被**利用**符碼所擷取，爲了服務任何可
能的神話而被強制帶走。一位研究課程與教學的教授，針對州公路地
圖在中學教室的普及性提出評論：「它上面有州長的肖像。你要多少張
就有多少張。」在這裡，地圖的學院模型，伴隨著其掃描之眼與按程度
循環比較的心靈，最爲徹底地崩潰了。它沒有爲大部分地圖的眞實用
途容留空間，這些用途是佔有與宣告權利，正當化與命名。有哪位偉

大的國王、皇帝，哪個偉大的共和國，不會藉由描繪疆域來標誌其時代的降臨？不論實際的考慮是什麼（畢竟地圖也在語言的層次說話），它無可避免地也是一種炫耀性消費的動作，一種財富與權力，以及同時代（contemporaneity）的符號，一種所有權象徵展示。**這些**是地圖的用途，其確然不移，正如同地圖在地理期刊裡最重要的功能，是確認它們所裝飾的刊物在地理學上的正當性。

即使我們已經略加突襲一番，製圖的人類學還是一個有待執行的緊急計劃：這一切地圖的真正用途**是**什麼？符號、徽章、記號、紋章、告示板、姿勢、租約、契約、壁紙、漂亮的圖畫。不要說「不是**這個**」——不是那張地形測量圖——誠如你所確定的，它將會成為具備最可憎之議程的地圖，它將會成為對愛渠（Love Canal）扯謊，掩飾飛彈儲藏庫的地圖。㉕不論它可能會是其他什麼東西，它絕不是一種無關利害的好奇姿態…它是一種剝削作用的姿態。但是，如我們所見，還能有什麼其他東西構成了測量圖呢？它們穿上了有領扣的白襯衫和合適的領帶，依照它們以公尺量度的規律性（每單位地區裡有這麼多張圖），它們可以感受到的富有意義的佈局，它們的方法論外衣，它們著魔一般的涵蓋範圍，它們所能認識的符碼就是這些。巴特論道，「編目歸類不僅如乍看之下是要去確定，也是要去佔用。」㉖最終，測量圖和…**軍事目標**的地圖沒有多少差別。

內部表意作用

於是，地圖可以從兩個方面來理解。首先，地圖作為一種（最廣義的）**語言**媒介，擔任了現象、屬性和空間關係的視覺類比：這是我們可以對它有所行動的模型，以之代替經驗或預告經驗、藉以比較或比對、量度或估算、分析或預測。地圖似乎以一種無所指控的淡漠，昭

告著世界的客體與事件。其次，地圖作爲一種**神話**，它不僅指涉自身及其製圖者.同時也指涉了一個透過製圖者的主觀之眼觀看的世界。地圖販售價值與野心；地圖是政治化的。爲前一組目的服務的符號化功能（signing function），我們稱之爲**內部表意作用**；而爲後者效力的符號化功能，則稱之爲**外部表意作用**。所謂的內部表意作用，乃是由一串內在於地圖的符號功能所組成，這些符號功能聯合起來將地圖構成爲…**符號**；至於外部表意作用則挪用整張地圖，並且在更寬廣的符號脈絡中，將之展佈成爲**表現**(expression)。在這兩種表意作用的平面之間，地圖發揮著聚焦的作用，集聚其內在或構成的符號，並將它

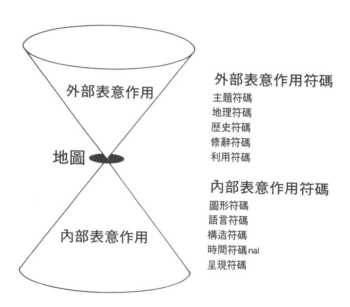

地圖是外部與內部表意作用領域之間的聚焦設施：地圖聚集了許多內部表意作用符碼所主宰的構成符號，因此，它們在外部表意作用符碼所控制的符號功能之中，可以作爲符徵，而外部表意作用的符碼，一開始就指定了這些構成符號。

們集體地呈現爲…**一張地圖**。然而，地圖所輸出的事物，與輸入地圖之中的事物，實質上並無不同——它們不過是在符號功能之中，被重新安置罷了——而且，雖然外部表意作用運用的是整張地圖，**我們也見到神話的動力，如何延伸甚至是內部表意作用最根本且最明顯具有優勢的面向，而且最後深植其中**。那麼，這又是如何發生的呢？

地圖是一整組將其視覺再現物質化的符碼之產物，這些符碼將視覺再現定位於空間與時間之中，並以某種可以被接受的形式，將它們結合起來。這些符碼的作用，若非全然彼此獨立，可以說是各有不同。**圖形符碼**控制著圖像表現與地理項目及其附隨屬性相對應的方式，而不論這些項目是實體或是抽象。**語言符碼**（有時是兩種或多種）延展於地圖之上，規範了印刷排字表現的對稱性，同時透過書寫語言的規範，〔構築〕一個術語和命名法的世界。正如地圖中的空間是由**構造符碼**——指定地圖與地表空間之地勢與尺度關係的轉換程序——所廓繪，**時間符碼**則相對於地圖所源出的事件和觀察之流，界定了地圖上的時間。構成地圖的各式各樣之表現，則透過一種**再現符碼**的組織與協調，成爲有條理的製圖學論述。以下，我們將逐一說明這些符碼。

圖形符碼

圖形性（iconicity）乃是地圖不可或缺的特質。它是使地圖能夠類比於物體、地方、關係及事件的來源和準則。在其作爲地理圖形的能力裡，地圖包含了相當多樣的視覺再現，以及支撐這些再現的符碼，一般符碼與特殊符碼皆有；但是，地圖整體呈現的圖形化程度，在其構成要素之間，卻缺乏一致的呼應。代表村鎮的點，與表示城市的複雜區塊，其圖形化的方式不同；以藍色的線條代表河川，和以藍色線條代表郡屬道路或海岸線，其圖形表達的意義也不相同。至此已足以

說明，每個圖形皆可視爲兩種程序的產物：**象徵的**（替代性的）**操作**，提供了其再現潛能的基礎；**配置之架構**，則產生了具體且獨特的形式。此二者之間的平衡，經常是我們藉以判定再現是象徵性的（例如代表村鎭的點）或圖形的（例如代表城市的區塊）的標準；同時，雖然此處並不打算放棄這種區別，但其應用將極爲謹愼。除非能夠完全剝除其延伸意義(connotation)（不可能且不良的一種期望），否則，就沒有**絕對**任意的象徵，也沒有任何圖形的形成與慣例（convention）無關，因爲**再現不可能背離慣例**。我們只能說，在功能上，某些再現比較明顯偏向於圖形或是象徵；文化交流的媒介——特別是地圖——即爲明證，其中的圖形再現經由一種不斷反覆的過程及文化擴張，而逐漸取得象徵性的地位。

賀曼・波曼(Hermann Bollmann)出版的《紐約圖畫地圖》(*New York Picture Map*)，其中的圖形性是如此強而有力，以至於其再現的慣例，幾乎自圖中消逸無蹤。❷仔細察看這張圖時，圖像的平面…**逐漸消失了**，我們的注意力卻落在可以觸摸的都市形式之地景上：街道、人行道、屋頂、立面、門、窗。這地圖看來是如此直接，如此明晰而毋須解釋，又是如此——**自然**，以至於我們很難欣然承認，這張圖居然是一種極度依循慣例，並且根本上是象徵性的再現。然而，若我們缺乏圖形轉換的慣例，那麼，這張引人注目的影像就變得難以理解又毫無意義了。❷可別弄錯了：正如貝泰雀雅（Bhattacharya）曾經說過，圖形性是空間轉譯（spatial transcription）的產物；❷而其所產生的形式，則是一種標記的配置，藉以表示標記之間及標記相對於其所佔用之空間的關係。然而，圖形並非由單一的前例形式所激發而成，而是藉由它將轉譯到紙頁上的形式的與必要的**空間配置**，始激發產生圖形，並且唯有經由**轉譯的**程序，圖形才能具體化。在波曼的地圖裡，這個程序非常精緻：包含了以特殊設計之相機所拍攝的 67,

000 張照片，以軸向量測（axonometric）投影法在二維上延伸了經過計算的街道加寬程度，還有地圖封皮上所聲稱的「許多仍須保密的特殊手法」。這張地圖出身於顯然是西方風格且高度符碼化的再現傳統，同時它又採用一種（對我們而言）十分熟悉的象徵法則之體制來發言：線條表示平面相交之處，以及實與虛之間的界線；特定的線條結構標示了直線構成的量體；而一再出現的色調模式，則標出了光影的形式。

　　因此，若以單純的視覺相似性（彷彿這真有**可能是**個簡單的問題）來描述圖形性，或以表現和指涉物（referent）二者之間形式上的對應來描述圖形性，便是神秘化了圖形性的解釋，並且將它與文化事業全盤隔離。圖形性乃是源自我們轉譯空間之配置，並以慣用的象徵標示出來——換言之，就是**描繪它們**——的能力。這種能力在達文西（da

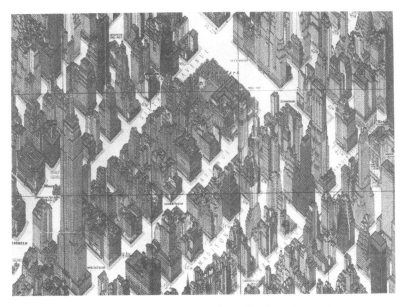

波曼所繪之曼哈頓地圖的部分。這個引人注目的圖形是西方再現慣例的精緻合成。

Vinci）的畫作中充分實現出來，正如同在瑞士地形圖中完全實現一般，瑞士地形圖裡的自然地景——如同波曼地圖的都市地景一般——被描畫爲複雜而連續的圖形，沈浸在日光之中，展現著圖形主義（iconism）的至高權威，對其讀者及製圖者而言，皆饒富意義。

美國普查局（U.S. Bureau of Census）所出版的人口分佈圖中，也有某些類似的僞裝。❸⓿以夜代日，以發光體替換反射體，採取城市形式而非建築形式或地貌形式，而且——若是離遠些觀看——我們會有一個彷彿可以信賴的人類聚居地之圖形。不過，這張地圖中的象徵表現更爲直率，且較不均一；事實上，這張地圖包含了數種截然不同的再現原則。正如同波曼地圖中的辦公大樓和因霍夫地圖裡的山岳一樣，都市化地區成爲地圖上的地理圖形，而被特徵（feature）本身的空間所塑造，轉譯到圖面上。然而，個別的城市與村鎭，不論它們的地理形狀如何，出現在地圖上時，全都是幾何學的正方形或圓圈；這些城市與村鎭，都經歷了一種抽象化過程，使其形式符合慣例，進而產生它們的象徵地位。❸❶除此之外，以及在此之間，象徵都與正確的空間相應性無關，而且指涉了本身即屬抽象的特徵。首先，形式乃是特徵之空間延展的結果，再經地勢的轉化而繪於圖面。象徵運用還是具有獨特性：白色是城市，深藍色是水域(或外國領土)，黑色則是以上皆非。其次，採用一種形式性的象徵運用：白色**方形**是城市，或白色**圓圈**才是城市。第三，象徵不僅在形式中確立，也固著於價值之上，它們在一個不視其爲局部事件(若眞如此，它們便無直接意義了)，而視其爲應整體看待之全面性系統裡的元素的架構裡，取得了一種有限但必要的移動性。地圖確實是一種**絕技（tour de force）**，是裝備了重要意義策略之軍械庫的製圖再現範例，從最抽象且慣例化的策略，到最遵循地理限制且最明確的圖形策略，無所不包。雖然從這樣的描述中，我們或許會認爲這是令人困惑且實際上無法譯解的一團符號，但

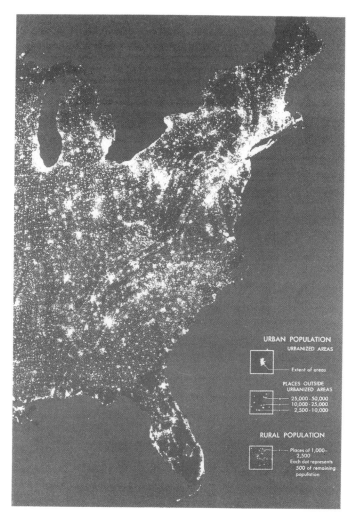

一張取自圖形象徵大全的地理圖形。雖然其中每個標記本身都饒富意義，然而任何標記也都像秀拉（Seurat）畫作上的色點一樣，從屬於整體的印象。（取材自 *Maps of Americans*, by Morris M. Thompson, 由美國內政部出版，1979。）

是，我們所有的卻是一種非常清晰又有條理的再現，幾乎類同於相同現象的照片再現。❸截然不同的象徵運用之原則，幾乎毫無破綻地同時出現在圖形中，迴避了應用這些原則的形式後果，並且以這些原則的分布，作爲圖形自身的基礎。

　　獨立於地理空間而形成（而非只是設定特色）的符號，可以自由地涉入形式的隱喩（formal metaphor）。燈塔以帶有裝飾的三角形，或是添加光芒的圓圈來表示，礦區則以一個封閉點，或具有象徵性的鎬與鍬之交叉爲代表。若是脫離了地圖的脈絡，這些符號本身還是圖形——然而，那是什麼東西的圖形呢？三角形的燈塔符號及圓形的礦區符號，乃是其現象對應物的表面抽象概念，同時，不論其抽象化的程度如何，只要能在符號與其現象對應物之間，維繫著結構的相關性，它們便仍然是圖形。可是，圓圈與光芒的符號，只有相對於光線而非燈塔，才算是圖形，而且這種再現乃是以部分替代全體。而鎬與鍬的符號（與所使用的技術毫不相干）則是以工具代替過程，它表現的並非礦產，而是探礦。這兩個例子都是慣常的隱喩，類似的例子在地圖裡比比皆是。❸它們與都市形式的圖形，以及城市規模的象徵相異之處，乃在於這些隱喩並不直接指涉它們所代表的現象。它們篩選出衍伸意義，並將之呈現出來作爲替代圖形，因而預期要有所詮釋。圖形被提供出來，且被當作象徵。

　　在那些符合地理形貌的符號裡，隱喩則是透過**特性**(characteristic) 而運作。我們的地圖採用綠色來象徵樹木，以藍色象徵水域，這與孩童圖畫裡的信念一致，這些隱喩藉由這些圖畫而深植於我們的字彙之中，從來不顧慮乾旱、秋天，以及酸雨，也不考慮好幾立方英哩的淤泥阻塞了我們的河川。在地圖中，我們的樹林永遠輝映著春日午後的青翠翁綠，連密西西比河也閃耀著純淨的加勒比海藍。這些隱喩宣稱地圖乃是**理想**（至少是一種誇飾），同時是我們環境的一種類比，

以及通向對此環境之文化幻想的大道。我們不能僅將人工著色局限在遙測上；這是我們**一切**地圖的特性，它們披掛了…最振奮人心的色調。

地圖的圖形符碼是更為特殊的各種符碼之複雜混合——它們可以是任何既有的，或甚至是**特別制定**的圖形再現符碼，只要是已經或能夠慣例化即可。地圖似乎已經徹底吸收了視覺溝通的全部歷史，維持了一個再現技巧與方法的巨大池塘，從中任意汲取，伴隨些許的偏好或偏見，並且經由持續的創新與重組而逐漸擴大。雖然此一清單過於龐大，無法在此一一列舉，但我們可以概述其應用的對象。符碼是一個圖形，是地理景觀的視覺類比物。地圖是某些精密、重覆、象徵性的姿態，經過縝密的安排，或直接或暗示地指涉某內容分類的元素。形式項目——圖形編碼過程中的個別元素——或許能夠在地圖的空間裡被塑造成形，若是如此，形式項目的象徵運用和隱喻潛力便具有特性，或是在地圖上被操弄與安置，同時激發了形式的象徵運用與形式的隱喻。製圖表現的多樣性遠遠超越了書寫語言，或任何其他實際交流的媒介；但是，地圖符號的多樣性，充其量僅能與我們闡釋這些符號的能力一樣多變，而且地圖符號的形構也被我們自己視覺文化的疆界所牢牢限定，成群的慣例支配了我們連結標記與意義的方式。地圖的圖形符碼乃是各種圖像再現之慣例的總和；**地圖圖像**的總合圖形，是這些慣例之行動的綜合體。

語言符碼

很難想像一張沒有使用語言的地圖。不論圖形再現和語言再現的演進如何分道揚鑣，幾千年來地圖還是兩者皆用。在地圖的圖像之外，語言採用了其為人所熟知的正文形式（textual form）：指認、解釋、詳述、相信、警告。然而，其主要功能發揮於地圖圖像，以及說明地

圖的圖例之中。和圖像標記一樣，文字標記在不同但互補的基礎上，顯示出地圖的內容。

在圖例裡，不同層級的圖像或圖像屬性，與它們所指涉之現象的語言再現之間，有語意上的連結(semantic connections)。就這個層面來看，圖例在個別地圖獨有的符號系統與文化上普同的語言系統之間，扮演了傳譯者的角色。所以，舉例來說，看到一個紅色圓圈，我們可能就會想到「招待中心」(即使我們並不確定那是什麼意思)。在將圖像轉譯成語言的過程中，我們使地圖文字化，並將其意義置於文字的再現與操弄之下。我們似乎不得不如此，也有要這麼做的需求。

在地圖圖像裡，語言符號不僅指出事物稱為什麼(「湖」)，也標出它的命名(「蘇必略」〔Superior〕)。因此，指認同時涉及到**稱號**(designation) 與**命名** (nomenclature)。許多地理上的命名留有稱號的遺跡，例如「聯合**城**」、「揚斯**鎮**」、「路易斯**市**」、「匹茲**堡**」；但是，它實際上不得不尊重自然的特徵。一個字眼，例如「河」，可能會在單一的地圖圖像中出現數百次。然而，當製圖者發現河川和溪流，或是湖泊和蓄水池不再能區別開來時，他將會設法除去同一字眼使用過度的弊病。在這裡，語言不僅為特徵命名，還要**彰顯出內容的差異**，因為這些差異以某種方式逃離了圖形的編碼。

如果語言在地圖中的功能只是為某個地方命名的話，我們就可以假定，語言符徵本身如果可以清楚辨識，並有正確的排列，便會固定在意義裡。事實顯然並非如此。在地圖圖像內，可以見到的語言元素，是作為圖形符號的對應部分，與圖形符號的內容和空間範圍重疊，並呼應其圖形特質。地圖圖像中，所有的字以及字的排列，被認定是圖形的一部分，因而產生了一種語言符號的領域，其最好的比擬是具象詩 (concrete poetry)。為了表示更高程度的重要性，字母加大，字體變粗，或者採取**大寫**的形式。風格、形狀，以及顏色上的變化，標

示了多樣的語意區分。當字詞被拉長、扭曲，字群被重新排列以配合所對應圖形的空間，正文的語法因而大多棄之不用。很顯然地，這種符碼所訴求的不僅是語音原型的排列方式而已。❸

　　地圖並未拒絕正文化（textualized）語言的基礎規則；若眞是如此，地圖將很快降格爲官樣語言的工具，或者變得毫無意義。即使是看似荒謬的陳述，如「拉香普藍湖」（Lac Champlain Lake）與「大里約河」（Rio Grande River），在雙語或多語文化裡，也符合文法。**語言符碼在製圖的脈絡下所得到的好處，是幾近無限制地取用圖形編碼的工具**。在完全用語言符號來製作地圖的嘗試裡，越能認識這些手段，就越成功；❸甚至在最爲人熟知的地圖中，文字符號的領域只依靠其自身，就能以和圖像符號領域很相像的方式，將地理景觀視覺化。地圖同時是…語言**和**圖像。正如字詞爲圖形提供進入其文化的語意領域之途徑，圖形也邀請字詞發揮其在視覺領域中的表現潛能。這樣的結果是幾乎與地圖同義之雙重表意作用（dual signification），以及它所致生的意義之互補性交換。地圖圖像提供了脈絡，使語言符碼的語意得以擴充，而包含多樣隱藏的圖形潛能；❸此外，也是爲達到同樣目的，地圖圖像安置了一套衍生的語法，來重塑所有語言符徵，使其適應於局部的圖形。

構造符碼

　　複述一次：符碼是用以詮釋的架構，也是一組慣例或規則，使表現（一個圖像或文字記號）與內容（森林、少於一千人的人口，或是多線道、限制進出的公路）得以對稱等值（equivalence）。事實上，符碼替某物如何能夠被視爲意指、**再**現另一物制定了規則。就此而論，符號在形構（formation）中被編碼，而在詮釋中被解碼；唯有透過符碼

的中介，表意作用才有可能發生。

每張地圖都使用一種構造符碼——這個我們曾討論過——一種建構的符碼，它以相較於測地學空間（geodesic space）的特殊關係來配置圖像空間。**❸❼**這種符碼在符號生產中，引發了從球體到平面的**地勢轉換（topological transformation），** 在詮釋時則將平面轉換成球體。它也有**尺度**功能(scalar function)，在邏輯上可與地勢轉換的功能區分開，但實際上則依賴後者。雖然構造符碼作為再現原則的角色非常明顯，但其內容與表現卻較不顯著，**因為這兩種功能因子都是抽象空間。** 構造符碼主控了一項符號功能，後者以**地勢學**為其內容，而以**關聯地勢學（correlative topology）** 作為其作用之產物。如果說製圖的投影與尺度並未被廣泛認定為符碼，如我們所知，這並非因為它們很難清楚地設定為符碼（因為在大多數情況裡，它們可以簡化成為簡明的數學表示法；而這確實比圖形和語言符碼更容易明確陳述)。反之，這是因為它們自身無法產生物質性的圖像；它們為空間提供空間，以抽象取代抽象，**而其作用要直到進行圖形編碼時才能看見。** 作為地圖圖像架構的經緯線網路，並非是構造符碼本身，而是構造符碼作用之後所產生的地勢之圖形。它也不必然會產生這種地勢的圖形；它經常只顯現於特徵的形貌與配佈，而當它被視覺化時，它主要是作為一個參照系統，來執行空間的文字化與數字化。

但如我們所知，這種符碼在空間**意義**裡往來，而它容許我們從地圖汲取的訊息，是關於距離、方向和範圍的訊息。它以某種方式決定圖面的形貌和尺度，使這些訊息得以從地圖圖像之中浮現。圖形符碼和語言符碼進入地理學知識的語意領域，而**構造符碼則提供它們語法的超結構(syntactical superstructure)。** 我們藉由這種符碼來表示**何處，** 而非**什麼。** 在模塑地圖圖像時，構造符碼使它能指涉到我們所佔有和經驗到的空間；而且它無可避免地承載了我們…關於那個空間

的預設概念(preconceptions)。因此，我們毫不驚訝地發現，地圖投影是政治爭議的核心，它偽裝起來以便支持我們的文化中心主義，並且客體化了我們的領土企圖。它之所以具有這些潛能，乃是因為它使我們依照我們的選擇來看世界——要多要少隨我們所願，從我們喜歡的任何有利視點觀看，並且附隨我們想要的任何扭曲——而且，即使我們知道不應該是這個樣子，它還是會散射出一種普遍和真實的氣息。它之所以能夠這麼做，是因為我們認定，在宣揚精確性的實務裡，它是唯一精確的東西——即使以最狹窄的角度來看——彷彿這就是它的存在理由。

時間符碼

「每張地圖在付印之前，便都已經過時了。」這句諺語是製圖辦公室的產物之一。通常是為了指導初學者，才翻出這麼一句諺語，將它看作是一項生命事實(如同死亡或繳稅一般)，隨後則當它是繪圖過程之複雜性——或**弔詭**——的必然結果，將它擱置一旁。若對此嚴肅以待，那便是對繪圖之科層官僚反應遲鈍的尖刻批評——這包括了科層官僚的每個成員，當然，製圖學家除外。然而，這句諺語最常引發的並非氣憤，而是陣陣大笑或會心微笑（**我們不要太緊張；我們說的只是過時，不是失效**），而且，這種事不會讓製圖學家失眠(這只是讓他們⋯不安罷了)。

不知如何，我們總有個印象認為地圖與時間毫無關係。我們會標出地圖的出版日期，也許還有蒐集資料的期間，不過，也就到此為止了——然而，這些作法僅與地圖作為記錄文件的地位有關，而與任何**地圖時間**的議題比較無關。若因此有些許不安，我們也不太理會，因為我們已經學會在可以處理的情境中製作地圖：**任何變動得太快，以**

至於在地圖面對其讀者之前，已然無效的東西，自始就不應該出現在地圖之上。對這些事物而言，地圖乃是不可穿透的：它把這些東西給過濾…出去。這也是尺度的部分功能：地圖是鉅觀尺度且鉅觀範圍的，而且，畢竟我們想要描繪的是山岳，而非順著斜坡緩緩落下的鵝卵石。然而，我們在製圖過程中逐漸感興趣的東西，在任何尺度上都不具有這種短期的恆久性；它們並非地理的固著物，反而比較是屬於**行為**的性質。❸這些興趣可能會激發新的地圖形式，但是，它們還無法迫使我們承認，地圖確實**具現**了時間，就如同——事實上是**因為**——它具現了空間。一般還是習慣認為地圖就像是一張快照——置身時間之中，但與時間無關；時間已經從中蒸散消逸無蹤了（就像是凡‧桑特的地圖）——或者，認為地圖就像是對中央車站(Grand Central Station)做三小時曝光的照片，其中的行動、事件與過程都消失了，被記錄下來的都是**永恆的物體**(就像地質測量的期間符碼所暗示的一樣)。我們**或許**能夠察覺相片對於時間的擺置，甚至警覺到永恆乃是這種行動的任意後果，但是我們拒絕以這種方式理解地圖。時間仍然是一個…**隱藏向度**，是製圖的**陰陽魔界**（Twilight Zone）。然而，地圖**確實**將時間符碼化了，而其**程度有如**它符碼化空間**一樣**；這使得地圖採用一種時間符碼，使它在時間向度上具有表意的能力。毫不意外地，這種關於時間屬性的符碼，其行動需要兩種次級符碼（subcode）來闡明，它們平行於那些作用於空間屬性的次級符碼。地圖使用一種**時態**（tense）符碼，以考慮其時間的**形態**（typology）；以及一種**期間**（duration）符碼，以考慮其時間的**尺度**（scale）。

時態乃是地圖所指出的方向，是它的時間參照之方向。地圖指涉過去、現在(或如此接近而可以當成現在的過去)，或未來——當然是相對於地圖自身的時間位置。所以，我們有過去時態的地圖(《清代東亞地圖》)、現在時態的地圖（《1986 至 1987 年北卡羅萊納州運輸地

圖》)，以及未來時態的地圖（明日氣象圖，或是核戰多天的模擬圖）。
我們還有些時間性的**情境**（temporal **postures**），某些幻想地圖（關
於地心、沙丘，或斯洛波維亞〔Slobbovia〕的地圖），它們的現在與
過去，與我們的時間分離，但並未完全斷絕；以及寓言地圖（allegori-
cal map）（如《婚姻生活地圖》、《福音禁酒鐵路地圖》〔*The Gospel
Temperance Railroad Map*〕、《地獄之途》〔*The Road to Hell*〕**❸**），
宣稱本身**非關時間**（atemporal）或屬**永恆**（eternal），因此是希臘文
法裡的**不定過去式**（aorist）。一旦地圖沈浸於過去之中，它們就變成
是**過去的**地圖（「古董」一詞要保留給具備優點或特殊吸引力的過去的
地圖），這些地圖會繼續在其中指涉**它們的**過去、現在和想像的未來。
複本與偽造的情境是一種位置（position）而非參照（reference），複
本表白了（也許僅是細聲耳語）真實的時間位置。

　　分辨現在與過去始終是困難的。一張定位於上個世紀的地圖，顯
然是過去的——可是，真是這樣嗎？1886 年的地貌圖，就其文化參照
而言，是屬於過去的——它所參照的是 1886 年的地貌知識狀態，或參
照當時的圖形再現狀態——但就其內容而言，卻非屬過去，因為我們
迄今仍堅信能夠描摹內容而使之⋯不朽。鄂文・萊智（Erwin Raisz）
的地貌圖，穿插出現在現代地圖集的書頁之間，可以明顯看出它們是
從其他時間移送至此——**確實沒錯**——但我們還是將它們當成是**現在
的地圖**。**❹**由於缺乏比較穩定的標準，所以製圖時間的歷程就在編輯
時被排除出去。就地圖集而言，這是由於政治與發展變遷的步伐而加
速，但因產製地圖的限制而減緩；而地形圖則遭受地域性活動強度的
調節；並藉由數位化資料庫而將之固著在永恆的、虛擬的現在（vir-
tual present）。**❹**同時，如我們所知，方形測量地圖用一種鮮豔的淺
紫色表示時間——介於手上的地圖與先前的版本之間的時間——宣稱
⋯這些是新的事物。珍愛的地球儀被割愛進入車庫拍賣會與跳蚤市場，

昂貴的地圖集變成是一種藝術投資，我們甚至還有一種用後即丟的地圖(其生命週期約與報紙相當)，其特性與其說是它們的氣味難聞，不如說是預期要被立即作廢。我們逐漸意識到現在時態與過去時態之間的距離；不過，只要距離仍有相當的彈性，它就會——恰如大家告訴我們的——迅速縮小。

地圖的**期間**符碼作用於時間的尺度面向。正如空間尺度構成了地圖空間與世界空間之間的關係，時間尺度也構成了地圖時間與世界時間之間的關係；這就是說，地圖含括了這個或那個世界時間的段落，具有一定的厚薄程度。以一張萊里市中心交通密度的電子地圖為例。一分鐘之內，在一具彩色繪圖終端機上，電子地圖展現出一整日的活動。此一地圖的**時間尺度**，乃是某種間隔（1分鐘）相對於另一種間隔（24小時）的比例，也就是1：1440。它就像空間比例尺一般。**❷**當然，這是一個極易理解的例子。若換個例子，試想一個初臨萊里的訪客，圖繪公車窗外的環境。星期六的午後，他剛從馬汀街的中央轉車點，搭上往南桑德斯地區（South Saunders）的公車。

4點51分　距離公車開動還有4分鐘。車外有些人坐在長椅上閒談、看報紙，或只是等待，享受費葉堤維街購物中心(Fayettevill Street Mall)兩旁銀行與商業大樓之間，傾灑而下的春陽。在一端，購物中心延伸至玻璃帷幕的鋼骨大樓，卡芬遜中心。另一個方向，三個街廓之外，首府的藍綠色圓頂，突出於一大叢橡樹之上。兩端的景致，都穿插了購物中心的裝飾：樹枝、花盆、散置的雕塑、一個裝設在鑲鏡亭子上的鐘。另外還有七位乘客在車上，其中一位不斷地伸手到甜爆米花盒中。隔壁座椅上有五道刀痕，到處都可見到醒目的假名，混雜於褪色的塗鴉之中：「貓鵲」、「直飛幫」、「Woogie Tee」。

4 點 55 分　公車從路緣啓動，另一個人在前面敲門，公車因而突然停了下來，然後平穩地開走。沿著人行道，街道兩旁昇起灰色和黃灰色的屋牆而顯得局促，有六層樓那麼高。在眼睛的高度上，老舊商店門面的平板玻璃中，映著公車黯淡的影像。所有的東西都蒙著一層陰影。

4 點 57 分　公車右轉至布朗特街（Blount Street）。在左邊，陳舊的倉庫迎著陽光。其中一棟張貼著改建的告示。下一個街廓的兩旁都已夷爲平地，右邊是一大片柏油和擋風玻璃，形成市中心辦公大樓群的前景。接著的幾個街廓都是破爛的簡陋小屋，走廊上滿是曬衣繩和油漆過的金屬椅，然後是廣袤的南街，清楚地沿著紀念大會堂（Memorial Auditorium）散裂開來，它像是座雄偉的體制化的裝置藝術。

4 點 59 分　公車通過蕭渥大學（Shaw University）的人行天橋底下，右傾轉入史密菲爾街（Smithfield），然後停在一小叢杜松旁邊。威明頓街（Wilmington）與莎栗貝禮街（Salisbury）在此匯聚爲 50 號公路，以嶄新鋪面的六線平整車道通往郊區嘉納（Garner）。此時，雙向車潮乍然湧現，公車駕駛員盤算著他的機會。

5 點 01 分　穿過通勤者的奔馳大道之後，公車喀拉喀拉地越過鐵軌，右邊車窗外掠過紀念大會堂的背影。公車搖搖擺擺地左轉，進入古老的費葉堤維街，停在一片台地斜坡下，台地頂有座典型的紅磚造小學。正對街處，橫陳著一片公共住宅，包覆著棕色木質外壁，到處都是潦草的噴漆。這時，有一個乘客下車，兩個少女抬著一個嬰兒車，從前門上車。

5 點 03 分　右邊是希望山墓園飽經風霜的墓碑，被青茂的枝葉遮蔽，而左邊的公共住宅之後，是方整的小宅院。公車右轉駛入梅

　　　　　　武德街（Maywood），仍然是些小宅院，但是逐漸顯得活
　　　　　　潑光鮮些。社區籃球場上，穿著粉紅色連身運動服的女孩，
　　　　　　跳投 15 呎的籃框。

5 點 06 分　公車蹣跚穿越紅泥地中的斜坡通道，紅泥標示了未來南桑
　　　　　　德斯街的拓寬，然後公車煞車停在亞伯海產店對面。公車
　　　　　　繼續右轉駛入南桑德斯街，在凱洛舊胎店左轉，再右轉進
　　　　　　入富樂街（Fuller）。而在惠樂湖街（Lake　Wheeler
　　　　　　Street）的尾端，突然出現一長串小巧的連棟住宅。一個輪
　　　　　　胎就掛在窗外晃蕩（是不是凱洛舊胎店的呢?）。有許多乘
　　　　　　客在這兒下車；一個乘客上車後遇到熟人。「你好!」「好
　　　　　　啊!」

5 點 08 分　公車右轉駛入惠樂湖街，順其長坡而下。沿著坡道左邊，連
　　　　　　綿的鐵鏈高籬是多洛夏・迪克思醫院（Dorothea　Dix
　　　　　　Hospital）的邊界。右側陡峭的斜坡下，散落著一片亂七
　　　　　　八糟的屋頂，而前方擋風玻璃外，卻展現著萊里市中心最
　　　　　　美麗的全景。在坡道底端，這條路接回南桑德斯街，那兒
　　　　　　的阿畢雞排店屋簷上，橫列著整排的灰泥母雞。

5 點 11 分　經過多洛夏・迪克思醫院出入口之後，公車停在海洛堤公
　　　　　　園（Heritage Park）（這又是一個公共住宅計劃，但其野
　　　　　　心遠甚於費葉堤維街上的那個）前面。三位乘客拎著午後
　　　　　　採購的物品下車了，然後右轉到南街，朝著市中心區的反
　　　　　　向離開。又一個下坡，從一對緊臨的鐵道陸橋底下鑽出來，
　　　　　　然後陡然上坡，進入複雜的巷道。就在距離紀念大會堂一
　　　　　　個街廓之處，公車一個左轉駛入麥道威街（McDowell）。

5 點 13 分　左邊是一個停車場，然後是齊薇特約商。右邊是另一個停
　　　　　　車場，接著又是一個，再接著還是停車場。到處都是小汽

車。看不到等候的人，只有小客車。市中心的辦公大樓聳立在右邊車窗外，然後又消失在一棟四層樓高的立體停車場之後。一棟辦公大樓頂上，凌亂地擠著許多碟型衛星天線。

5點15分　在麥道威街與馬汀街口的轉角上，越過公車駕駛員的左肩，見到的是納許廣場 (Nash Square) 的廣袤青翠綿延不斷。一大堆沒有什麼特別意圖的人，在那兒遊蕩穿越公園。公車向右轉，硬擠入馬汀街的樓房之間，幸運地通過莎栗貝禮街的紅綠燈，然後公車緩緩切向路緣。車門打開了。車外的溫度仍然是華氏 79 度，不過由於位在陰影裡，所以覺得比較涼爽。

　　如果公車未曾回到馬汀街，那麼，這段經驗就與空間沒什麼特別關連了；它**在時間裡**展開，猶如一系列的印象，而它的空間性質一直是潛隱的，直到接上了出發點，形成**封閉的旅程**時，才會顯露出來。直到那時，所有曾見到的事物都成了──同時性的 (synchronous)，而原本感覺混亂的訪客會大喊：「我知道我在哪兒了！」(在某個程度上，這表示：「我知道，我曾到過這兒」)。空間被環繞且被掌握(不是指那種附著在空間周圍的薄弱連貫景象，超越了其封閉的掌握之外)：**時間已經塌疊進入空間之中**。時間依然在地圖上呈現，卻是以…**空間**的形貌展現。❸在米納德有關拿破崙出兵俄國的《圖像地圖》(*Carte Figurative*)中，❹時間就是實際的距離，呈現在倒下的軍靴之韻律和日漸縮短的兵士名單中。較不具戲劇性但更為直率的，是美國汽車協會 (AAA) 道路地圖集背後的「行駛距離表」，每一段路程，既視為是一種空間間隔 (255 英哩)，**也**是一種時間間隔 (五小時又二十分鐘)。❺奇特的是──或許這是可以預料的──它也企圖傾覆其作為地圖的身分，不過，雖然它已經宣稱自己是一個「圖表」(注意看，「**不是**地圖」)，

但它仍然看起來像是一張地圖，而且仍然具備地圖的功能。

　　我們可以假裝這份地圖的向度，全然是同時性的，除非它被當作是一種技術或方法演變的例子，否則它絕對沒有貫時性；然而，任何一位製圖者若曾經從原有的道路接上新路，或曾在一張有二十年之久的冰冷舊底圖上，標示自己最近研究發現的溫熱新符號，那麼他就比較能夠理解。時序錯置（anachronism）的潛力相當巨大；有時甚至會暴怒發狂，就像誘引我們早期的大陸探索者，橫越美國 48 州或加拿大 10 省的紋理的地圖一樣（**本土的州省？什麼本土的州省？!**）。時間

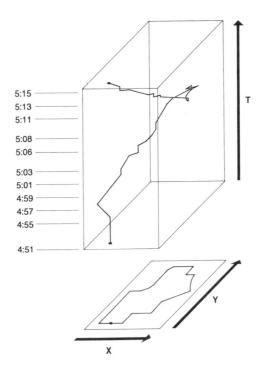

一張公車旅次的時空地圖，以及時間向度被壓縮爲零的平面投影。空間是同時化（synchronization）（時間扁平化）與移動之封閉性的產物。

總是呈現在地圖上，因為…它與空間無法分隔。時間與空間是既容互換又可互補的萃取物，二者也是更高向度秩序的時間／空間之投影。除非有缺乏空間延展性的地圖，否則我們就絕不會有缺乏時間厚度的地圖。我們無法從地圖之中擠走時間，只能在地圖上展現時間。

呈現符碼

　　地圖的時間、地圖的空間、在這個架構中物質化的現象，以及一大串術語和地圖上的地形專有名詞，這些都不是…地圖。透過複雜的圖像及語言標記系統來呈現，前述這些東西成為**地圖圖像**的內容；但是**地圖**，正如我們已經指出的，比起被拋棄在觀眾門階前的孤立圖像還要來得多。地圖圖像伴隨了一大堆符號：標題、日期、圖例、題解、比例尺說明、曲線圖、圖表、表格、圖畫、相片、更多的地圖圖像、紋記、正文、參考資料、附註，以及任何潛在的視覺表達方式。地圖聚集這堆**混亂**的符號，使其成為一致而有意義的…**命題**。這些符號如何聚集在一起，就是呈現符號的範圍了，它將地圖訊息彼此之間的關係當作**內容**，並且提供有結構的、有次序的、相互連結的、有情感的展示作為**表現**：具有正當性的論述。

　　這種符碼較明顯的面向，屬於內部表意作用。它根據地圖的結構發揮作用，劃分紙頁的空間，並給予恰當比例，保留間距、欄位、管道和留邊等觀照上的幾何學。從長方形的首要地位開始，它呼應了我們的環境（物體、房間、建築、街道、城市）、使用（剪裁、摺疊、書櫃、書架、打包、文件架），以及閱讀本身的歐幾里德系統化。在這個潛藏的超結構裡，地圖的成分被攤開來，由一個位置的框架來固定符號對符號、符號對地面的秩序關係，並且賦與地圖一項**計畫**、一種論述策略。論述透過強調（大或小、明顯或壓抑）及說明（符號的相對

複雜性、意義的繁複性）而連結起來。

不過，呈現符碼的運作超出了圖像組織架構之外。由於它作用於作爲一個整體的地圖，它的效果彰顯**在整個地圖裡**；而其中若干效果清楚地以外部表意作用爲目的。地圖有一種論述的基調：輕柔／宏亮、平緩／活躍、愉悅／激動、文雅的／挑釁的、悅耳的／刺耳的。大多數「好的」地圖將自己擺放在這些對立面的左側，比較意識到…專業慣例的要求，而不是主題的要求——或者，它們本身的旨趣便是把即使是最緊急且棘手的主題，柔和轉化成爲平緩的背景音樂（其反面也是同樣不協調：有些在主題上最平凡的地圖，卻以像毛瑟槍子彈一般沈重的象徵來恫嚇讀者）。地圖亦反映自身的特性。它以小氣或大方、吝嗇或慷慨的方式來消費資源，而確立了它在衆多地圖之間的地位：努力的程度、技巧的精湛與否、色彩的豐富、物質的感覺、留白的空間多少、地圖大小等。這些姿態在地圖集中更爲明顯，因爲它可以堆聚成爲具有可觀的厚度及重量的物體。因此，在某個極端，我們有《世界地理地圖集》公園大道般的享樂主義，布面精裝與燙金字體的封面，封皮即厚約四分之一吋，由大約五平方呎大小的精美紙質裝裱起來。❹另一個極端則是《核戰地圖集》的嚴峻戒令：以馬克思主義小報的形式呈現出反地圖集的立場，你可以想像這彷彿是利用手搖式印刷機，歷經數小時製造出來的文件，在街頭塞給緊張兮兮的雅痞，或是釘在某個參議員家門口。❹政府地圖尤其具有地位意識，宣布了它們的印刷費用或使用再生紙漿的比例，以免引起心存忿恨的納稅人群起攻伐。地圖也宣告了它的聯盟對象：專業陣營（製圖學家的地圖和設計師的地圖截然不同），它的制度盟友（國家地理雜誌的地圖與巴托羅繆〔Bartholomew〕的地圖不同，藍得‧麥克納里出版的地圖與美國汽車協會的地圖互異）；有時候，作者的方法與美學觀也有所差異（波曼的曼哈頓地圖就和安德森〔Anderson〕的曼哈頓地圖不一樣）。地圖還具有投

射的面向：它是為特定的讀者而準備的。它的讀者鎖定高雅或凡俗，漫不經心或關心專注的人，對地圖處之泰然或恐懼地圖的人，主管或商人，有錢人或學生，明眼人或盲人。它以**他們**的語言說話：說著極度客觀的節制、高熱色彩的高科技、新聞式的漫畫、鄉村或西部風格，或是市郊遊樂場的語言。

地圖的呈現符碼不能被解釋為是一組簡單的圖像組織規則，尤其是沒有界定那是屬於**誰的**規則。它的行動並不局限於呈現的結構層面，或局限在視覺優先性及閱讀順序的事務上（至於在電腦**為**電腦製造地圖以前是如此）。地圖並不是辯論社的演練；它穩固地植基於真實世界，其中的結構、秩序、連結的抽象化，無法切離美學或甚至是信仰的課題──正如這段文章的文法也不能抽離它的意義，或是作者的態度與價值。

符號功能

地圖與關係有關。甚至在最沒有野心的地圖裡，簡單的呈現也被吸引到多層次的關係裡，整合及解離了符號功能，包裹及重新包裹了意義。地圖是高度複雜的超級符號（supersign），**㊽**是一個由次要符號群組成的符號，或者，更精確的說法是，它是許多符號的合成：這些是因其自身而存在的超級符號，是具有更明確或個別功能的符號之系統。並非地圖傳達了如此多的意義，透過**詮釋的循環**而**開展**這些意義，並且在此過程中不斷地破壞與重建；更正確的說，這並非地圖真正的工作，而是它的使用者的工作，使用者經由揀選及區分、組合及重組其各個項目，進而達致認識與理解，從而創造出豐富的意義。不過，無論如何精細，這並不是一個無限的過程。不可避免的，它有一個底限，亦即抗拒被分解為構成之符號成分的最具體的符號功能，而

其上限是接觸外部表意作用領域的整幅地圖的整體，即超級符號；介於兩個極端之間，則有分層的排列。二層次法曾經一再地被提出，❹而且廣獲採納，不過這還不夠。如果我們打算解釋地圖如何透過它的地圖身分，而衍生及組織符號演繹過程，我們便需要至少四個階層或層次的表意作用來說明：即基本的(elemental)、系統的(systemic)、合成的(synthetic)，以及呈現的(presentational)。

在**基本**層次上，視覺事物（記號）在由地圖圖例所宣告的一套原始符號功能裡，連結了地理事物（特徵）（也許並不完整）。在**系統**的層次上，符號（超級符號）是由類似的元素組成，構成特徵之系統及相對應的標記系統。在**合成**層次上（超級－超級符號?），不同的系統共同結盟，互相提供意義，並且共謀創生全面的地理圖形。在這點上，我們勾勒出了地圖圖像；但是，如果沒有標題及圖例，以及更典型的，一系列採取了正文、圖畫、圖表，甚至是製圖形式的支撐符號，就沒有**地圖**。在**呈現**層次上，地圖圖像與其他表意作用領域的相關性符號整合，並且產生關係，然後我們最後──或最初──才擁有完整且具備正當性的地圖。我們的立場並非地圖是由組成分子拼組而成（在感知上組合），或是把它們拆解成各個組成部分（在感知上分解），但是我們假設地圖可以從任何表意作用的層次進入（或許是同時出現許多層次），而詮釋可以從兩個方向進行，藉由整合或是分解，而邁向地圖或是標記。❺然而，這未必是以直線進行。我們有可能偏向於認定這些表意作用的層次，是序列過程裡的各個階段，而且這個過程一旦開始作用，便義無反顧地朝向最大或最小的整合前進──這麼想的部分原因是討論它們時的次序，另外部分原因則是邏輯傾向所致。但這不是我們的觀點。這些詮釋的層次是**同時並存的狀態**，雖然地圖──或是地圖的一部分──對某個觀察者而言，在某個時刻可能只佔據這些狀態的其中之一，但透過感知轉變的過程──亦即地圖的重構或重繪

——依然可以同時觸及這些狀態。

基本符號

就定義而論，基本地圖符號無法再分解成為指涉**獨特之地理實體**的更小符號。它們是意義最為直接的單位，在地圖圖像裡明確地指涉具體（奧馬哈〔Omaha〕）或抽象（一千頭豬）的特徵。利用地圖的圖形符徵來評估，這項標準很容易混淆；我們必須牢記，符號並不是表現，**而是表現與內容的結合**。基本地圖符號在地圖內容分類的最底限作用，在這個底限之下蘊藏著衍伸意義及顏色，不過這些都無法構成特徵。如果地圖的嚴格語言學模型類比得太過火，這個模型便無望地在這個議題上被扭曲。問題：**與音素(phoneme)相等的圖像為何？** 答案一：**根本就沒有**。答案二：**這是個錯誤的問題**。正如我們所見，地圖是圖像的媒介，強加其行為於語言之上，而不是以另一種方式；我們也沒有其他理由去期待圖像符號遵守嚴格制定且分別發展的音素之再現規定。

在基本層次上，圖像標記（三角點、藍色線）被等同於特徵（有鈷礦或河流）。不過，基本符號未必只有一種聲音。在主題製圖學裡，發明多種形狀、多樣色彩、多樣尺度(polyscalar)，因而是多重意義的地圖符號(作為元素)，是常見的事；雖然每個透過這類原則而形成的符號，僅僅指涉了一個特徵，但它同時表現了那個特徵的數種不同屬性。❺地圖符號的基本性質在於其地理指涉的單一性，而非意義的單純性。視覺上的單純性，也不是判斷的標準；基本符徵並不局限於視覺上的原始觀念，如點和線等。它們可能輕易採取更複雜或更明顯的圖形形式：例如，並置的兩面旗幟代表疆域交界之處，牛眼是城市，一連串的點及虛線是政治疆界的符號。雖然如此複雜，但這些都是基本

符號；它們在詮釋過程裡並未被分解：如果只有一面旗幟，就沒有意指任何事物；牛眼的點無法與環繞其外的圓圈分離；模式化的線無法化約成爲摩斯密碼。這些都無法解散成爲自足的符號。

符號的自主，以及它的基本地位，只能從**與之伴隨的整個地圖語彙**的觀點來評估。舉例來說，教堂的表意作用以方形上加一個十字來代表。如果方形上面沒有十字，便代表一般的建築，或者假使其他的符號可以和十字交換以代表不同的建築類型，那麼方形就成了基本表現，而十字（或其他任何圖案）則是次基本的圖案。十字實際上是一個限定物(qualifier)。它的內容是特別的，但不是特徵；而且無論它在地圖以外的象徵能力或自足性如何，在地圖裡，在承載它的方形之外，它沒有**地理上**的指涉。這就是基本的建構，兩個符號的文句構成品，一個與另一個搭配結合。它的表現在結構上可以劃分爲兩個或多個符徵，同時有個別及共同的意義(建築物＋基督教＝教堂)。另一方面，假使方形只和十字同時出現，它除了兩者的結合之外，沒有任何其他指涉，那麼它們必須共同出現，這時就不是一種建構物，而是一種沒有區分的元素，就像並置的旗幟一樣。這種區分很重要，因爲它說明了基本句法的出現與否。

我們如何解釋顯然宣稱指涉相同特徵的兩個符徵，例如藍色線條和藍色區域，同樣代表製圖學上的標準湖泊符號？以克利(Klee)的話來說，❸我們可以視這些有共同範圍的符號，展現了同一視覺平面的中間及主動條件。就湖泊的**可能**再現方式而論，這是有效的，不過一張地圖只能承認其中一種可能性，而必須排除其他可能性：我們不會看到某個湖泊以輪廓代表，它旁邊的湖泊則是一塊著色的區域，再旁邊的湖泊則是兩者兼而有之。❸在**兩者兼有**的地圖裡，沒有一個符徵顯得累贅，因爲在那樣的脈絡中，其中一個單獨出現就沒有意義了。另一種分析同樣是從形式主義的觀點出發，認爲湖泊符號是一個視覺元

素：由其輪廓構成，並以藍色爲其特性（在這個例子中，藍色沒有形
式，只是形式的特性）。以之作爲符號如何作用、如何連接內容與表現
的解釋基礎，這使我們陷入一種荒謬的情境。湖泊是由向內封閉的藍
色線條代表；如果在這個圖形中我們發現一塊藍色，那麼我們就會解
釋這個湖裡有水！這兩種情況——前者同時接受線條和區域是代表同
一符旨的符徵，後者則是只接受線條爲表示特徵，而否定它所包圍之
區域的形式地位——拒絕承認我們視作理所當然的⋯⋯即藍色線條就
是代表湖岸，而藍色區域代表湖面。無論正確與否，出於天眞或世故
的動機，這就是我們解釋的方式，這就是我們繪製地圖的方式。當然
嚴格說來，除了水和陸地的分界，或是水位相對於陸地表面爲零的所
在（無論那是什麼）之外，湖濱特徵並不眞的存在——濟得(J. S.
Keates)反對在街道計畫中採用界線符號的情況，也適用於此。❺但假

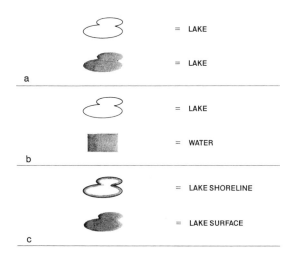

對於湖泊符號的各種詮釋：a 和 b 採取形式主義的觀點，而 c 是一個符號約定。c 之中的湖
岸線與石板印刷術時代之前的湖泊符號類似，絕非偶然。

使我們接受等高線，以及其他等值線圖（isoline），那麼我們當然就會學習接受湖濱線：湖的**表面**也沒有比較具體——它只是水與空氣的界線——而它是平面（我們可以在上面滑水）而非直線的事實，使它也頗為抽象。

因此，原則上我們認為陸地表面和水位大致是平行的平面（和其他任何地方一樣，有共同範圍），在這些平面交錯的地方，我們習慣上以藍色線條來劃分它們的交界處，並且在線條的一邊塗上藍色（通常是有水的那一邊）。於是，我們就有兩個抽象部分：湖岸和水面，我們願意賦予它們特徵的地位（並依此繪製地圖），同時承認它們是湖泊（或池塘或海洋）特徵之**衍伸意義**的眾多層面中的兩項。所以，我們有了另一個類型的符號建構（湖岸＋表面＝湖），只是這次兩者都是特徵。而這變成藍色線條本身並不代表湖岸（雖然在同一張地圖上可能代表河流），只有在一側出現藍色區域。而另一側沒有時，它才代表湖岸：**藍色區域是符號建構的一部分。**❺❺因此，雖然地圖語言是從文化預設之可能性的倉庫取材，它的用語只有在應用時才有明確的定義，而個別地圖的語意場域及句法結構，形成了一種獨特的方言或語碼（sémie）。

我們已經嘗試說明，為什麼我們必須堅持地圖符號必須同時考慮表現**與**內容，並指出了形式主義觀點的不足，這種觀點只考慮符徵而不考慮符號，同時還指出我們對於現象的概念化，如何構造甚至支配了我們再現這些現象的方式。因此，一個基本符號乃是一個**基本意義的符號**，它指涉了地理景觀的一個基本元素，無論它是多麼地人為假造，我們通常不會將它拆解成為構成的成分。以此為前提，便有可能從各種元素開始，建立符號系統以及系統化的意義。

符號系統

　　我們所謂的符號系統，是指**在地圖圖像空間裡延伸**的一套或一組類似的基本符號：一種統計單位的分布，一套管道網路，一組區域實體的矩陣，一群等值線。在這方面，我們可以辨認道路系統、河流系統，或是城市系統。這需要我們將許多相似的符號解釋爲一種符號，這又是一種句法的產品，不過，這裡指的是一種……**地理**句法。這種系統性的符徵，是由測地學空間中，與之相對應的一套現象之配置，以及將這個空間轉變成紙頁之平面的地勢學轉換所塑造。它也是由我們最初定義元素的方式所塑造。如果我們要繪製美國山脈地區分布的地圖，並認定所有高度在 1500 公尺以上的陸地才符合標準(這是非常簡化的觀念)，而將低於此高度的地形排除在外，我們會發現這與採取

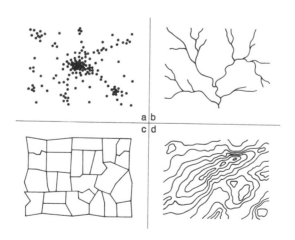

典型的製圖學符號系統：a.一個離散的分布；b.符號的網路；c.符號的陣列(matrix)；d.巢狀化的符號。不論是移植或圖像的象徵運用，每個系統都以一種獨特的方式，將地景組構起來。

2000 公尺作爲標準所繪製的地圖之符號系統大不相同。情況通常不會如此單純。假使我們要繪製空中污染物質的毒害程度，那會怎麼樣呢？地圖針對這個主題所能訴說的，是由我們所接受的毒性程度的何種標準，以及**誰**的標準來決定的。**終究，一個系統在內容上畢竟是特徵的系統——而特徵只有在我們認同其爲特徵的情況下才存在。**

　　地圖上的符徵之配置，只有藉由我們將其元素組織成爲某種整體的感知能力，才構成一個系統。在系統的層次上，元素之間的相似性基礎來自**移植**(implantation)（產生點、線或區域系統），以及那些分別被定義爲**品質、名稱、區別**或**差異**的形式和色彩屬性。毫不意外地，後者在語言符號裡和在圖形符號裡一樣有效，舉例而言，可以斜體字或藍色來區分出水道學的專有名詞。不過，令人驚訝的是系統性符徵可以忍受極大的變異，而不會分裂成爲碎片。我們的公路地圖幾乎毫無二致都是以像**北歐開胃菜**那麼複雜的色彩，來作鋪面道路的顏色：紅、藍、黃、黑、棕，幾乎印染工所有的色彩都包括在內。如果目標是要呈現一致的公路**系統**，那麼我們所做的幾乎就是混亂這種認知。不過這個目標仍次於標示以政治爲基礎的**次系統**，篩選出聯邦、州，以及郡的財富之相對成就。這些地圖不能像不符合邏輯的設計，或是對美學遲鈍的產品一樣，予以一筆勾消；它們是圖像的範例，顯示了地圖的外部表意作用功能，如何……**滲透**到地圖最實用與顯然最不帶感情的設計決策之中。

　　我們可以免除這類事情的理由是，除了零星的分布之外，製圖學符號系統的典範是連接性(connectivity)。它們的元素彼此扣連、臨接、孕育或包裹。**它們有構造。**我們首先辨認它們的結構，並且利用它們的元素之特性，主要是要揭明否則無法區辨的次系統，或是釐清有類似結構的系統。**這也就是說，我們比較注意系統的句法，而非其成分的語意輸入。**我們並非藉由藍色公路的符徵比較寬而且比較不彎

曲,來區分出它和河流的不同,而是由於**它們作為系統的結構不同**,它們顯然是**不同的地景**。系統是一種地景,因為某個元素只是**位居**某處,而系統是……**朝向**某處。

合成

正如我們先前所述,沒有所謂單一主題的地圖。想想主題製圖學的這個象徵:一排漸層的圓圈,背景是幾乎沒有輪廓的主題區域。這樣的地圖圖像可能代表了海岸線(通常其精細程度超出任何可以想見的用途)、水面、地表,以及一種或多種的地產界線,還有──幾乎被遺忘的──漸層圓圈所可能代表的任何意義。去除這些圓圈,便剩下最根本的三種符號系統,通常是這個數目的兩倍,潛藏在表面順從的筆跡之下。當然,製圖學家為製圖學家設計地圖──如同建築師為建築師設計建築物,而政治家為政治家制定法律一樣──不過,若假裝這是單一主題,那就是……**瘋了**。我們真的可以把這種事視為理所當然嗎?我們真的完全被催眠,因而甚至無法**看見**地圖嗎?

地圖與關係有關。換言之,它們是有關某個地景──道路、河流、城市、政府、糧食、毒藥、良好生活等等,無論什麼東西的地景──相對於其他地景的位置。地圖綜合這些不同的地景,投射到或投射進入其他地景,而明白暗示了其中一樣地景與另一樣有關,或者**這個地景**是**那個地景**的媒介或效果。地圖不可能只是說某物出現了(出現……**在那裡?**),或它是以某種方式分布(相對於……**什麼**而分布?)。在這個層次上,作為一個整體的地圖圖像乃是超級符號,而它所分解的各種**系統**是構成它的符號,這些符號只有在相關於其他符號時,才產生意義。梅洛-龐帝(Merleau-Ponty)是這麼說的:

我們從索緒爾的理論得知，以個別符號來說，符號並不意指任何意義，每個符號也比較不是表達某個意義，而是標明自身與其他符號之間意義的分歧。既然同樣的說法適於所有其他符號，我們可以總結說，語言是由沒有項目(term)的差異所組成；或者更精確地說，語言的項目是由彼此之間的差異所產生的。這是個不易了解的概念，因為常識告訴我們，假使項目A和項目B沒有任何意義，就很難分辨兩者的意義之間如何能有所差異；如果溝通真的是從說話者的語言整體，傳達到聽話者的語言整體，我們必須先認識語言，才能去學習它。不過，反對的論調正如芝諾(Zeno)的弔詭一樣；正如芝諾的弔詭被運動的行動所屈服，這種反對論調則被言說的使用所屈服。❺❻

任何分布的點、分岔線，或是巢狀線的系統，可能代表了什麼？**並不多**。如果將它與我們可以辨識的符號系統並置在一起，或是加上使我們得以支撐這個系統的命名法，它們可能成為符號，而這並非由於任何抽象的地理參考點，而是**相關於**另一個對觀察者有意義的符號系統。❺❼如果你必須訴諸地圖名稱，以便確定**這張**青少年自殺率地圖是發生在洛杉磯，那麼你可能是太過疏離，而覺得事不關己。地圖**所做的**(這是它最重要的內在符號功能)，乃是允許其構成系統開啓並維持彼此之間的對話。這顯然就是當我們看到道路攀爬而上的斜坡時，為什麼道路會摺疊回向自身，或是當我們看到兩條道路分列河岸兩側時，為什麼兩條道路會相距投石之遠而彼此平行，或是當我們看到一座城市及交通顛峰時間的折磨時，為什麼州際公路會扭絞成為緊繃的圓圈。我們非常**清楚**這個系統的行為，事實上，我們可以在完全缺乏其他系統的直接再現時，把它看作是其他系統的索引。❺❽一旦面對它，地圖便證實了這些理解；不過，它們是……**已經由地圖所創造的理解**。

　　每個符號系統的完形(gestalt)❺⁹都是相對於另一個符號系統，或各系統之次級合成的符號學基礎而定位的。州際公路地圖上的道路之定位，並非對照於不明顯的白色表面；它們的定位是以北卡羅萊納州或伊利諾州或德州為基礎。在道路之間的並不是醚(也不是 40 磅的史普林希爾凸版印刷)：它是煙草和拉布拉利松(loblolly pine)和滿佈皮德蒙特的紅土地，或是點綴著幾隻烏鴉的起伏之玉米田和約翰・迪瑞斯(John Deeres)，或是無盡的沙地與在熱浪中搖曳的霸王樹。在地圖裡，**沒有什麼東西不意指(signify)某些事物**。甚至月球地圖亦然。因此，水流是相對於地形的基礎來詮釋，反之亦然；植樹模式則相對於前面兩者的基礎來解釋，而不論兩者或其中之一，又相對於植樹模式來詮釋。在合成的地圖圖像裡……**每個符號系統都被潛在地襯托出來，而且每個符號系統都是潛在的基礎**。甚至陸地本身也沒有固有的或無法改變的基礎：試著告訴衝浪者，公路地圖上連綿的海岸線不過是公路系統的背景，他們會讓你明白，這些全都落在後面。❻⁰

　　地圖圖像是在空間和時間上記錄之完形(gestalten)的綜合體，每種綜合各成其理；若是假裝這個整體只是其片段之總和，或者我們只能就它們的優先順序建議某種排列組合，那就是把我們對地圖的概念化約成為圖表。沒有任何程度的主題壓縮，可以使地圖符號之間的對話靜默。地點把世界的模型塑造為各系統之間的交互作用，並且將它作為多重聲音的類比呈現在我們眼前，無論和諧或是噪音，都清晰可辨。透過地圖，我們觀察到系統之間如何彼此呼應，並評估這種回應的性質與程度。**我們經由地圖來探索世界**，並非假裝是身歷其境的亞馬遜流域旅行者，縱橫於《國家地理雜誌》的書頁之間，而是以我們自行選取的詞彙來重新創造，並且從我們所創造的東西之中，竭盡所能地扭絞出最多的意義。

呈現

　　地圖在呈現時即到達了……**論述的層次**。它的論述形式或許是像單一地圖圖像一樣簡單，透過標題、圖例、比例尺而使人能夠了解；或者像《新世界概況地圖集》一樣複雜，❻**❶**向讀者傾洩而出多種吵吵嚷嚷的地圖圖像、圖表、圖畫、表格，以及文字。這也許像是渡假券、紙板旋轉星座位置圖、襯著樹脂薄板的購物中心指南、絮絮叨叨的超市錄影帶播放，或是麗光板餐桌的餐墊一樣紛然雜陳。呈現不只是把地圖圖像放置在其他符號的脈絡裡：它是把地圖放到讀者的脈絡裡。羅伯·修列斯(Robert Scholes)在文學的領域裡，指出論述是：

> 一段正文的評鑑、論斷、勸說，或是修辭的面向，它們相對於只是命名、定位及覆述的那些面向。我們亦提到「論述形式」是特殊種類發言的發生模型。十四行詩和醫藥處方都可視爲是有規則限制的論述形式，這些規則不僅涵蓋了其言語程序，也包括了它們的社會生產與交換。❻**❷**

　　他還提到了：「……論述的編碼是一種形式策略，一種使論述製造者能夠傳達某種意義的結構化之手段。」❻**❸**

　　在論述存在之前，必須先有呈現的符碼，以及讀者能夠運用這套符碼，**透過**結構來接觸意義。對我們而言，這意味了「知覺者」(percipient)的概念必須延伸到製圖者、地圖使用者的整個文化，並且作爲這個文化最重要的層面之一，還涵括他們生產及利用策略性符碼的能力，這套策略符碼使地圖能夠**討論**世界，而不僅限於提及世界而已。

　　將地圖帶到這一點，我們使它完全觸及外部表意作用的過程，並

且能夠被挪用。它可以被攫取，並且整個(必須是完整的)被取用，替神話式呈現的動機服務。購物中心的平面圖，以色彩編碼，根據商家的主題、字母順序及數字排列——這是爲了非邏輯的大眾，以邏輯圖像呈現的典範——變成以下事實的表達：「我們無所不有：時尚服飾、時髦鞋子、書籍、唱片、工具、相機、珠寶、烹調容器、異國情調咖啡、披薩和停車場。」餐墊不再是各項商品及娛樂焦點的區域導引(它從來就不是肉湯吸收紙，否則它就不會被印製出來)，而成爲商業部的宣傳工具，以穿著格子襯衫微笑的漁人，拖著如福斯汽車大小的豐收漁獲作結。這又把我們帶回起點。地圖同時是一種溝通的工具——內部表意作用，帶著懷疑的優裕——以及勸說的工具——外部表意作用，傾向於神話。

　　呈現以這種行動將地圖置於前方正中央，位居兩種表意作用的頂點。這並不是房屋類型的奇特形式，像是充斥在《國家地理雜誌》地圖上的柴洛克人玉米田，或是有樹林、蜜蜂、內戰紀念碑及歡樂觀光客的州公路地圖。這是通俗視覺論述的細緻活化。這並不只是用可靠的圖表和磁力勘誤表，以及多重參考格網來包裝地勢地圖的實用論或客觀性，或是以 f 比例尺象徵，以及心理測量劃分之灰度來裝飾的主題地圖。它是宣稱地圖是科學工具，並且賦予它一切這種宣稱所要求的靜默之可信度與忠實度的驅力。呈現，作爲地圖的開始與終結，封閉了設計的環圈。它使地圖完整，並且在其對於象徵論、測地學的精確性、視覺優先性，以及圖像組織的關注停止之處，爲地圖準備一個新的角色。

　　呈現將地圖投射到它的文化之中。

註釋

❶選用《國家地理雜誌》裡的照片做爲我們的圖片說明，絕不離題；以後我們將會逐漸明白，被稱作「圖例」的正是此一懸而未決的句子。在地理學的領域中，撰寫圖片說明是由圖例部門專人執行的藝術。

❷ Arthur Robinson et al., *Elements of Cartography*, Fifth Edition, John Wiley & Sons, New York, 1984, p. 159. 雖然圖例不可或缺，但是在有關**設計**的篇章裡，只有兩段提到圖例，它們的功用乃是說明圖樣－背景(figure-ground)之間關係的原則。在以下關於神話之「自然化」作用的討論闡釋下，Robinson et al.會說「自然是不可或缺的」，也就不足爲奇了。

❸同前註。

❹ Ulla Ehrensvärd 認爲「顏色在地圖裡所扮演的角色，尚未經過細緻的歷史檢視」，迄今這仍是正確的，儘管她已發表了 "Color in Cartography: A Historical Survey," in David Woodward, editor, *Art and Cartography*, University of Chicago Press, Chicago, 1987, pp. 123-146。請參見我的評論，*Cartographica*, 24(3), Autumn, 1987, pp. 76-82, especially on color, pp. 80-82。

❺當然，這裡的矛盾是⋯⋯**嚇人的**。畢竟，動物與道路無法⋯⋯合得來。在這封午後到來的郵件裡，James Berry 這麼寫道：

> 有人說：「兔子全都不見了，好多年來，我連一隻兔子都沒見過；以前可到處都是兔子呢。」而在北加州的 Halifax，退休教師會議中有人問：「你還有看到兔子嗎？」每個人都搖頭感到迷惑。其後，星期二從萊里前往嘉寶山(Chapel Hill)的路上，我看見六隻負鼠與兩隻浣熊被碾斃，三千棵樹被推倒，還有五十部冒著煙的推土機，軋軋緩行，做它們唯一會做的事：清除與推平。因此，所有的小動物都必須逃走。但牠們能到哪兒去呢？有人這麼說，「所謂的有個工作，就是這個意

思。因爲你必須有錢才能活，所以你就必須有個工作好賺錢，然後，有個工作表示你必須做些什麼，而你所做的每一件事，都會改變世界。所以，你看，就是這麼回事。動物們必需離開。兔子呀、負鼠呀、浣熊呀、樹木和啄木鳥，還有所有的動物們，它們又有什麼關係？是開馬路呀！這就是北卡羅萊納州的一切。北卡羅萊納州要的是更多更多的道路。還有，它要的是汽車。從任何地方到任何地方，你都能以時速 60 英里前進，絕無耽擱。小動物們就只好讓路了。」(James Berry, "It's People or Rabbits, Reprise, March, 1985," *The Center for Reflection on the Second Law, Circular 146*, May, 1992, p. 1)

那麼，當然⋯⋯這就是道路地圖中的北卡羅萊納！

❺這不再是眞的，即使它曾經是，雖然有 77,058 英里，與德州的 77,075 英里相較之下，已經是儘可能接近了。(依據 "Officials say bridges still get less attention," *News and Observer*, May, 18, 1992, p. B2)。

❼ Roland Barthes, *Mythologies*, Hill and Wang, New York, 1972, p. 109. 它被 Annette Lavers 適當地翻譯爲《神話學》一書，其中包含了許多「神話學」；之後又有長篇論文〈今日神話〉(Myth Today)。本段註釋及之後的引文，都是出自後者。

❽同前註，p. 115－116。

❾同前註，p. 115。

❿同前註，p. 131。

⓫在郡的層次上就更明顯了：有些郡禁止販售含酒精成分的飲料，有些則可以販售啤酒、酒類或調酒，區別這些縣市才眞正有助益。可是，那些實際上被仔細描模輪廓的郡，卻毫無特出之處。那又爲什麼要把它們給呈現出來尼？我們實在無法在語言的層次上，回答這樣的問題。唯有在神話的層次上，才可能明確解釋作爲州權力的捍衛者 (如其必要)，北卡羅萊納

(或其他任何一州)漸次消融成爲它的各個組成的郡，它們的界線是未經篩選的用來分隔環伺北卡羅萊納州之各州主權的黃色，它經由這些邊界而滲入了州。

⓬雖然在密西西比以東各州中，北卡羅萊納的美洲原住民數量最多；然而，這卻是北卡羅萊納州存有美洲原住民的僅有認知。這種資訊是否應該出現在公路地圖中？也許適合，也或許不應該，不過，此刻所不容忽視的卻是，事實上，北卡羅萊納州之所以存在，乃是因爲美洲原住民們被驅離那片在我們的地圖中，以北卡羅萊納之名而確定**擁有**的領域。有關此主題的完整討論，請參見 Brian Harley, "Victims of a Map: New England Cartography and the Native Americans," paper read at the Land of Norumbega Conference, Portland Maine, December, 1988。

⓭我們曾在第一章裡指出，此議題如何使 *The Times Atlas of the World* 之編輯，屈服在官樣文章的狀態中。問題是，製圖者若非已經同意他們個人需對其決定負責，否則便是永不理會這個議題。

⓮與汽車駕駛高度相關的事實，是北卡羅萊納州除了被讚賞爲州屬公路系統哩數最多(或接近最多)的州，**也**以州有橋樑維修最差而著稱。根據運輸貿易雜誌《改善道路》(*Better Roads*)顯示，州政府管轄的 16,828 座橋樑中，有 8,286 座橋樑若非處於低度維修狀態，就是已經廢棄不用了。一位環境遊說者比爾·霍門(Bill Holman)觀察，認爲此課題之成因，部分在於企業比較關心建造新道路，而非改善舊有設備，霍門對此的批評是：「更新橋樑不會產生新的地區以供開發。」("Officials say bridges still get less attention," *News and Observer*, May, 18, 1992, p. B2)。當我寫作之際，Barry Yeoman 在萊里地區的刊物《自立》(*The Independent*)上，發表了連續五篇的*"Highway Robbery: How Campaign Dollars Rule the Roads"*; 在該文的第一部分裡，他記載了道路與選舉獻金之間的關係(Barry Yeoman, "Paving Under the Influence," *The Independent,* 10(21), May 20-26, pp. 8-13)。這恰好也強調我們的看法

……此時此地，在地區性的脈絡裡……繪於地圖上的東西，都是替有錢人賺錢的東西。而其餘的都不過是一種技術性的致意罷了。

⓯它也是《1988 至 1989 年北卡羅萊納沿岸行船導引》(*1988－1989 North Carolina Coastal Boating Guide*)（印製 100,000 份）的六分之一，是《1989 至 1990 年北卡羅萊納度假地區飛行航線圖》(*North Carolina Variety Vacationaland 1989-1990 Aeronautical Chart*)（印製 40,000 份）的三分之一。其中，州政府展現的優先性可是再清楚不過了：道路圖印製一百六十萬份，行船導引圖印製 100,000 份，私人飛機的航線圖印製 40,000 份，而公共運輸導引卻只有 15,000 份。北卡羅萊納州對其印製的各種公用文件，都估算每份的數量與價格，以決定印製版次。我們所擁有的《公共運輸導引》第二版是 1985 年出版的。有趣的是，雖然州長夫人的照片出現在道路圖中，但在公共運輸導引裡，卻只有州長一人，而沒有州長夫人的照片。

⓰例如，考慮其中每一元素（當然不包括 Ginger）的完美論述，可參見 "Top Hat, White Tie, and Tails" number from Astaire's *Top Hat* in Gerald Mast, *Howard Hawks: Storyteller*, Oxford University Pres, New York, 1982, pp. 21-24。

⓱ Umberto Eco, *A Theory of Semiotics*, Indiana, Bloomington, 1976, pp. 48-49.

⓲同前註，p. 49。

⓳ Jonathan Culler, *The Pursuit of Sign: Semiotics, Literature, Deconstruction,* Cornell, Ithaca. 1981, p. 24.

⓴ Roland Barthes, *Camera Lucida*, Hill and Wang, New York, 1981, pp. 100-102.

㉑這些例證取材自 1986 年 4 月《國家地理雜誌》第 466 A 期附刊〈中美洲〉(Central America)的左頁。

㉒中美洲地圖如前所引。而中部平原則取材自 1985 年 9 月《國家地理雜誌》

第 352 A 期附刊〈中部平原〉(Central Plain)的左頁。

㉓雖然早先曾引用的 Blackwell 版本(William Bunge, *Nuclerar War Atlas,* Basil Blackwell, Oxford, 1988)，也受到社會相當的重視，但這裡乃是指第一版《核戰地圖》的參考文獻；那是一張 2 英尺寬，4 英尺長的地圖，右邊有 28 幅雙色圖——以黑紅色為邊框——左邊則是文字說明，出版社為 The Society for Human Exploration, Victoriaville, Quebec, 1982。

㉔Michael Kidron and Roland Segal, *The State of the World Atlas*, Simon and Schuster, New York, 1981. 其後第二版:*The New State of the World Atlas*, Simon and Schuster, New York, 1984; 第三版: *The New States of the World Atlas Revised and Updated*, Simon and Schuster, 1987。之後又印製第四版。爾後，持續出現類似的地圖集，而成為一龐大家族: Michael Kidron and Dan Smith, *The War Atlas*, Pan Books, London, 1983; 他們的 *The New Atlas of War and Peace*, Simon and Schuster, New York, 1991; Joni Seager and Ann Olson's *Women in the World Atlas,* Simon and Schuster, New York, 1986; 以及 Joni Seager, *The State of the Earth Atlas*, Simon and Schuster, New York, 1990。其中的每張地圖，不僅都不符合良好的製圖品味，也都打破了地圖對其利益保持緘默的慣例……**表達義憤**。

㉕關於愛渠(Love Canal)的犀利言論，參見 Mark Monmonier, *How to Lie with Maps*, University of Chicago Press, 1991, pp.121-122。鑑於近年之方形測量圖(survey quads)中，皆漏列了此惡名昭彰的毒物棄置場，他認為:「雖然聯邦與州政府的繪圖機構都認為，地形圖只應標示某些確實可見的標準物件，而這多半是些永久存在的物體;然而，當這些機構出版的地圖總是包含邊界線、汽車電影院，或其他對人類健康無甚重要的東西時，這種斷定似乎變得頗為矯飾了。」他為何無法以同樣的敏銳

明察，考察一般地圖？布萊安‧哈利（Brian Harley）認為：「官方製圖機構經常以『國家安全』為藉口，始終對其決定什麼訊息要排除在地圖之外的規則有所保留，特別是軍事設施或其他政治敏感地點」，in J. B. Harley, "Maps, Knowledge, and Power," in Denis Cosgrove and Stephen Daniels, editors, *The Iconography of Landscape*, Cambridge University Press, Cambridge, 1988, p. 306。

㉖ Roland Barthes, "The Plates of the Encyclopedia," in *New Critical Essays*, Hill and Wang, New York, 1980, p. 27.

㉗《紐約圖畫地圖》乃是賀曼‧波曼為紐約之 Pictorial Map Incorporated 所繪製。其右頁中，波曼以五種顏色繪製曼哈頓中城，而左頁則是雙色紐約市區的平面圖。這張地圖大約是 34 英吋寬、43 英吋長，折疊後與 48 頁文字說明一併收錄在書套中。這份地圖沒有標示日期。雷同議題的另一方法，請參見 Edward Tufte 曾經以極相似的康士坦丁‧安德森（Constantine Anderson）之軸向量測投影法，處理曼哈頓中城幾乎相同的區域（*Envisioning Information*, Graphic Press, Cheshire, Connecticut, 1990, p. 37）。Tufte 之結論如何呢？一種最不傳統的設計策略：「**要清晰，描述細節。**」

㉘ R. L. Gregory, in *Eye and Brain: The Psychology of Seeing* (McGraw-Hill, New York and Toronto, second edition, 1973, pp. 160-176)，其中對於我們對透視轉換（perspective transcription）的解碼能力，界定了二項關鍵元素：**個人經驗**與**環境的幾何形式**。

㉙ Nikhil Bhattacharya, "A picture and a thousand words," in *Semiotica*, 52(2/3), 1984, pp. 213-246. 此項及隨後的許多文獻，皆來自於此一專刊，名為 *The Semiotics of Visual: On Defining the Field*, edited by Mihai Nadin。

㉚注意：這是**偽裝(pretense)**，因為這張地圖確實是一張人口分佈圖，而不像是〈夜晚的地球〉(W. T. Sullivan, *Earth at Night*, Hansen

Planetarium, Salt Lake City, 1986)圖中的夜光：*Map GE-70, No. 1, Population Distribution, Urban and Rural in the United States: 1970 (nighttime view)*, Bureau of the Census, U. S. Department of Commerce, Washington, D. C.

㉛此處所強調之區別，類同於 Hansgeorg Schlichtmann, "Characteristic Traits of thce Semiotic System 'Map Symbolism,'" in *The Cartographic Journal*, 22(1), June 1985, pp. 23-30。其中，Schlichtmann 區辨「有計劃資訊」(plan information)與「無計劃資訊」(plan-free information)之不同，認為其差別乃是前者包含了區位，及其相隨的項目(例如，轉換的形態與範圍)。

㉜例如，比較 *Atlas of North America: Space Age Portrait of a Continent* (National Geographic Society, Washington, D. C., 1985)該地圖集第 28 與 29 頁之衛星影像；或是 Michael and Susan Southworth, *Maps: A Visual Survey and Design Guide* (Little, Brown, and Co., Boston, 1982)第 54 頁；當然，還可以與前引之 Hansen 地圖比較。

㉝此處採用了「隱喻」最廣泛的意義，即透過一個替代的詮釋物來再現。Bethany Johns 在"Visual Metaphor: Lost and Found"(*Semiotica*, 52(3/4), 1984, pp. 291-333)一文中，區分了換喻(metonymy)(以全代偏之隱喻)與舉隅法(synecdoche)(以偏蓋全之隱喻)。某些作者會將此術語顛倒。在書寫語言中，區分了許多種隱喻的類型；但是，它們在圖形符號上的應用，卻大都未經探究，而且成效堪疑。

㉞ Barbara S. Bartz, "Type Variation and the Problem of Cartographic Type Legibility-Part One," in *The Journal of Typographic Research*, 3(2), April 1969, pp. 130-135. 其中將製圖脈絡中字型的圖形(「類比」)特徵，歸類為指涉區位(點區位、線狀或面狀範圍、形狀或特徵的方位)、質、量，以及價值(相對重要性)等。

㉟其中兩例請參見 Southworth and Southworth, 前引書, p. 189, 亦可參見 Kevin Lynch 之另一例(*Managing the Sense of a Region*, MIT Press, Cambridge, 1976, pp. 158-159 and dust jacket)。

㊱ Paschal C. Viglionese, "The Inner Function of Words: Iconicity in Poetic Language," in *Visible Language*, 19(3), 1985, pp. 373-386. 該文基於此語言表達起源於表音記法(phonographic)之前, 以及圖形性的文化基礎等一系列分析, 而鋪陳出這些可能性。

㊲第三章中, 我們曾經以更普遍的說法——**投影(projection)**——引用了這個概念, 但實際上我們顯然視之為一種符碼。藉由將地圖生產的**一切**面向, 都化約為符碼, 我們希望能揭露通常是截然不同之事物之間的相似性。投影一般被認為是……數學的問題, 而地圖配置卻是一種……設計的問題(其中還有許多古老的科學／藝術的分別, 即使事實上科學無法被簡化為數學, 藝術亦不能簡化為設計)。其實, 兩者都一樣……**被符碼化**(只不過符碼不同罷了)。

㊳其古典的範例, 請見 Tufte 在 *The Visual Display of Quantitative Information*, 前引書, p. 170, 其中洛杉磯空氣污染的 23 幅小圖, 顯示反應碳氫化合物平均每小時的分佈; 而 Stephen Hall 呈現出他稱為現象圖的影像, 乃是在十億分之一秒內所激發出的影像。請參見 Stephen Hall 觀察到第一個 Z 粒子誕生時的圖像, *Mapping the Next Millennium: The Discovery of New Geographies*, Random House, New York, 1992, between pp. 240 and 241。

㊴這些例子取材於 J. B. Post, *An Atlas of Fantasy*, Mirage Press, Baltimore, 1973。更新版於 1979 年, 由 Ballantine Books, New York 出版。

㊵此處我們所引用的乃是 *Goode's World Atlas, Sixteenth Edition* (Rand McNally and Co., Chicago, 1982), 第 80 至 81 頁及第 148 至 149 頁的圖。

❹我們在此可以思考，地理資訊系統資料取得時間點和使用時間點之間的差異，衍生其資料時效性的問題，以及進而衍生的資料可信度問題。鑒於大部分使用者傾向於接受任何電子符碼所代表的就是當下，資訊的提供者確有責任告知使用者：事實恰恰相反。不論政治牛皮如何吹噓，系統經理人若是忽略這個責任，會導致本身的毀滅：挖出一條電話纜線是一回事，但是撬開一艘油輪，卻是另外一回事。

❹近來，這些相似性已漸獲認知。例見 Nina Siu-Ngan Lam and Dale A. Quattrochi, "On the Issue of Scale, Resolution, and Fractal Analysis in the Mapping Sciences," *Professional Geographer*, 44(1), 1992, pp. 88-89。其中「尺度」與「解析度」同時指涉時間、空間和「空間—時間」領域，請留意對於「繪圖科學」的最新運用。然而，Lam 與 Quattrochi 真正澄清的是在繪圖過程中，許多**新的**政治活動方式。

❹ Tommy Carlstein, *Time Resources, Society and Ecology*, George Allen and Unwin, London, 1982, pp. 38-64. 其中主張地理標示的「時間—空間」架構，很具說服力。Allan Pred 也有類似的主張，其最完備的討論參見 *Making Histories and Constructing Human Geographies: The Local Transformation of Practice, Power Relations and Consciousness*, Westview, Boulder, 1990。

❹這張地圖經過部分誇張，亦出現於 Edward R. Tufte, *The Visual Display of Quantitative Information*, Graphics Press, Connecticut, Cheshire, 1983, pp. 41 and 176。

❹這些例子參見 *North American Road Atlas*, American Automobile Association, Falls Church, Virginia, 1984。

❹ *The World Geo-Graphic Atlas: A Composite of Man's Environment*, edited and designed by Herbert Bayer, 1953, 為了美國罐業公司(the Container Corporation of America)而印製。其前言中說明，這是「致力於教育與優雅品味的謙遜努力」，作為企業的善意姿態，或是

企業宣傳的設計(隨你高興怎麼說)，這是本耗費鉅資又有企圖心的圖集。關於拜耳集團(Bayer)介入美國罐業有限公司，以「使用價值」犧牲「交換價值」的角色，請參見 Folke Nyberg, "From *Baukunst* to Bauhaus," *Journal of Architectural Education*, 45(3), May 1992, p. 136。

❹ 雖然很接近，但仍非如此。Bunge 在其 Blackwell 版本的前言中，對其原始海報版本，有以下說明：

> 我回到多倫多短期訪問時，約克大學(York University)的地理學者James Cameron 建議我製作一本核戰地圖集。約克大學起初透過Gerry Bessengbrugge，提供剪報資料及部分製圖協助，但很快就停止參與。然而，我和我太太仍然繼續堅持，才在 1982 年六月中出版此圖集的海報版，不過恰好晚了一星期，而無法趕及參加在紐約市的聯合國大示威。此圖集之初版設計，乃是著眼於底特律黑人貧民區之失業者的田野工作使用……初版遵循 Lobeck 的《北美洲地貌圖》(*Physiographic Diagram of North America*)的傳統，其中一面有20,000 字的文字說明，而另一面則是 28 幅地圖，非常適於以海報方式展現，而可以完整閱讀。為和平示威之便，這張 20 吋乘 34 吋的海報，被折成 5 英吋乘 8 英吋的大小，並在示威處大量販售。我在 1982與 1983 年夏季以販售此一地圖集，作為討論和平的一種藉口，挨家挨戶與數以千計的人們長談，尤其是在多倫多，這重新教導了我在底特律的經驗：除了可悲的警訊，人們也需要希望和更清晰的計畫，以挽救子孫的命運(William Bunge, *The Nuclear War Atlas*, Basil Blackwell, Oxford, 1988, pp. xxi-xxii)。

雖然不可能因此而在眾多專業製圖者之間引起嫉妒，但此一次海報式的地圖集，採取了適用於其意圖的形式。很難想像它會像《世界地理地圖集》

(*World Geo-Graphic Atlas*)一樣，是本擺在咖啡桌上閱讀的昂貴書籍，除非是要當成最具黑色幽默效果的工具。

❹這個用語比較能夠被圖形設計者接受，而非語言學者。Thomas Ockerse and Hans Van Dijk, "Semiotics and Graphic Design Education," ［*Visible Language*, 8(4), 1979, p. 363］文中描述超符號(supersign)是「容許各種可能的闡釋方式複雜並存的一種符號。」而在"De-Sign／Super-Sign"［*Semiotica*, 52(3／4), 1984, pp. 251-252］文中，Ockerse 說明如下：

> 界定所謂的「超-符號」的問題。這意味著所提供的是一種理性的溝通系統，其總和構成表意作用的主要模式。所有參與此複雜整體中的元素，都貢獻了一些資訊。事實上，這個整體是由其他符號所構成的一個符號；更準確地說，超符號就是一個符號系統。這個系統企圖包含所有運作其間的符號，或是任何可能／將會影響此一系統的符號：位元(bits)、它們的結構關係、微觀元素與鉅觀元素的並置所創造的總合再現(位元對位元、位元對群組、群組對群組、群組對整體、整體對其他等等)。牽涉其中的是讀者／觀者的資訊之潛在層面與層次 (以重要性、字面意義與衍伸意義等為判準)。超符號就像是個正文；但更具互為正文性(intertextual)的潛能，而這正是符號的一種特徵。事實上，超符號概念甚至提供了一個系統，邀請讀者／觀者變成是其產製過程中的一個主動參與者。

在我們的分析裡，顯然「系統」一詞較 Ockerse 的用法有更為特定的意義；然而，這並不表示二者對超符號的性質或功能，有何不同之處。

❹C. Grant Head, "The Map as Natural Language: A Paradigm for Understanding," (*Cartographica*, 21(1), 1984, pp. 1-32)一文，特別強調詮釋的兩個層次，引用了以下文獻：Barbara　Bartz　Petchenik,

"From Place to Space: The Psychological Achievement of Thematic Mapping," *The American Cartographer*, 6, 1979, pp. 5-12; Judy M. Olson, "A co-ordinated approach to map communication improvement," *American Cartographer*, 3, 1976, pp. 151-159;以及 Jacques Bertin, "La test de base de la graphique," *Bulletin du Comitrancais de Cartographie*, 79, 1979, pp. 3-18。然而，無論如何，其中都表示出只有 Petchenik 的分析，才是嚴格限制在這兩個層次上（「置身地方」(being-in-place) 與「理解空間」(knowing-about-space)：Olson 的「第一層」與「第二層」之後，又附加了「第三層」，不過其對意義的關切卻顯著不同；而 Bertin 在 *Semiology of Graphics* (University of Wisconsin Press, Madison, 1983)一書之第 141 與 151 頁指出，介乎「基礎」及「整體」之間，存有許多「中間的」層次。Schlichtmann 在其前引書之第 25 與 27 至 28 頁中，則認為表意作用有三種層次──「微小符號、鉅觀符號和正文」(minimal signs, macrosigns, and texts)──這似乎只是範圍的不同，而非綜合程度的差異。雖然這些人之中沒有一個能夠指出一種再現的，或者論述上的表意作用層次，我們所使用的語彙很可能最接近 Schlichtmann。

⑤ 此處我們所考量的，不在於刺激的神經傳導過程，而是視覺符號的**詮釋**。不論──且無視於──地圖使用者的生理手段是什麼，他都顯然有組合與拆解複雜符號的雙重能力；如果缺乏其中一種能力，另一種能力就沒有什麼用處了。製圖者們似乎有一種傾向，試圖將感知(perception)看做是一種絕對建設性的──甚至是累加的(additive)──過程，或許這種傾向乃是受到人們對機械性感知模式的熟悉所鼓舞，而這種模型經常只是顛倒了技術設計的生物隱喻（以攝影機為眼睛，以電訊系統模擬神經系統，或將工業用機械人的視覺，當作是人類的認知），這種傾向也被一種測量的真實偏執所驅策，其測量的對象是對於大致上已去除脈絡之製圖表現的反應。但是，目前的議題是一種詮釋策略的問題：一種在意義的組

織，以及**有意義之結構**的建構與解構中運作的策略。這樣的應用，才會是雙向與全盤性的。

❺ 有關這個主題的徹底討論，參見 Jacques Bertin，前引書，pp. 195-268 and 321-408。

❺ Paul Klee, *Pedagogical Sketchbook*, Faber and Faber, London, 1968, pp. 18-21. 首度出版於 1925 年，1953 年始譯爲英文，這本書與 Wassily Kandinsky 的 *Point and Line to Plane* (Dover, New York, 1979)二者皆將形式主義(formalism)的視覺設計方法，根植於包浩斯(Bauhaus)的課程與實務之中。至於當代一般性討論，有：Donis A. Dondis, *A Primer of Visual Literacy* (M. I. T. Press, Cambridge, 1973), Wucius Wong, *Principles of Two-Dimensional Design* (Van Nostrand Reinhold, New York, 1972)以及 Jacques Bertin 的 *Semiology of Graphics*(前引書)。幾十年來，形式主義始終主宰著製圖設計的方法論：它在現代教科書的現身幾乎是強迫性的，若要列出以形式主義法則建構的「設計準則」的所有文獻，在此則嫌過於冗長。以製圖學爲觀點的評論，以這篇較爲簡明扼要：Howard T. Fisher, *Mapping-Information: The Graphic Display of Quantitative Information*, Abt Associates, Cambridge, 1982, pp. 60-115。

❺ 但爲何不呢? 北卡羅萊納州公路地圖上的道路正是如此。當然，我們以此方式所理解的是，「道路」本身並不是特徵。州際公路、州道、郡道等等才是。

❺ J. S. Keates, *Understanding Maps*, Longman Group Ltd., London and New York, 1982, p. 82.

❺ 然而，這條藍色線條就其本身而論，確實代表了北卡羅萊納州公路地圖中的一條道路。

❺ Maurice Merleau-Ponty, *Signs*, Northwestern University Press, Illinois, Evanston, 1964, p. 39.

❺在地籍圖的例子裡，另一種符號系統通常是純粹語言性的(描述邊界、所有人的名字等等)。

❺這個字眼的用法如同皮爾斯(Peirce)所使用的意思：表達物體(陡坡、河流、城市)和闡釋物(interpretant)(蜿蜒的道路、平行的道路、環形高速公路部分)之間的因果關係。對皮爾斯而言，**圖形(icon)**、**指標(index)**和**象徵(symbol)**構成了三種三分法的第二種，它們共同界定和闡明了符號的分類學。參見 Charles Sanders Peirce, *Philosophical Writings of Peirce*, Dover, New York, 1955, pp. 98-119, 或是 *Collected Papers of Charles Sanders Peirce, Vol.* II*, Elements of Logic,* Harvard University Press, Cambridge, 1960, pp. 134-173。

❺以我們熟悉的音樂主旋律為例，即使被轉移到另一個音調，或是為另一種樂器之組合而重譜和弦，都無損其同一性；這能夠明顯地啟發我們，認識到製圖的符號系統，即使經歷許多地形或比例的轉換、空間的重新定位，以及象徵再現，也無損於它的同一性。在兩個例子裡，可以辨識的整體，顯然都是一種結構的造物，而非感覺的造物……**完形(gestalt)**。

❻ Bill Bunge 在他的地圖上，也表達了類似的觀點，他在"The Continents and Islands of Mankind"中，以黑色對比於白底，只是展示出地球中每平方英里平均超過 30 人居住的部分。他對這張地圖的評論如下：

> 當最初的探險者出發時，他們也是為了尋找人群，例如，為了尋覓馴良的奴隸。可是，要在地圖上描繪人類是非常危險的。因為，人會移動。相對於山岳、河川、海岸線，幾乎看不到人們。不過，至少能在最初的地圖上標示出「部落」的名字。而在累積這些資料的過程之中，它就變成了所謂的「地圖」。它就變成是「基圖」的原料。而一旦完成某一地區的「基圖」，這個地區也就被「探索」過了。即使僅止於哲學上的思索，顯然也都無法為我們的時代設想出比這更為適當的基圖。我們把濕與乾之間的區別，當作是絕對且無法再簡化的元素。

或許，改用人們居住之處與無人居住之處的區別，會不會更好一些?
世界的沙漠、冰封的極地，都比較類似大部分的海洋，而和南亞比較
不像。始終都乏人久居的北大西洋，也許應該與愛荷華州歸爲同類，
而非與南太平洋同屬一類。甚至我們應該要體認到，某些人類利益始
終展現在人類身上——這時我們反轉了優先性，使得基圖本身應該
要重新檢討。開始讓全世界的國小孩童，背記有人居住的大陸和島
嶼，以做爲他們心靈地圖的基本內容，可能是件不錯的事。(W.
Bunge, *Detroit Geographical Expedition, Field Notes, 1*, 1969,
p. 2)。

❻❶ Kidron and Segal，前引書。這本地圖展現了 57 幅地圖，還有附帶的短
論，指出全球尺度上迫切 (且通常具有爭議性) 的社會—政治議題。該地
圖集中，擁擠的版面配置、活潑的象徵運用表現、令人煩躁的配色、聳動
的標題，以及簡潔的文字，構成了關於現代國族國家之腐敗與壓迫的尖刻
論述之各項內容。

❻❷ Robert Scholes, *Semiotics and Interpretation*, New Haven: Yale
University Press, 1982, p. 144.

❻❸ 同前註，p. 34。

第六章　每個符號都有歷史

　　而文化接受了地圖。文化接受地圖，十分熟悉它，張開雙臂歡迎它。小孩拿起一本《呸──小威尼》（*Winnie-the-Pooh*）來看，他完全能理解封底摺頁上的地圖……連一些簡單的提示都不用。另一個小孩打開《小矮人》（*The Hobbit*），雖然地圖沒有附上說明，他還是能跟著畢波（Bilbo）與侏儒們一起暢遊野世界（Wilderland）。閱讀《燕子與亞馬遜戰士》（*Swallows and Amazons*）的小朋友，很容易就能理解貝克福（Beckfoot）和神聖霍伊（Holly Howe）間的關係，即使地圖的方位是東邊朝上。讀《瑪珊夫人的長眠》（*Mistress Masham's Repose*）的孩童能看懂雷蒙・麥格雷斯（Raymond　McGrath）的瑪帕拉格（Malplaquet）地圖，即使地圖是顛倒過來的。雖然《大老虎與克里斯蒂安》（*Big Tiger and Christian*）中的圖例，省略了沙漠符號，也不會有那個小孩把點狀圖案錯當成其他東西。有哪個小孩看不懂《金銀島》（*Treasure Island*）中的地圖？弄不清楚《高盧海星》（*Astérix le Gaulois*）裡的地圖──和它的兩種尺度？弄不清楚《划向海洋》（*Paddle-to-the-Sea*）或《拖船史考菲》（*Scuffy the Tugboat*）的地圖？ ❶ 我們剛剛才看到符號系統可以無止境地編碼合成，以及符號功能層層疊疊，令人眼花撩亂，形成一名符其實的巴洛克景象，為什麼小孩子對這一切竟然僅有這麼少的……**抗拒**？

　　因為地圖並非與文化分離，相反地，它是文化的一部分。因為我們作為沉浸在地圖中的族類，地圖的歷史就是我們的歷史。我們在成

長過程中逐漸地、毫不費力地進入這種文化……這是一種地圖的文化。為何孩童很容易就看懂《呸—小威尼》封底摺頁上的地圖？因為地圖的凡例幾乎是和**書中其他插圖**連續的，而後者則與**更大的圖畫世界**——《呸—小威尼》不過是其中一部分——連結起來。照此推衍，這個**圖畫世界**和更大的**再現之宇宙**緊緊相連，而小孩從出生第一天起，就浸淫其中：印在小臥床上的小丑世界；填充動物玩偶、壁畫、裝飾標語的世界；洋娃娃、玩具車、麥片盒上的圖畫的世界；精裝書、有聲故事的世界；樂高積木盒上的照片、包裝紙圖案、邀請卡、Tinkertoy玩具罐上的圖像、唱片、雜誌封面的世界；電視、壁紙、圖畫書的世界；明信片、廣告牌、娃娃屋、電影的世界……這份表列沒有止境，它是當代文化的目錄……而**地圖是其中一部分**。

　　地圖並不是來自外太空的異形，而是我們賴以長大（也與我們一起成長）的超符號(supersigns)之合成系統，我們全體……**作為一個族類**，和我們每個人……**作為個體**(當我們發展時，我們便將文化實現)，都是如此。當然，地圖的使用是某種我們必須學習的事情，如同我們必須學習文化裡的每件事一般(像是學習說話、學習使用盥洗室)，但因為地圖與文化中的許多事物接續在一起，所以學習使用地圖並不會令人視為畏途。這有點是隨著領域而來的：如果你有足夠的文化……**你就能使用地圖**。❷面對著這張南極上方的臭氧層圖，只有鬼魅般的白色微細形跡，隱約顯示了大陸的所在，其餘部分則是有著刺眼的粉紅色與令人不悅的黃色，呈漩渦狀的抽象圖案，❸你可能會發現這多少令人難以接受——但另外看看《呸—小威尼》中愛涅司特·薛柏德(Ernest Shepherd)的地圖，可能就會使你相信，看地圖是多麼簡單的事……**至少有個開始**。

　　一旦開始，其餘就好辦了。既然文化是整體的，從哪兒開始就無關緊要(印在小臥床上的小丑世界，或其他任何地方都一樣好)。我們

可以投入任何地方(我們孩提時代進入的地方)。因為地圖的歷史就是**我們的**歷史，而我們已經站起來且四處奔跑(在掌握地圖的製作時，我們重新敘述了這段歷史)；因為從地圖到文化其他部分的連接，由地圖的**每個**部分放射出來，我們因而可以從它的**任何**部分開始（地圖符號來自／回歸概念－姿勢－聲音－圖像複合體的共同庫藏，那是我們共享的文化資產）。拉扯任一條線，就能解開全部。來，我們試試這一條線索。這是**單一**的地圖符號的線索，它是⋯⋯**山丘符號**，亦即用來將我們所知的地形起伏⋯⋯記錄在紙上的符號、超符號或符號系統──有時是這個，有時是另一個，有時是所有三個層次互相交疊。❹試試河流符號也可以，城鎮、樹木或道路的符號也是如此（任何符號都可以）。但每個人都同意，山丘在地圖上最難處理。如果地圖符號**沒有**引用共同庫藏，如果它們的歷史**不是**我們的歷史，如果它們**是**專家才能理解的怪異事物，我們就能在**山丘符號**上輕易見到這種情形。對我們而言，這應該是**最難應付**的符號。但如果我們在這裡能夠應付，然後⋯⋯以下這件事就變得明顯了：社會在鞏固自身時──藉由階級、性別、年齡的區分，擁有者與一無所有者的嚴格階層劃分──所具有的利益，**從各處滲流到地圖裡**，即使像基本地圖符號，像⋯⋯**山丘符號**這樣明顯與這些利害分隔的事物，也是如此。

山丘符號簡史

諾曼・梭渥(Norman Thrower)說：「繪製土地的連續三維形式，一向是製圖學裡最具挑戰性的問題之一。」❺愛德華・李蘭(Edward Lynam)說：「山脈的再現總是地圖製作者最困難的問題，因為山脈有長、寬、高，而且環繞每個角落隱藏著某物，這些都必須在地圖上顯示出來。」❻羅賓遜及其工作夥伴說：「因為較細微的地形特徵對人們

來說相當重要，要將它們與其他資料一起再現出來，便成為大尺度製圖的重大問題。」在製圖學的再現問題中，他們將地形再現獨立出來處理，指出：「關於三維的地表，有某種吸引製圖家興趣的東西，並使之與其他製圖上的象徵化稍微區隔開來。」❼大衞・格林互德（David Greenhood）為整個專業辯護，他說：

> 地圖展示地形起伏的方式，經常是其品質的保證，「能夠突顯出行家的手工」，約瑟夫・麥多克斯（Joseph T. Maddox）如是說。他是一位地理學家，也可稱得上是地圖行家。「山脈不是土壤堆積起來的乾草堆，它們有長度、寬度和結構。」……當製圖者在平面上所要顯示的事物原來就是平坦、二維的，他必須證明自己相當聰明。但是在平面上顯示三維的事物時，他才展示了他真正的創造力。❽

　　就過去已經製作出來的歷史記錄來看，似乎能夠支持這些觀察。然而，我們對歷史所知甚少這個事實，卻侵蝕著大多數這些滔滔陳述的確定性。❾歐洲中世紀以前的地圖現存甚少，中世紀地圖流傳至今的也少得可憐。如我們所知，企圖從（多少是）當代**繪圖**社會（mapping society）的繪製行為，來推測早期的**地圖製作**（mapmaking），會引起嚴重的錯誤。❿儘管如此，正是從這裡開始——就**這樣**的歷史記錄，建構一個假設的先驅者之發展序列——是任何想要理解記錄散失部分的嘗試，所**必須**著手的工作。

　　愛斯基摩人經常以其再現地形起伏的能力著稱，但現在已逐漸認清，他們並非如李奧・巴格洛（Leo Bagrow）曾經宣稱的，「也許在嘗試描繪地形起伏特徵上是獨一無二的。」⓫無論如何，這些特徵通常只是**地形起伏模型**（relief models）（而不是地圖）。愛斯基摩人是否用陰

影線來表示山脈, 也有所疑問。雖然約翰‧史賓克(John Spink)與慕狄(D. W. Moodie)如此寫道:

> 因此, 在卡力布(Caribou)與沿岸的愛斯基摩人地圖中, 都利用簡單的線條來描繪顯著的自然特徵。一般而言, 連續的線條用來代表海岸線或河岸, 並且在適當位置的背後畫上陰影線, 以表示有峭壁或山坡。大多數地圖並沒有表現地形起伏, 但其偶爾的出現饒富意義。❷

但事情並非如此單純; 即使這種公認只是偶爾出現的陰影線, 其代表的涵意, 不論就早期觀察家或史賓克與慕狄而言, 似乎可能只是一種詮釋上的問題。他們自己附上註明, 提及這些線的使用並非始終一致(因而可能表示地景的某個其他特徵), 並認為它有可能根本不是用來表示山脈:

> 某些在地圖上所做的嘗試, 是想藉由改變陰影線的長度與方向, 以便更精確地表達出地形起伏的錯綜複雜。這種圖示效果, 可在如圖17b中發現。圖中廣泛使用陰影線, 令人十分驚訝, 因為海灣西岸和灣口的起伏並不特別明顯。所以這些線可能只是用來強調土地、海岸及河川的傾斜方向。❸

最後, 他們提到某些已出版的愛斯基摩地圖中出現的陰影線, 可能是由歐洲人以各種方式引入:

> 當地本有的陰影線之繪製, 只出現在少數早期的地圖中, 而後來較大量的採用, 可能有部分是歐洲帶來的影響, 經由教導或是熟

悉了探險者自己的地圖。培利上尉(Captain W. E. Perry)在1822
年所收集的地圖……部分的沿岸地帶缺少陰影線，而其他出現的
陰影線，長度和頻率規律，似乎是用機械器具所畫，也許出自雕
工之手。**⑭**

愛斯基摩人顯然能以驚人數量的各種方式建立地形起伏的**模型**，
並且他們使用類似陰影的線條來再現某物。但即使他們是優異的繪圖
家(mappers)——這是所有觀察家都同意的——他們是否在起伏特徵
的二維再現上展覽了任何特殊才能，還是有討論的餘地。

也許，如語言學家雷蒙・蓋尼亞斯(Raymond Gagnías)宣稱的，
這是因為因努人概念化視覺現象的方式是……二維的。**⑮**或者，也許
如朗司壯所言，因為他們是繪圖家，而不是地圖製作者(mapmakers)：
「在1989年田野調查期間，一位因努族老人告訴我，他曾憑記憶繪製
了希克里加克的詳圖。但他微笑著說，很久以前他就把圖給扔了。繪
製地圖的動作才重要，對於環境特徵的概要說明比較重要，而繪出的
地圖本身則無足輕重。」**⑯**朗司壯的軼事當然是意有所指。他藉此所要
說的是，因努人並不製作地圖……**即使他們能夠**。對朗司壯來說，這
是其中心主張的一個例證，亦即繪圖行為所反映的是文化價值和社會
需求，而非潛在的能力（因努人並沒有認知能力的問題）。

一點也不錯，**正是如此**。因為這正是說，發展出符號來表示山丘，
所反映的不是潛在的能力(數十萬年來這並未成為問題)，而是文化價
值與社會需求……也就是……**利益**。一直要到有某種要求**再現**山丘(以
便更清楚地標示領主權力的範圍）或其寬度（以便更容易發射砲彈以
越過它們）或其體積（為了更有效地採礦）的**利益**出現，山丘的再現
才會浮顯，甚至在我們**製作**地圖的文化裡也是如此。山丘地圖的製作
服務了愛斯基摩人的何種利益？並非標示領主權力的範圍，也非發射

砲彈或開礦。很難想出有什麼利益。想到了航海……**但我們有多少人會爲了我們平常活動的環境而繪製地圖？** 或者甚至是爲此……**使用地圖？** 紐約客不會離開他們的公寓，然後帶著一張地圖站在街上，拼湊出到地下鐵的路線。洛杉磯人──可能會有使用地圖的更大需求──通常也不會坐上他們的汽車，然後查看地圖，找出到工作地點怎麼走。從停車向我問路的人數來判斷，即使長途卡車司機也不是大量使用地圖的人。❶不對，不是航海。那到底是什麼？朗司壯說，「繪圖重述了其他類似的文化行爲，這一切則源於因努人對於模仿環境所持的基本價值。」❶這種說法有利於航海。但如我們已知，雖然這種模仿促成了**繪圖的行爲，**卻不必然形成地圖。更不用說二維的山丘符號了。然而，繪製山丘所需的符號不是……**一夜之間形成的。**正好相反。如我們所看到的，它是經由文化精鍊的過程，才**慢慢地**浮現。但由於「書面稿(hard copy)的保存與修訂，通常並非〔因努人〕製圖學的一部分，」❶對他們來說，就沒有任何**媒介**能使這種精鍊過程得以發生。假使有某個因努人解決了繪製山丘符號的問題，那又如何呢？──當然可能，在每個製作地圖的社會裡，遲早都會有某個感到需要再現山丘的人，來解決這個問題──不過，這將只是**個人**的成就，而不是**文化**的成就。❷除非透過「書面稿」的傳遞，才會變成文化的資產（才會創造出文化的傳統，創造出……**文化**）。但「書面稿」的傳遞並非因努文化的特性。個人與他或她的文化之間──以及創新與傳遞之間──的相互作用，是下文的重心。

但假如在愛斯基摩人的地圖**製作**中，真的缺乏地形起伏特徵的再現，那麼在一般繪圖民族的地圖**製作**中，可能都缺乏。有少數其他案例被提出來討論，像哈維(P. D. A. Harvey)所提的泰娃人(Tewa)、毛利人(Maoris)、吐瓦雷各人(Tuaregs)和因卡人(Incas)，但在每個案例中所談的地圖，最終還是模型。❷這並不是說，這些民族沒有(或

不曾)製作地圖,或是他們不能(或不曾能)表示顯著地形的**區位**——而僅僅是說,這些地形不以(或不曾以)二維的形式**再現**。

但如果早期先驅者的再現無法在**繪圖**社會(mapping societies)中發現,那麼就一定是在**製作**地圖的社會(mapmaking societies)成形,或者應該稱之為**原型**製圖社會(protomapmaking societies)。許多這種社會必定曾經存在(至少每個原生的地圖製作社會都會有一個),但鮮少留下遺跡。隸屬西班牙統治前之墨西哥的米茲特克人(Mixtec),曾經留下一些。那是什麼樣的形式呢?那是清楚但極端簡單的山丘符號形式。當然,**簡單**是關鍵。沒有年表做為指引,就必須使用其他的排序原則。這裡所仰賴的原則,是第二章提到的發展模型之概化,將較簡單的形式認定為**先於**(亦即……**早於**)更**細緻**和(因而是)**後來**的形式。同時,出現這些簡單的山丘符號的社會,會預期這些符號是**位居其他地方**。如我們所知,地圖製作的浮現,是為了在快速擴張的社會中,方便控制其社會過程。因此,正是在米茲特克這樣的群體中,地圖製作會**如預料中**地出現。就像我們剛剛看到的,小型的面對面交往之繪圖社會缺少**製作**地圖的**需求**,他們並未擁有堅持製作地圖或使其成為可能的價值,因此未能(或拒絕)精鍊文化而來做這些事。另一方面,較大的群體之所以**能夠存在**,除了其他原因,就是由於為了控制社會與環境而先行發展了地圖製作。也就是說,小型的面對面群體將會展現出原型製圖學的初期形式,例如在澳洲原住民、因努人、卡洛林島民的和魯巴(Luba)人中發現的;㉒而較大的、更具動態的群體,則展現了比較簡單的地圖**製作**,這在早期的米茲特克人、埃及人和巴比倫人中已有發現。(更大與更複雜的群體則會展現制度化的**地圖製作**,我們可以在羅馬人與中國漢朝發現實例;而真正巨大的動態群體,像十九世紀的英國和當代的美國人,將發展出製圖學,這是迄今繪製地圖之動力的最精緻制度化成果。)因此,在一個像米茲特

克這般成長中且具社會動態的群體裡，正好發現預期中山丘符號的形式，是很有力的確證。

很難理解巴格洛如何能將發展得相當細緻的社會——像是米茲特克和阿茲特克（Aztec）——的地圖製作活動，與愛斯基摩人、馬紹爾群島居民的繪圖混在一起。❷❸梭渥所提的，早期中美洲地圖製作的發展與早期埃及人步調一致，才更加切中要點。❷❹雖然現存的中美洲原住民製圖學的遺跡，只有很少數真正是前西班牙時期的，但除了極少數細節外，大部分確實是前西班牙時期的。具體而言，可以相當肯定地證實米茲特克的案例中，在像是《扎卡特佩畫布一號》（*Lienzo of Zacatepec 1*）的地圖上，可以觀察到早在西班牙人征服之前兩百年的非製圖學抄本裡所慣用的凡例。❷❺ 在這些慣例裡，有一種字標（logogram）書寫系統的局部，其中某些形式「不僅是圖畫，而且是字標——這些符號在米茲特克語言裡表示一個或更多的字。」❷❻其中一個字標意謂「山丘。」史密斯（Mary Elizabeth Smith）將其描述如下：

> 米茲特克語裡表 yucu（意即「山丘」）的符號，基本上是山丘之慣例化的「圖畫」。它通常是在一地基上，具有綠或棕色的鐘形外觀，且包含細窄的紅或藍帶，其下則時常有成扇形的黃邊。有時山丘符號下邊的角落會向內捲曲，在任何一邊形成漩渦狀。山丘形狀的輪廓時常被小的曲線或直線的突出所打斷，以表示山丘的崎嶇不平或「隆起」。山丘符號的形狀有許多變化。例如，山丘的一邊可能用某種方式延展，暗示有一個斜坡，而有時這個延展的斜坡會作為平台，以安置人文的特徵。❷❼

像這種代表 yucu 的字標，以兩種明顯不同的方式使用。一種是很像我們使用字詞一般，來為某地命名，而這就是出現在抄本的歷史敘

事中的方式。另一種則很像我們在地圖上使用字詞與符號的組合，來標出**且**定位某個地方，而這是出現在米茲特克地圖中的大致方式。我說「大致」是因爲在這些地圖上，字標的使用其實更加複雜：

> 《扎卡特佩畫布一號》是製圖學的、也是系譜—歷史的文獻。桑塔‧瑪莉亞‧扎卡特佩(Santa Maria Zacatepec)的邊界，是由一個大長方形所界定，除了畫布上方的記錄之外，包含了一切。附在長方形界線旁的是邊界位置名字的符號……歷史—系譜的敘述開始於左上角，橫跨上部到右上角，然後在長方形內延續，以相當離散、漫談的方式組織起來。除了用道路與戰道連結起來的主要敘事外，由邊界圍成的大長方形，包含了三種地方符號：⑴「非製圖的符號」──亦即實際上位在扎卡特佩邊界外，卻放在長方形**內**的城鎮符號，⑵扎卡特佩的莊園(estancias)或主體的符號，以及⑶無人居住的地理特徵的符號，像是山丘與河。㉘

很快地，你就能感受到這個再現系統不斷湧現之物──語言與圖畫，敘事與製圖──以及有力的……**工具性**(instrumentality)。在地形起伏再現之發展的這個早期階段，不僅最初爲了在敘事中使用而發展出作爲名字的符號，被採用爲地圖上的「圖畫」，而且也被使用來標示地方的邊界，而這些地方是由依其所歸屬之系譜而命名的人們所統治。在這個早期階段，使人們透過地圖，而與具現在誓約、擔保、禮節、法規、分類帳和契約中的龐大系統之其他面向連接起來，是毫無問題的（正如同透過地圖，我們擁有的 126 號土地得以連結到所有權所包含之權利與義務）。沒有其他系統了，這就是全部了，完整無缺，**地圖史、時空**……在碎裂成爲未來無盡地盤根錯結之系統的邊緣蹣跚前進。㉙但在地圖上……仍有兩組名字的連結……**地方的名字**（而且

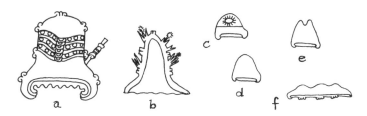

米茲特克和那虎托山丘符號：a 那塔爾抄本(Codex Nuttal)；b 扎卡特佩畫布一號；c-f 特佩拉佐托抄本。

不要忽視隱含其中的工具性，因為如哈利提醒我們的，「為土地命名是製圖學所建構的行動中，最具感情及象徵性的行動之一」**㉚**），以及**統治者的名字**……經由具現在系譜裡的宣示權力之傳統權威，而正當化他們的領地權。山丘**符號**（以及其他符號）使所有這些成為可能，促使命名**與**連結……藉著命名的行動，將……**山丘**……帶入了人文世界，然後利用山丘——現在已被捕捉，而與本來完整的世界之其他部分分離出來——將空間置於人類意志的運作之下。每個地圖符號都如法炮製。

　　然而，在這些早期的米茲特克地圖中，朝向地圖符號的轉變並不完全，而且以史密斯的話說，「地圖的目的是要再現山丘的**名字**，而非山丘本身；而且它使用典型的前征服時期方式，在山丘符號內部既無陰影，也沒有像樹葉等任何元素，因為就山丘名字來說，這些不具什麼意義。地方符號並非基於知覺而來之山丘的概化描摩；它是一個圖像符號，代表著語言而非地景。」**㉛**也就是說，地方符號**唯有透過語言的中介**，才與土地連結在一起。**㉜**然而，正是以這種方式，山丘形式得以在王朝騷亂、土地所有權一團混雜的驅力下，初次找到其在地圖上的表現方式（地圖也正是以這種方式首次出現）。**㉝**

　　我們無法得知米茲特克人或阿茲特克人此後的發展如何，因為正

是在這個時候發生了西班牙人的征服。然而，可以看到山丘符號如何在西班牙的影響下普遍一般化，例如《扎卡特佩畫布二號》，它比早先的版本不過晚兩代的時間；或是巴格洛所複製的特佩拉佐托抄本(Codex Tepetlaoztoc)。❸在後者，很明顯地，字標被概化成爲一般性的山丘符號，它有四種變貌：(1)作爲地方的符號（附帶額外的字標符號，以「拼出」正確的名字），(2)以同樣的形式出現，但是代表一般性的山丘，(3)經過修飾，以表示山丘外型的特別之處，(4)並列許多個，堆積成一群山丘，或是山脈。

最後這種山丘符號的複數形式，與來自美索不達米亞(Mesopotamia)北部的努濟爲人熟知的黏土地圖非常類似，❸這強烈暗示了在美索不達米亞，藉由早期蘇美人的象形文字，可能開展了一段類似的製圖之符號製作過程，甚至可以想見，在所有地形起伏得以再現的地圖製作之文明中，亦復如此。**亦即，在保存記錄的需要驅使下，早期製圖上的符號製作，可能與早期語言上的符號製作（以及都市狀態的最初階段）息息相關，書寫與繪製地圖最初一同發展，有時很難將其分開，但隨後便依循著日益不同的軌道，書寫朝向歷史與描述敘事發展，製圖的符號製作則朝著繪畫與地圖邁進。**❸在米茲特克與那虎托(Nahutal)的案例中，兩者的融合是很清楚的，而製作努濟地圖的概略時期(3800 B.C.)與蘇美人象形文字的發展時期(3500 B.C.)接近，也有這種暗示。❸順著近似的方式，在埃及和中國也可以找到說服力稍弱的個例。

在西方，無論地形起伏符號的起源爲何——名字、邊界、領地標誌——其特徵在努濟地圖上出現後約四千年，都沒什麼改變。❸事實上，也沒什麼需要改變的理由。在《飄亭傑里安納表》(*Tabula Peutingeriana*)上出現的符號更是近親，而直到中世紀晚期，才真正有顯著的改變產生。說到十二和十三世紀的製圖學，萊特(J. K. Wright)觀察

到：

> 再現地表各種特徵的符號，多少都被慣例化。雖然很難說人們有
> 使用什麼明確發展出的「慣用符號」……在中世紀的地圖上，像
> 山脈、森林和城市這種元素，看起來像是從旁邊出現的……山脈
> 一般都用平行於直線之鋸齒狀的線來表示；特別高或著名的山
> 峰，則用一大金字塔型符號表示。這些金字塔型符號在貝特斯
> (Beatus)系列的圖中，是非常著名的特徵……❸

這種符號（無疑是慣用的）大致上在四千或五千年前，就已經在
早期都市狀態的支持下，與書寫一同出現了。然而，隨著重商主義城
市的興起與工業化的日漸進展，山丘符號開始快速發展，從此之後，其
歷史就常常為人所摘述。依照李蘭的說法，大約從 1250 年到 1800 年，
山丘符號在這個時期經歷了一連串漸進的根本轉變，從高度(eleva-
tion)或側面(profile)觀點（「非常像公雞的雞冠」），經過斜面
(oblique)或鳥瞰觀點（「數小列帶有陰影的圓錐狀的山」），到平面
(plan)觀點（在十八世紀產生了「滿佈於亞洲與美洲地圖的毛蟲圖案，
直到十九世紀末」）。在軍事與採礦社群的需求，以及日益專業化之地
圖製作（一種不比軍事破壞與開礦更單純無害的工具性）的內部動態
這些因素推動下，這種觀點上的轉移，伴隨著慣例化的描影之發展，從
中世紀隨意附帶陰影的側面圖，經過稍後鳥瞰圖「斜角的」且通常是
畫在東面的描影法，到平面圖名符其實的垂直描影法。❹依史克爾頓
(R. A. Skelton)的看法，這促使了陰影線(hachuring)的發展：

> 在十八世紀早期，製圖家開始為山丘畫上陰影，彷彿山丘被垂直
> 地覆上陰影，或有一光源從上照亮。從這種便於在平面上再現地

形特徵的方法，發展出了陰影線，即沿著斜坡的方向畫平行線，其
陡峭程度則由陰影線的濃度與彼此的間距來表示。這項慣用法在
1757 年飛利‧鮑屈（Philippe Buache）的地文地圖中，產生了塑型

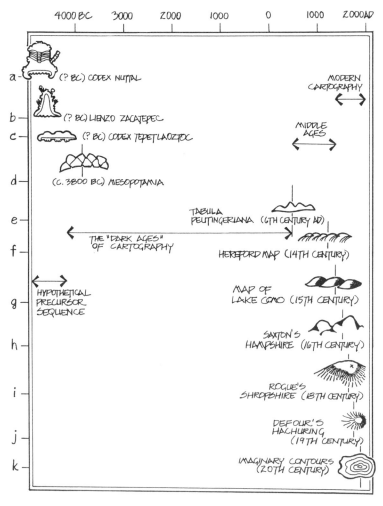

山丘符號的種系發生史。米茲特克與阿茲特克的例子是假想的先驅。

的效果。**❹**

但鮑屈在更早的二十年前（1737 年），便已在地圖上使用等高線
（contour），而且到陰影線發展得夠細緻時（在 1799 年萊曼〔Leh-
mann〕的作品中），就已經被〔等高線〕這種更抽象的慣用法所取代。
不過，費了大半個十九世紀，等高線才得以建立其具現利益的優越能
力——命名、宣示所有權、標記界線、翻越、攀爬、繪製地圖、採礦
——這些利益圍繞著山丘符號而累積起來。**❷**

在小尺度的地圖裡，等高線的使用導致以分層著色來再現地形起
伏，不論有無描影。此後有很多其他技法被提出，但如羅賓遜與薩爾
（Sale）所指出的，「大部分這些技法都相當複雜，且涉及智識能力。因
而其使用僅限於專業地理學家與地形學家，這些人才具備足夠的地形
知識來詮釋它們。」**❸**當然，對於分層著色、等高線和陰影線，都有人
這麼說過——可能地形起伏再現裡所有的創新都曾經如此——但羅賓
遜與薩爾並非暗示起伏再現的歷史就此結束。事實上，當他們展望未
來時，提出了相反的看法，認為還有很長一段路可以走：「在往後許多
年，地圖上的地形再現將是一有趣且具挑戰性的問題，因為慣例、傳
統或死氣沈沈的標準化，不可能在製圖的象徵化的這個面向上繼續固
守。」**❹**鑒於歷史上發展出的各種象徵，已經全套廣泛使用的事實，上
面所說的似乎非常可能發生。如果平面圖和等高線能夠應用在大尺度
的地形測量裡，那麼鳥瞰圖和陰影線也顯然能在地文圖、地形圖和透
視圖中大量出現（雖然瑞茲〔Erwin Raisz〕警告說，他的速度記號
〔tachographic symbols〕「不能如此規律地擺置，以免看起來像魚
鱗」，但它們看來仍然像是在十六世紀的小尺度地圖中得到滋養**❹**）。即
使是較簡單的山丘符號也使用很廣。在最近一張為日本觀光客製作的
洛杉磯地圖中，其山丘符號，雖明顯源自日本木刻畫的傳統（及其明

顯的「特殊利益」)，卻穿越了中世紀晚期的木刻畫(用李蘭的話說，「其山脈畫成大量互相重疊的岩塊」)，一直回到最早描畫地形起伏特徵的嘗試。❹這些及其他的歷史形式，至今依然活躍。

當代美國人的山丘符號

如果專業製圖家視地形起伏的再現是一種挑戰的話，一般美國人

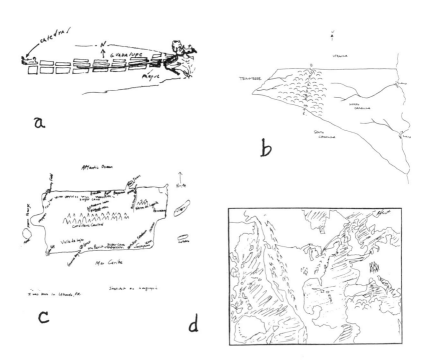

手繪地圖中的一些山丘符號：a 桑‧克里斯特保‧拉卡薩某區大尺度手繪的斜角「圖畫」；b 一位堪薩斯大學學生所畫的北卡羅萊納州；c 一位當地中等學校老師筆下的波多黎各；d 一位康乃狄克州居民畫的世界圖。

對此就會有更多看法……或更少。從我的收藏中抽出 2,050 張實驗性草繪地圖的取樣來看，呈現了繪製地圖者、地域及尺度的多樣性，其中只有 157 張（少於 8%）再現了地形起伏（雖然有一些在適當位置寫上了「山丘」或「山脈」）。在州（北卡羅萊納、波多黎各）或較小的尺度（美國、拉丁美洲、世界）上再現時，地形起伏通常包括了山脈概略的、「斜角的」觀點。在更大尺度上展現的起伏，則必定採用斜面圖的形式。❹對其他已出版的少數實驗性草繪地圖做一回顧，可證實這些發現——只有少數畫有地形起伏，州或較小尺度的地圖則非常概略——法蘭克‧克萊特（Frank Klett）與大衛‧艾爾柏（David Alpaugh）從一、三、四年級學生收集來的桑‧弗蘭度山谷（San Fernando Valley）的「素描」則屬例外。他們所複製的十張素描中，有五張包含了明顯的地形起伏之再現：三張是概略的斜面圖，一張是有描影的斜面圖，最後一張則是概略的側面圖。❹一般而言，很少以素樸方式製圖的繪製地圖者，會自動嘗試去再現地形起伏。那些如此做的人，是在相當小的尺度上進行，並且對山脈使用非常概略的鳥瞰圖，也就是說，他們像巴比倫人或中世紀的抄寫員般繪製山丘。

　　然而，我們不能就此結論說，他們沒有察覺到地形起伏，或者不感興趣。在一份進行中的審視地形在兒童生活裡所扮演之角色的研究裡，我已經證明了小孩對斜坡有敏銳的知覺。孩童積極主動地利用斜坡來騎腳踏車、玩滑板、溜冰、滑行、滑雪橇、滾行、奔跑、跳躍、飛行**等等**。❹當他們騎腳踏車時，總是嘗試將下坡道擴展至最大限度（許多小孩宣稱他們做到了）。騎車或走路的大人也做同樣的事。在意象認知研究中，同時使用口頭與圖像的詢問方式，所得到的山丘很少是用畫的，人們常常只是**寫出來**。我自己在墨西哥恰帕斯（Chiapas）市的桑‧克里斯特保‧拉卡薩（San Cristobal las Casas）所做的研究中，城鎮裡的重要山丘是第二十一個最常被**畫出**的特徵，卻是第十二個最

常被**提及**的地景特徵；在相同的城鎮裡，對於有明顯山丘的個別社區之意象認知研究中，也出現類似的比率。❺❶在麻塞諸賽州的渥塞斯特（Worcester），由一百個高中學生所畫的自己社區——一個以「七座山丘」聞名的城鎮——的地圖，經常包含「山丘」這個詞，時常是包含在社區的名字裡（如「格雷福頓山丘」〔Gragton Hill〕），但缺少地形起伏的再現。❺❶類似案例還可以無限擴展下去。但事實是，孩童與成人知曉、討論、書寫關於山丘的種種，卻不將其繪入地圖。

如此看來,這豈不是將我們想要傳達的論點否決掉了？一點也不。我們的宣稱並非是每個人都**製作**地圖——在勞動專門化的世界裡，這是多餘的❺❷——而是在地圖製作中所**應用的慣例**——符號、超符號與符號系統——與文化的其他部分是連續的。那麼，爲什麼小孩和以素樸手法製圖的成人，不在地圖上繪製山丘？可能是因爲他們沒有耗費生命，埋頭嘗試將地形起伏與其他地景特徵**一起**再現出來。**這就是**問題所在：

> 如果他爲符合地表在當地的重要性，而將地表做一番詳細的展示，那麼如何呈現其他地圖資料，就成了問題。另一方面，假如製圖家相當完整地顯示了非地形資料（這可能對地圖的特定目的而言更加重要），他可能就會簡化到只暗示地表的存在而已。❺❸

但假如這是問題所在,就把它簡化一下：人們不需要顯示全部，而只要……**畫個山丘,**這樣如何呢？

爲了回答這個問題,我們收集了由三百位年齡在 3 到 30 歲之間的人所畫的五百張山丘圖畫。他們都是北卡羅萊納州人，分住在這個州的三個不同地形區中(沿大西洋岸，皮得蒙高原〔Piedmont〕，山脈地帶)。對最小的孩童，只要求畫張山丘的圖畫(我們並確實將他們所說

School age

1 2 3 4 5 6 7 8 9

No.	Shape	Pre-school n=50 %	Kindergarten 28 %	1st grade 30 %	3rd grade 26 %	5th grade 25 %	9th grade 29 %	10th grade 44 %	College sophomores 38 %	Graduate students 30 %
1		16								
2		4								
3		6	7							
4		38								
5		14								
6		4	11			4				
7		42	50	7	8		24	28	16	3
8		6	14				7		18	
9			61	50	15	72	27	38	42	36
10			7	30		4				
11		8					10		5	
12				7	23		7	14	8	
13				10			7		8	7
14		8		20	27	8		3		
15				13	49	84	17	10		
16							3	2		
17	Other		4						3	
18							10	13	20	
19				7	4			3	7	
20					8	16	10	14		
21								2		
22	Other									
23							17	19		
24							14	24		10
25							14	12		7
26								5	8	
27								14	11	
28								2	3	3
29							3	12	71	40
30							14	2	3	
31	Other							2	3	7

（Elevation：1–17；Oblique：18–22；Plan view：23–31）

山丘符號的個體發生史。水平軸是就學年級，山丘符號類型則在垂直軸。

關於圖畫的故事記錄下來）；而對於較大的孩童與成人，則要求他們在以下兩者擇一進行：(1)依序畫出側面圖、斜面圖與平面圖，或是(2)畫出一山丘，然後用不同於先前的觀點再畫一次。❺❹我們注意每張圖的

(1)所採用的觀點 (側面、斜面或平面)，(2)山丘的形式 (一團混亂、麵包狀、水果糖形、阿爾卑斯山形，或任何形式)，以及(3)山丘的數目。上述觀察與每個年齡層製圖者的數目，以及畫出某種山丘類型的比例，皆顯示於表中。(每一行的比例總和不等於 100%，因為有三分之二的人畫了兩座或更多的山丘。)

　　在年齡與(1)觀點和(2)所畫山丘類型的範圍間，都有直接的關接。亦即，年齡越大，(1)就越可能以平面方式再現山丘，(2)再現的類型就越多樣。一些孩童選擇不畫山丘**本身**，而藉由畫雲霄飛車及屋頂狀的東西，來強調**斜坡**的重要性 (相對於比如說，地面)。有少數孩童 (都是年紀最小的)，則畫出有生命的山丘 (其中一個有圓圈和射出的線條，代表「山丘的眼睛」)。當我們直接要求年幼的孩童從上方來畫山丘時，他們就畫出更多很像原先所畫的山丘 (這並不是說，這些孩童不能被教導以平面方式畫山丘，而僅是他們還未發現〔學習〕到如何畫❺)。總之，這些資料清楚顯示了大多數美國人可用和所用的山丘符號類型範圍。

兒童學習山丘符號的序列，平行於
地圖製作史裡山丘符號的發展序列

　　因此，山丘符號在當代美國人中的發展，和地圖製作史中的發展，有驚人的相同之處。這種平行之處，並非只是地圖的建構方式相同而已。也不僅是明顯而已，它是真實的。在兩個發展順序中，在個體生命的早期 (以及製圖史的最初階段) 出現的第一個山丘符號，是一個具體的類屬之「任何山丘」圖形，其再現的方式是一個直立的人面對山丘時，以自己為中心所見到的高度。在 10 到 15 歲之間 (在中世紀時期) 出現的第二個山丘符號，不是以正面畫出的「任何山丘」高度

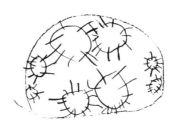

被「賦予生命」的山丘。分別由學齡前兒童與讀幼稚園的孩童所畫。

的縮小版，就是基於其陰影特性的一個抽象符號。在任一情況中，山丘分化成各種等級(坡度徐緩的、孤立的或眾山群集)，並以斜面觀點顯示，如同鳥瞰一般。最後，山丘以等高線再現，這種線是依基底資料和固定高度之抽象所建立起來的抽象產物。在這個階段，山丘是以平面方式顯示，彷彿從正上方看下來，標示出每一個山丘的獨特性。在兩個發展序列中，可用的山丘符號庫起先是小而缺乏組織，而後隨著每個符號類型的產生，便擴充而涵蓋整體。如此來看，發展的較高階段與其說是取代了較低階段，倒不如說是在一日益分層整合的結構中，包含了它們，而下層的符號則永遠臣屬於上層的溝通、記錄或分析之意圖。這些順序的平行之處，引發兩個問題：爲何兩者皆遵循所觀察到的次序，以及，它們之間存在什麼樣——如果有的話——的關係。

當代兒童對於山丘符號的掌握

在我們這個製作地圖的社會裡，三歲小孩就能自動地畫出山丘的圖形。在許多情形下，他們自二歲起或甚至更早，就能辨認這種圖畫，對其指指點點和命名。這裡有一些我的長子（擁有典型、中產階級的家境）純粹**由於內在驅力**而在家裡畫的山丘例子。❻第一個例子是三

歲兩個月大時所畫，圖中圓形的潦草塗鴉他宣稱是「噴泉」，穿過塗鴉部分的高而垂直的線是「高山」，沿底部尖銳的圖案則是「山脈」。在某些方面，這與從其他受到**要求**畫山丘的學齡前孩童——四到六歲——所收集的非常類似（其中一張也在這裡圖示出來）。下一個例子是三歲三個月大時所畫，被描述成「兩座山，三座山」。這裡的山形很明顯。第三張圖畫是在「兩座山，三座山」之後不久所畫，被稱爲「山

藍道爾的第一張山丘圖畫——三歲兩個月大，用原子筆畫在草稿紙上。

丘與字母。」這些由一個小孩在四十天的期間內所繪的圖畫，不但顯露了這個年紀再現能力的易變特性，而且還顯示出其藉以表現之媒介所產生的效果。❺第一張是在草稿紙上用原子筆所畫，第二張是用麥克筆在襯衫紙板上畫的，而第三張則是用神奇麥克筆畫在新聞紙上。在未經光面處理的紙上使用原子筆，運筆過程中由於肌肉要使力，會產

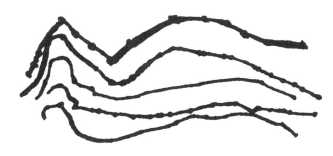

⑴這是「兩座山，三座山」，重繪自藍道爾三歲三個月大時的作品，以麥克筆畫在硬紙板上。

⑵藍道爾三歲三個月時畫的「帶字母的山丘」，晚於「兩座山，三座山」。這裡重繪自原來用麥克筆畫在新聞紙上的圖案，而且經過簡化（如同前面所有藍道爾的畫）。

生偶然的污點，可能會破壞小孩原先作畫所要表現的意圖。這種污點就不會在比較容易的媒介，像紙和鉛筆上發生。其他媒介則更不精確：看，這是同一個小孩在兩歲八個月大時，用紙所撕的一座山丘。（小孩使用鹽盤──直接畫在一層薄的鹽上──來再現東西，比起他們使用其他媒介所能製造的再現，還要早多達六個月。）

我這個小孩所畫的山丘形式範圍可以擴大，我們從前文提過的學齡前兒童所繪的 73 座山丘，取出一份小樣本來看：其表現方式包含了粗糙的「鼠窩」，各式各樣的「疙瘩」，到只能被說成是山丘和山脈的形狀，無所不包。鬆垮的橢圓形物平躺著，其長軸平行於紙的底緣，且充斥著倒 U 的形狀，其相互的差別僅在於山體底部封閉的程度。其他變化則在於斜坡的陡峭度與山頂的尖銳度。雖然有些山丘是有生命的（「山丘之眼」，一個披上衣服的鬼魅）而其他沒有，這並非是個顯著的面向，除非它加強了山丘的**東西性**(thingness)。幼小兒童經常為各種東西賦予生命，像是太陽或雲，房屋或汽車，但對**非東西**(nonthings)，像地面或天空，河流或雨，則很少這麼做（雖然他們會賦予個別的雨滴生命）。非東西有種廣泛的背景特性，無可否認它的存在，卻難以觸知；無疑是可以再現的，但通常不被賦予生命。像太陽和雲這種東西，具有前景的特性，具體、獨個，而且可以操弄。山丘，至少在這個階段，同時屬於這兩類陣營：畫圖時屬於哪一種，則視山丘當時在孩童的心智世界裡所扮演的角色而定。

除了這些單一山丘的東西性之外（這項特徵主控著一、二年級學生的圖畫表現；而在此時，以群聚方式來表現的其他方面類似的山丘，也開始獲得偏愛），它們也依其表達與畫出的觀看角度，而凸顯其特性。撇開最粗糙的形式不談，每個山丘皆是平順的，且似乎是畫出高度，而成為側面圖或甚至剪影，以一個直立小孩所看到的遠方山丘之形式來呈現……實際上很**像這個小孩**，依照他的或她……**自己的形象**打造出來

藍道爾兩歲八個月時用紙撕的山丘。

的，從他或她自己的最佳角度，直立，而且獨立。如果我們將兒童發展的結構主義模型，❺❽與山丘性質（hillness）的本質面向（在印歐文化的世界中，至少包括了**突出**、**投影**和**山尖**）❺❾考慮進來，整個山丘的表現形式——孤立、具體、無可分化、聳立和側面呈現——就似乎可以得到解釋，甚至可以預期。

　　這種發展模式所碰到的唯一問題，是幼童最初遇到的山丘，並非以一種遙遠的側面形象出現，而是一個巨大的東西，在其面前**升起**（RISINGS-UP），或**跌落**（FALLINGS-AWAY）在其腳下。那些圖畫大部分所在的典型環境，即使是山區或鄉間，由於距離**太過接近**，無法容許在經驗上支持簡單的結構主義模型所需的觀看方式（sighting）。❻⓿山丘對高原地帶的城市居民（研究裡的最大群體）而言，通常位在**腳下**，方便或阻礙了步行或跑步，騎車或滑行，但與所發現的山丘符號構造沒有什麼關連。孩童經驗中的眞實山丘是形狀多樣、複雜的，覆

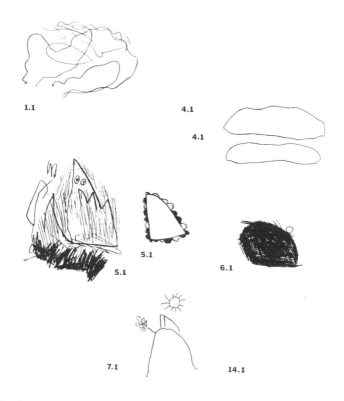

學齡前兒童所畫山丘的例子。編號中第一個數字，代表山丘符號個體發生史表上的山丘類型；第二個數字代表年齡群。

蓋著樹木、房屋與其他建築物，還加上橋樑，被各種切割與填塞物所掩蓋，而且幾乎從未是孤立的。它們實際上是……**不可能**以側面角度來**看**的。相反地，它們以非常近距離的斜坡與人遭逢，而人們以各種可能的方式來感知……**除了側面方式以外**。❻❶在玩泥沙時所堆砌的小丘，也不能提供側面圖的模型，因為這些通常是以傾斜角度來看的。側

面圖只在趴著，以下巴靠在沙中來看時，才會出現──或者，轉個頭，用太陽穴靠在沙中──在數百小時的觀察裡，很少出現這些位置。**❻❷**落葉堆、雪堆、沙丘或一堆填充物，可能可以扮演需要的角色，但這些事物必須先被如三歲大的孩童**視同山丘**。這暗示了它們是**符合**一個既存的山丘形象，而非山丘形象的基礎。

　　孩童似乎可能只是經由**教導**，才以側面角度來觀看和再現；所得的影像則作爲一基本架構，隨後的經驗──包括就學──圍繞其上，並與之互動。這裡並不意味著應該丟棄結構主義的發展概念，而是這些原則──有知覺力的成人透過對他們自己認知過程的不自覺反省，而憑直覺掌握到這些原則──形成了他們教育小孩之努力的基礎，必須強調這種努力，如果有的話，是偶然地集中在山丘上。例如睡前讀物《紅色小守車》(*The Little Red Caboose*)，由瑪麗安‧帕特(Marian

火車爬上山。注意山丘的側面像橫過整張書頁，其他山丘都在背景裡。(引自瑪麗安‧帕特《紅色小守車》，提柏‧喬奇利插圖。1953 年由西方出版公司〔Western Publishing Company, Inc.〕取得版權出書。經允許轉用。)

Potter)所寫，提伯·喬奇利(Tiber Gergely)插圖，自 1953 年來，單是在英國就賣出超過一百萬本，經常被翻譯，以各種版本風行於世。**❻❸**故事裡的主角是紅色小守車，因為無人向他招手而覺得沮喪。沒人向他招手，因為他總是掛在最後一節。但最後這卻給它機會，拯救了整列火車，而證明了它的價值。這促使小朋友將最熱烈的揮手歡呼留給它。除了道德與倫理的訊息外，這個故事還包含了關於次序（**最先然後是最後**）與方向（特別是**上和下**）的訊息。本書前半部有顯示火車上下、穿越和環繞許多山丘的運動——在山丘的背後有遠方地勢起伏的側面圖，裝飾著地平線——書的後半部則將一座山和它的特徵置於故事的前景：

> 有一天火車開始爬山。
>
> 大火車頭上去了。
>
> 頂篷貨車上去了。
>
> 油車上去了。
>
> 煤車上去了。
>
> 平台貨車上去了。
>
> 紅色小守車也上去了。　**❻❹**

當讀者的聲音與手勢隨著每次的重複而上揚，肯定地強調行進的方向，插圖就恆定地將其連接到山上。在圖的左邊，火車攀上高聳的山尖，在右邊則急速滑入下方的山谷。軌道在此退入一較低、但仍舊明顯的山洞裡。在背景裡，遠方的城鎮盤據在高山上，山頂是座城堡，在其背後還有其他山丘，山峰指向天空。所有事物，包括佔去較多畫面的火車攀爬的山丘，都是用側面角度來看，對比著敘述者單調重複的聲音，「……上去了……上去了……上去了。」突然：

「當心，小守車！」平台貨車叫道。

「火車開始往後退，就要滑下這高聳的山峰了！」

「如果我幫得上忙就不會了！」紅色小守車說道。

然後他踩了煞車，

然後他緊緊地抓住鐵軌。

然後他就保住了火車，不滑到山下去。**⑥⑤**

當讀者的手勢模仿火車失控下滑時，他或她的音高隨著每個「滑落」而明顯降低。同時，圖解縮到很小以造成景深，使得火車垂直爬上書頁，提高它滑落撞毀的可能性，然而也使斜坡以只能被稱作是側面圖的方式呈現。這個故事具有強烈的感染力：對什麼事都已玩膩的姑媽或伯父，也會沈醉於興奮之中，被帕特作詩的新奇手法與喬奇利插圖的簡潔效果所征服。對小孩而言，故事、提高與變化音調的表演、配合的手勢與圖解，這些所組合起來的衝激十分巨大，特別是重複了50 或 60 次！

瓦遜・派柏(Watty Piper)的《小火車頭》(*The Little Engine That Could*)是另一個適當且更為普及的例子。**⑥⑥**玩偶和小動物們因他們的火車頭壞掉，而要求幾個其他火車頭幫忙，以便越過山丘。幾經失敗後，終於說服一輛藍色小火車頭協助他們：

「不過，在小朋友們醒來之前，我們必須越過這座山，」所有的玩偶和小動物們齊聲道。

小火車頭抬起頭，看到玩偶們眼中的淚水。她想到，除非她能幫忙，否則在山的那一邊，乖巧的小男孩與小女孩就沒有玩具和好吃的東西了。

　　　然後她說，「我想我能。我想我能。我想我能(譯按：原文是I think I can，模仿火車行進的聲音)。」於是，她將自己接到一列小火車上……

　　　爬，爬，爬。小火車頭越來越快，越來越快，最後終於抵達山頂。

　　　向下看，城市躺在山谷裡……

　　　當小火車頭噗噗響地開下山頭，她微笑著，似乎在說，

　　　「我想我的確能。我想我的確能。我想我的確能。我想我的確能。

　　　我想我的確能。

　　　我想我的確能(譯按：原文是I thought I could，也是模仿火車的聲音)。」❻❼

即使是書籍的版面設計亦切中題旨！如果《紅色小守車》中的威

另一輛火車上山。注意火車沿著山脊線前進，而且我們可以看到車廂「下面」(引自《小火車頭》，喬治與朵莉思・赫曼〔George & Doris Hauman〕插圖，瓦汯・派伯重述。1954年與1982年由普萊特與夢克公司〔Platt & Munk Company, Inc.〕取得版權。經允許轉用。)

脅是山坡會迫使火車向**下**滑落, 那這裡就是指山嶺會阻止火車爬**上**去。山丘逐漸浮現, 顯得高聳巨大, 阻止了從山谷到山谷之間的移動。在敘述實際跨越山頭的關鍵性篇章中, 山嶺柔緩地略呈圓形, 並以側面圖呈現, 火車軌道鋪在表面上, 就像幼童在山丘上頭畫上東西(事實上就是)。在頭三頁裡, 火車從左到右爬行; 在下一頁, 仍然以相同方向移動, 登上山頂; 最後兩頁裡則下山, 依舊是從左到右移動。這幾頁可以接合一起, 而形成一幅景象, 上, 上, 上, 然後下, 下, 下。當讀者大聲讀著精心編寫的故事, 變化的音調、搭配的手勢、圖解, 甚至印刷上的編排, 都有力地塑造出山丘或山峰的原型(archetypic)形象。

山丘在驚人數目的兒童讀物中扮演重要角色。它們通常是徐緩的、略成圓形的突出物, 且以側面呈現, 像汪達‧蓋格(Wanda Gag)的經典作品《數百萬隻貓》(*Millions of Cats*)中出現的一般。❸一對老夫婦決定要養一隻貓, 老先生「……便前往山上尋找。他爬上陽光普

煙、雲、鉛字——都加強了山丘的形狀。

再一輛火車爬山的圖。開始有斜面圖的模樣，但側面呈現的山峰，其切割天空的方式正和小火車頭一樣。

照的山丘，穿過陰涼的山谷，走了很長很長一段時間，最後終於來到一個到處都是貓咪的山丘。」⑲蓋格的作品中，主要是由插圖來引介山丘，雖然故事內容也強調了山丘的上－下特性。特別動人的是一幅老太太走下山丘的插圖，斜坡的形狀，反映在房子冒出的煙、雲朵與內文排版裡。山丘在另一個普受歡迎的作家，維吉妮雅・李・柏頓(Virginia Lee Burton)的作品中，以其典型的形式出現，雖然處處流露遠近法(foreshortening)（譯按：指爲了顯示景深，而將遠處事物縮小的畫法）的痕跡。在《火車》(Choo Choo)的故事中，她描寫火車所經路線，「穿過隧道，越過山丘／開下山丘，駛過吊橋」，⑳雖然她的插圖

十分有效，不必爲此困擾。在她著名的《小屋子》(*The Little House*)
中，小屋子建在一座起先以側面呈現的山丘上，但隨後的插圖便逐漸
採用傾斜角度，直到末了才又出現側面圖。❼在書的開頭與結尾的寧
靜鄉間插畫中，山丘上的屋子形成統一的景象，對大多數讀者都具有
極大吸引力。同樣的山丘使得柏頓的《麥克·穆利根和他的蒸汽鏟子》
(*Mike Mulligan and His Steam Shovel*) ❼大受歡迎，雖然在此
書中，山丘遭切割、壓平與填充，以做爲運河、通道和機場。麥克·
穆利根也「把山丘弄矮、曲道拉直，爲汽車建造長直的高速公路。」❼
附圖中，樹木、房屋與電線竿，垂直地立在側面呈現之山丘的表層(而
非與紙邊平行) ——就像兒童畫的一樣。當麥克和他的鏟子離開城市
時，「他們沿著山丘慢慢爬上去，然後爬下來，到達波普維爾(Popper-
ville)小鎮。」❼插圖邀請讀者——小孩或大人——以手指依循著行進
路線，登上與滑下每個山丘。

　　山丘也可以用更爲偶然的方式來界定，其累積的效果可能比先前
提到的較爲直接的描述更大：

　　傑克與吉爾爬上山丘
　　爲了打一桶水；
　　傑克滑倒，撞壞他的皇冠，
　　吉爾隨後也摔了個觔斗。

　　即使沒有圖示，**山丘**與**上－下**的關連依舊使人印象深刻；而最典
型的插圖——一邊顯示著傑克與吉爾在爬山，另一邊則是他們跌了跤
——以側面表現出山丘對稱地圍繞中央的一口井。同樣的形式也可能
在沒有提及山丘的情況下出現。

(1)雲、樹的形式、下半部的排列和鉛字都反襯著山丘的外型。書中一頁一頁如此重複。

(2)麥克‧穆利根與瑪麗‧安(Mary Ann)開闢道路後的山丘圖。注意房子、樹和電線桿——都和山丘表面成垂直。

呆子, 呆子, 大傻瓜,

我要往什麼方向逛去?

上樓和下樓,

待在我情人的閨房裡。

　　針對上文的典型插圖, 以側面表現出一邊是往**上**的樓梯, 另一邊往**下**; 整個構成一個有台階的山丘, **上樓**, **下樓**。當朗頌有押韻的文字, 如上述或「Wee Willie Winkie」(「……跑過城鎮, 上樓和下樓, 穿著他的睡衣……」)敘述者的聲音及手勢, 與表演小火車頭爬上山坡、駛入山谷, 並沒有什麼兩樣。

　　重點不僅在於孩童周遭圍繞著大量用側面再現的山丘與山脈, 也在於這伴隨著……**畫出它們的方法**。小孩不只是聽到反覆出現的「上上上, 下下下」, 也聽到、看到和感覺到編碼於下列各項裡的**概念**: (1)音高的變化, (2)插圖, 以及(3)多種手勢, 不僅限於與山丘或押韻文字, 還包含了許多場合的相關手勢。不論是以升降機或被投擲到空中來解釋, 還是用圖畫書或直接教導關於方向的知識, 上和下組成了概念－姿勢－聲音－圖像的複合體, 只要給小孩一枝鉛筆或蠟筆, 就能自動畫出山丘側面像的模擬圖形。這就是說, 小孩最初所繪的山丘圖畫, 可能一點也不是山丘, 而是手勢的記錄或軌跡——上上上、下下下——隨後, 小孩才**發現這是山丘**。前幾頁提到的「高山」, 可以輕易地作為這種被發現或被認知到的山丘的例子, 其後的「山脈」也是例證, 它只不過是畫線的過程裡所產生的上和下之變化。這些不同形態圖畫的拼組, 是完全源自手動, 而非腳動 (像走路或漫步上山和下山的直接行動所可能暗示的), 這從繪畫採用側面的表現法來看——**直接**導源於手動的合成, 但必須是源自腳動的一種複雜**衍生物** (這涉及到旋轉, 想必是超過此年紀的孩童才會) ——可得到充分的證實。一旦認知到它

們「是」什麼，畫山丘的能力就變成**既成事實**。練習這種新發現的技能，會引致各種類型的山丘圖形之精鍊，經由詹姆士(G. W. James)稱做聚合性演化(convergent evolution)，而史賓登(Herbert Spinden)稱爲退化的過程，**❼**然後越來越像——並非孩童腳下經驗到的眞實山丘——圖畫書裡的山丘側面圖。這就是我們看到的大部分山丘。

當代兒童在脈絡中繪製山丘符號

因此，山丘符號是更大的再現系統的一部分——包括字詞與數字——小孩發現這個再現系統，並藉此得以社會化。問題不再是「小孩如何發展出這個形象?」而變成「爲何我們選擇這個形象來教導他?」小孩如何**自動地發展**出山丘符號和字詞——例如「山丘」——也都不成其爲問題了。**❼**孩童的山丘符號與他自己經驗相似的地方如此少，理由在於：就如同「山丘」這個詞，它是從整個文化的**成人經驗**裡所發展出來。孩童**學習**山丘符號，因爲它們與更大的語言——它們也是其中一部分——一樣，並非身爲生物個體的小孩自然而然得到的東西，而是作爲社會人的小孩費力才能獲取的東西，因爲再現——無論是什麼其他東西——基本上是一個社會事實，是集體生活的**必要條件**。因而在某種意義上，除了所宣稱的發展階段，也許可以指出能被個人所**整合**的文化訊息之種類外，認知發展的結構主義模型是有點不切題旨。雖然這些模型有模擬所觀察之變遷序列的能力，事實上卻過於簡化，而一貫地低估了孩童的……社會處境，以及發展中之有機體所處的……更廣泛環境脈絡的重要性。雖然在結構主義的架構中，對於孩童最早的山丘符號之發展的**首要性**——對明顯的**上**和**下**之原初合成(syncreticism)，自我中心的觀點，具象的表現和全面的特性，都是其特徵（畢竟不曾有人**教導**第一位米茲特克、美索不達米亞或埃及的山

丘符號繪製者如何做）——沒有什麼質疑，那麼同樣也沒什麼問題的是，在**我們的取樣**中所顯現的符號，是小孩接觸前述那種兒童讀物的結果；一般而言，這是接觸主流文化的結果。因此，窮人家的小孩——在家較少接觸兒童讀物——繪製即使是最原始的山丘符號的能力，落後別的小孩三、四年，甚至更多；有一些高中生，由於錯過這些兒童讀物，未能達到過去同輩已經發展出的較先進形式，因而完全不會以圖形來再現地形的起伏。在成人中間,這顯現為完全拒絕——不管任何情況——這項繪圖工作，例如：「我不會畫地圖。我不會畫。我**從來**就不會畫!」

　　因此,雖然側面角度的山丘無可避免地會成為既定發展序列裡,第一個出現的山丘符號——正因為其包含的合成現象、自我中心的觀點、具象的表現、全體性(globality)——但這所顯現的**完全是**一個遷就社會狀況的事實，**而非**發展上的必然：這像是乘法，而不像是性。乘法事實上提供了一個適當的例子。如同山丘符號的案例，在發展序列的一個可以預期的時刻——介於加法和長除法之間——乘法在小孩身上「滋長」，在算術史裡，碰巧可以發現相同的序列。**⑦**就像山丘符號，乘法也非自然地來到小孩身上，而是費了力氣。大部分的孩童必須被迫內化貯藏於「時間」表中，文化所發展出來的大量訊息。在柏拉圖的時代，擁有這些將使他們成為天才中的天才。在乘法的例子裡，很明顯地，用牛頓的話說，我們是站在巨人的肩膀上；我們在三、四歲大，畫山丘側面圖時，也是如此。從這個角度來審視新問題——為何我們首先選擇這種山丘來教導小孩——引導我們更加接近答案，因為這就像是詢問，為何我們選擇在長除法、代數或三角法之前，先教我們的小孩乘法。

　　答案同時嵌埋於訊息結構與其傳遞結構中——然而，這兩者很少獨立運作。乘法就像山丘符號，在發展上**似乎**真的是較早、較簡單且

具體。長除法包含了乘法運算，反之卻不然。但這種關係並非不受這些運算法在歷史上之發展序列的影響。這些運算的教導依照這種順序，而它們以這種方式彼此關連，是因爲這是它們自始就彼此關連的方式，也是它們一向被教授的方式。它們以這種順序被教授，是由於長除法的傳授必須以乘法爲**前提**，而乘法也需以加法爲**前提**；❼另外也是因爲在教育系統中──許多人進入但很少人畢業──必須先傳授**用途最廣**的社會技能：在一個金錢社會裡，不會加法是很難做事的；如果不會乘法，很難找到待遇好的工作；不會代數和三角法，很難讀到研究所；不懂微積分就很難在五角大廈工作。誠如懷海德(A. N. White-head)所說的，對山丘符號與算術同樣適宜的評論：

> 一種好的符號表示法，可以爲頭腦省去所有不必要的工作，使它可以自由地專注於應付更重要的問題……在象徵符號的幫助下，我們能近乎機械地靠眼睛從事推理，否則就得運用頭腦的更高等能力。有一個嚴重錯誤，卻爲眾人所信的道理──不斷地爲人云亦云的書籍和傑出人士在演說時反覆提到──就是我們應該培養思考我們所作所爲的習慣。事情正好相反。藉由擴展不假思索就能夠做好的重要工作之數量，文明才得以進展。❼

僅用訊息本身嵌埋於結構之中的論點，來爲此種次序做精采的**事後解釋**，這是很容易的，但在我們歷史處境的脈絡裡──**這些序列透過傳遞的結構，而嵌埋在我們每個人身上**──這些解釋就很難證實。❽另一方面，由於這種困難而否定這些解釋，也是不夠充分的。

既然沒有理由假設發生的邏輯與傳遞的邏輯完全相同，也就沒有道理去反對前面粗略提到的任一種解釋，雖然我們有很多理由來限制其解釋範圍。結構主義的論證似乎最能解釋種系發生(ethnogenetic)

而非個體發生(ontogenetic)的過程，而傳遞邏輯(保守性〔conservative〕，而非發生性〔generative〕的)似乎最成功地描述了孩童時期的社會化(結構主義者將此大多歸諸生物性的成熟，這不無疑問)。然而，必須承認，既然結構主義的論證被用來描述種系發生史，譬如山丘符號的種系發生，因而也**必然藉由社會化的保守機制來傳遞**。因此，**山丘符號**不僅是被提出，而且還是自始就依照**結構所決定的次序**被帶出來。這種簡單的嵌埋(embedding)，對於種系發生史與個體發生史的雷同發展（整體文化中的山丘符號繪製史，以及個體山丘符號繪製的發展史），提供了完整的解釋，而且進一步暗示，既然結構主義的模型可以描述個體（多半是成人）眞正**發生性**的行爲，那麼保守的傳遞模型最有力地描述了正在**社會化**的個體(以孩童最爲典型)的行爲。**⑧**

山丘符號的發展

現在不僅能回答我們最初的兩個問題──爲何兩者的順序相同，以及爲何會依循我們所觀察到的順序──除了山丘符號繪製之複雜現象的概觀之外，還能提供一般製圖符號的發展模型。簡言之，在 6000 或 7000 年前的中東，（其他地方則在不同時期）置身快速擴展且可能是原型都市社會裡的人們，體察到必須開始保存記錄。無疑地，理由會各有差異(但與今日促使我們保存記錄的理由，不太可能有所不同)。如我們所知，丹尼斯‧司滿德－貝撒瑞(Denise Schmandt-Besserat)將其歸因於長程貿易會計之必要，而史密斯則歸因於記錄與正當化土地所有權的需求。在兩種情況裡，社會權力與經濟權力是重點所在。在這些早期的標記法裡，符號最初就如三歲孩童的山丘圖形一樣易變：各式各樣的模式，從語言的、字標的、到純粹圖像的──也包括各種混合的表現──在保存空間（地理的）與時間（歷史的）面向的質與

量訊息之奮鬥過程裡，必定都曾經大膽嘗試過。起初作為名字的符號（例如系譜上的符號），最後成熟變為圖形（例如地圖上的符號）……**反之亦然**。因此，標記系統分化了（在今日成長中的小孩身上，我們也可以看到這種分化）。書寫以其字標和**語言**的媒介，成長為巨大的分支；地圖繪製與其他空間化的技藝，則以其字標與**圖形**的媒介，形成另一種分支，但書寫與地圖繪製兩者，都根植於相同的土壤。其中之一就是山丘符號。它的圖形特徵，開始於米茲特克的字標或中國的象形字，在地圖的微氣象之中豐富起來，其後以其製圖學上的「地圖符號」角色，而推廣和演變。

早期的山丘符號採取一種遙遠且高度概括化的側面圖形式——得到字標與圖形的輔助——**正是由於結構主義者提出的原因所致**。它的形式，在動作上融合了在水平線上用手比出山丘形狀的動作，以及模擬甚至是最小起伏的攀登與下降（經過旋轉——對成人沒有問題）的動作。山丘最突顯的特徵——上和下，凸出——簡單而直接地表現在與鼻子和下巴之再現（最初也以側面角度再現）非常相像的形式中。**㉒**雖然可加以補充修改，這形式仍是僵固的，無法顯現出——以其自身——所觀察到的山丘形式之更多變化。另一方面，其概括簡單的特性，對於後來的發展大有助益。它能簡單地變大或縮小，山尖也能更尖銳或圓緩。可將幾個串連一起來再現山脈，或進一步使用重疊色調，來表示離觀者更遠的山脈。其形式也可以改變，以便更能反映觀察到的側面像。一旦基本的山形團塊取得了符號系統裡的穩固位置，外型的修飾會使其越來越偏離原初的形式，但仍可以辨認出是山丘。然而，雖然有這些發展，這符號仍保有基本上的具象、姿態之合成，以及圖形的特性。

一旦發展之後，符號連同符號系統裡更廣泛之合成的其他符號，將經由神職人員、抄寫員或記錄保存，一代一代傳下去。人們不會將它

教給小孩。不論對今天的我們來說，這些符號有多幼稚，當時的孩童
能有什麼希望，可以參透任何以那種形式書寫的（從自然、眾神與年
長者那裡，藉由努力、洞見和靈感而獲得）莫測高深秘密呢？我們既
不期待葬儀社老板承認自己是商家──或是製圖學家承認自己是工匠
──那麼我們也無法要求神職人員－抄寫員承認他們對於自己的神聖
寶藏一無所知。❸但隨著時間過去，形式會有足夠的演化──而符號

雖然所有這些山丘是由十年級生所畫（15 到 17 歲），但這十八個山丘圖案包括了十三種山
丘符號類型，涵蓋了個體發生序列中所有顯著的階段。

系統變得足夠普通平常——這古老的形式終會落到這般田地：「喔，那是過去我們**習慣**的作法，」或「喏，**你**可以玩玩這個。」更新的形式引用了遠近法、透視法，以及利用彼此間不斷的變換與相互穿透來描繪陰影等新發明。然而，這些新生的圖像，對於早期的側面圖並未構成極大的挑戰。人們只需在**既有的**側面圖中描影，以甚至是最刻板且表面的方式，繪出一個直至此時，都像是槌球門（一條一維的線）加上海浪般的帳篷形狀覆蓋（二個二維的面）的圖形。這種變化當然反映了視覺感知與圖像再現上的變遷(例如遠近法)，但也在個體發生與種系發生的兩種序列裡，一般性地反映出與地景關係的改變。一座以側面繪出的山丘，隱藏了它背後的**所有東西**，並將其表面簡化爲一條線：山丘上如果有任何事物，就必須顯現在那條**線**上。一個其坡面朝向觀者前方落下的山丘，使得事物以其眞實位置顯示的面積大幅增加，而其隱含的傾斜視角，也使先前側面圖中擋在山丘**背面**的事物得以顯現。使用新符號的地圖，必然描畫出某種**更大程度的環境利用**，這通常是爲了回應估計稅賦、發動戰爭、便利通訊或開採重要戰略資源等「帝國」需要。**❽**但在新一代的抄寫員與地圖製作者學會新的斜面圖之前，他們仍然必須熟悉舊的側面圖觀點。學習與發現一樣，先接觸事物的邊緣，才及於表面。山丘的側面圖於是開始在教育——與個體發生史——的進程中，成爲第一階。

　　在最早畫有陰影的山丘中所潛藏之傾斜視角，其含意對人們起了作用。遠近法所恩賜的各種便利，隨著鳥瞰觀點直接穿過山丘上空，而得到了強化。從這個位置來看，整個山丘的表面才能確實呈現，而……「山丘的另一面」就完全消失了。然而，這種新的平面上的山丘，卻不能以應用於傾斜視角山丘的那些陳舊技法來再現。雖然早期描畫影線的嘗試，無疑地起源自用來描畫陰影的平行影線，但最終取代它們的等高線，雖然貢獻良多，其發展源頭卻不清楚（易變性是創新的必

要條件）。**❽**遠近縮小觀點的二維表面，變成了三維的體積。但不管等高線起源的眞正性質爲何，其使用上的敎導，必須完全仰賴對斜角與描影山丘形式的掌控，如同過去仰賴對側面圖的掌控一般。這種地形起伏的抽象化與側面圖之間的差距，經常在當代地圖中遇見。旣然地形測量圖並非地形的圖像，而是固定高度下隨意選取之線條的記錄，那麼起伏本身——**作爲**地形起伏——就必須就測量圖來重新詮釋。因此，**宛如層級整合的模型本身，**地形測量圖也經常採用**垂直地形起伏描影法(vertical relief shading)**——來自斜角階段，並且將地圖再度圖像化——以及**側面像**（被定義爲剖面圖）——來自最早的階級——使得地圖重獲明顯的上下感覺。

　　隨著一般的敎育，以及特別是地圖使用的推廣，將人們引介進入相關的符號系統的任務，不只是在敎育與個體發生的進程中，被往前推展而已——還**離開**正式的敎育進程，而進入家庭。如果想要求廿二歲的一般人使用地形測量圖——身爲土木工程師、地景建築師、建築師、規畫師、地理學家、製圖家、推廣顧問(extension agents, 譯按：指聯邦與州政府共同雇用的諮詢顧問，負責提供農業與家庭經濟方面的資訊)，或任何其他身分——那麼引介地圖符號系統的敎導工作，必須及早開始，而且利用非正式的方式進行，就和今日小孩接受字母（或數字系統）——過去曾是秘密中的秘密——的敎導一樣早。父母親屬於這個更大系統的一部分，他們引領孩子成爲有效率的學習者。他們藉由選擇《紅色小守車》來表演，替孩子製作、佈置，以及詮釋當代製圖家所用之山丘符號（這只是衆多事物之一）的能力，奠定了基礎。

未來的山丘符號

　　然而，小孩不僅是——即使在傳統權威的巨大社會化力量下

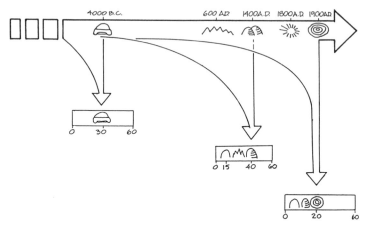

⑴上邊的箭頭表示山丘符號的種系發生史, 僅標明使用——而非發現——的年代。下邊的長
　方形裡, 顯示了歷史上出現過的個體發生序列, 並且標上個人可能熟練某山丘符號的年
　齡。

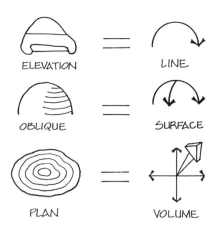

⑵圖左的山丘符號由正面圖發展至平面圖時, 它更完整地再現我們實質存在的能力增加了。
　在正面圖中, 山丘基本上就是其輪廓的「線條」; 在斜面圖裡, 山丘幾乎就是所呈現斜坡
　的「表面」; 平面圖上——畫有等高線——山丘可說是首次有了「體積」。未來的山丘符號
　可能會選擇在圖面增加某種地形上的動態特徵。

——被山丘符號系統牽著鼻子走。雖然他們作為小孩子無法擴展和豐富這個系統，卻藉由與山丘和繪製符號活動的關係，來為此做好各自不同的準備。在跨文化的意義下，更是如此。佐齊爾印地安族的兒童會說，「……是山在保護生命，玉米田也在山邊。我們的工作在那裡，因此，我們的生活也是……，」❽他們和山丘的關係，就不同於在日內瓦湖或克里夫蘭西部成長的孩童。但更重要的事實是，克里夫蘭西部的不同孩童，也各自以不同的方式和山丘產生聯繫。一些小孩在古亞

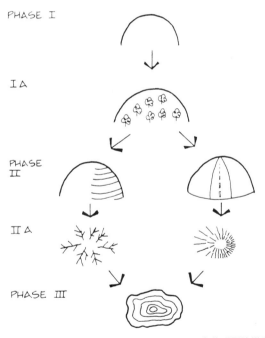

山丘符號的個體發生史與種系發生史，以相同的順序開展，但有些明顯的變動。孩童在階段
I畫的山丘，到了階段 I A變得像「用帘幕遮著」，之後在階段 II 則變成描影的山丘(左邊)
和遠近縮小的山丘(右邊)。在階段 II A 發展成如圖示任一種陰影線符號，或兩者皆有，最
後在階段III則發展「成熟」成為等高線。

荷加(Cuyahoga)山谷雀躍興奮地玩著長坡道滑行的遊戲──冬天駕雪橇滑雪，夏天坐滑板滑草──另一些孩童則站在山脊上，帶著敬畏的恐懼。其他小孩則完全與山坡無關。這幾種變化，不但制約了孩童的足下經驗，而融合成符號基礎的一部分，而且也制約了書與故事──自身就是一個階級變項──的效果，而故事書又回過頭來產生衝擊，影響了山丘的象徵符號與宗教(基督被釘上十字架之地、升天、山丘高處的白色教堂)、階級 (較高階級的人住在山上較高的地方) 和簡單的奮鬥 (只要爬到山頂，你就可以在另一邊順勢滑下) 等觀念相互滲透，以及更無趣的⋯⋯關於等高線之詮釋的議題。重點在於兒童**感覺到**山丘並不簡單，而這也是整個過程的一部分。雖然也許值得再次提起，大體上兒童是在一個致力於其超越個人、便利自身之目標的社會體系引導下，才學習到使用符號 (而這提供了思考自身特殊經驗的基礎)，但是確實值得說明的是，糾結難解的複雜性，經常可以自得解脫。

　　在離自己的郊區社區不遠的再生林裡, 五個不到 13 歲的男孩將樹木和雜草移開，架起標竿、橫欄和指示牌，作成障礙物，以便騎自行車跨越。他們是山丘的使用者。從他們的圖畫與言談之中，你可以清楚地看到和聽到社會潛移默化之功、躍動的創造力，以及真正自由的沈靜呼聲: **❽⃝**

> 問: 你認為這座山丘是用什麼作成的?
> 答: 黏土和泥? 其他還有⋯⋯嗯, 泥土和石頭弄在一起⋯⋯泥巴!
> 　　紅土, 石頭, 嗯⋯⋯, 還有樹, 樹枝, 樹幹⋯⋯可能也有小
> 　　輪胎掉在那裡, 螺絲起子⋯⋯
> 問: 好, 那你覺得它從哪裡來的?
> 答: 嗯, 水跑出來⋯⋯把泥土沖掉──嗯, 我想它可能是⋯⋯嗯,

一種像高原的東西，在上面有樹和所有的東西——然後很久以前，他們到那裡，用推土機推乾淨，推到底下那塊空地——我知道底下那裡以前有一間房子，然後有人曾住在那裡，你知道，他們一直開到那兒，我想他們拆了房子。

問：你把山丘改變了很多嗎？

答：我們把山丘壓緊，然後我們把所有東西清掉，在我們騎車的地方，搬開一些大石頭——

問：壓緊？

答：嗯，我們用手，有時我們在上面跳，把它們壓緊，壓緊我們就不會滑倒或怎樣……然後放稻草，就更好騎，還有……砍掉樹之類的東西……

一張兒童畫(局部)。爲複製而重新畫過。注意蝴蝶：它事實上是山丘符號，而不是某種當地的動物。

問：假如你要做個完美的山丘，它會是什麼樣子？

答：它會是，它有平平的地，然後有一個差不多6呎高的山丘，35度的坡，還有硬土，嗯……然後山頂就完全弄平，沒有樹木、石頭或樹頭在上面，免得你會絆倒……山坡上要做記號，你才能照著走，知道要去哪裡……坡要很陡，而且壓得很緊，大約10呎高──對，大約10呎高！

問：那麼，你越過山丘之後，感覺如何？

答：嗯，有時我的胃有感覺，那我希望自己不要摔倒，對，我覺得胃緊緊的。你會有點怕，你要變得勇敢一點：有一次我跌……倒，但我一點都不怕，馬上站起來……對，我的胃感覺有點好笑，在我裡面咕咕叫──我不知道，它……當我開始……下坡……在起跳點，我覺得有點勇敢和其他什麼的……嗯，就在我騎上山丘要跳躍之前，它讓我有點害怕，怕我可能跌倒或怎樣，弄壞腳踏車或自己。然後當我在空中，你知道，我就覺得很好玩，就像……你不是，你自由了，你知道你隨風飄著，當你安全回到地上……你停下來……你跳過以後，會讓你感覺很好。

問：當你剛好躍過山頂時，有什麼感覺？

答：你看到蝴蝶還有其他，在你胃裡……

來點想像是不錯的：多年以後，當他趴在製圖桌上或呆在電腦螢幕前，再次感覺到那些蝴蝶時，他終會想出，如何用山丘符號的形式，把它們繪在地圖上。是的，也許他會……

註釋

❶依序: A. A. Milne, *Winnie-the-Pooh*, Dutton, New York, 1926。不論它說什麼, 地圖是由 Ernest H. Shepard 所繪。 J. R. R. Tolkien, *The Hobbit*, Houghton Mifflin, Boston, 1938。地圖由作者的兒子 Christopher Tolkien 所畫。Arthur Ransome, *Swallows and Amazons*, Jonathan Cape, London, 1931。地圖由作者所畫。T. H. White, *Mistress Mashame's Response*, Putnam's, New York, 1946。封面及封底的內頁插圖由 Raymond McGrath 所繪。Fritz Muhlenweg, *Big Tiger and Christian*, Pantheon, New York, 1952。地圖並未註明作者。Robert Louis Stevenson, *Treasure Island*, Scribner's, New York, 1981。這是為紀念 Stevenson 的故事一百週年而重新出版。地圖未註明作者, 但肯定並非 N. C. Wyeth 所畫。Goscinny and Uderzo, *Astérix le Gaulois*, Darguad, Paris, 1961。Uderzo 繪製地圖。Holling C. Holling, *Paddle-to-the-Sea*, Houghton Mifllin, Boston, 1941。所有偉大的 Holling 的書都附有地圖, 包括早期的像 *The Book of Indians* (Platt and Munk, New york, 1935)。Gertrude Crampton, *Scuffy the Tugboat,* Simon and Schuster, New York, 1946。書中插圖和地圖是由 Tibor Gergely 所製。

❷這個論點將隱含於以下的敍述中。不過, 這既然是真的, 如果老師能鬆口氣, 把地圖像英文般對待, 他們就會發現孩童能像學英文一樣學習地圖。在這裡, 我並不是宣稱人類擁有地圖獲取機制(Map Acquisition Device), 類似 Noam Chomsky 所設想的語言獲取機制(Language Acquisition Device), 而只是說, 老師比學生更怕地圖。在學校無法理解地圖的孩童, 回家還可以畫出後院的藏寶圖。因此, 我同意 Henry Castner 的看法(*Seeking New Horizons: A Perceptual Approach to Geographic Education,* McGill-Queen's University Press, Montreal, 1990), 他認為學習地圖不應從「慣用地圖符號的掌握」開始(p. 96), 並

堅持學生應該用地圖來學習(learn with maps)，而不是學習關於地圖的事物(learn about maps)。但我不認為他所推薦的特殊處置(類比 Suzuki 與 Orff 的音樂教育策略)是必要的。假如老師能視地圖為理所當然，那學生也會視如理所當然……因為地圖在我們生活裡就是理所當然。

❸我所看的是，Stephen Hall 的 *Mapping the Next Millennium* 一書中的附圖(Random House, New York, 1992)，介於 240 頁到 241 頁間。並非所有關於這種現象的地圖，都如此抽象。

❹或者電腦螢幕上。當地圖不用紙張而改採「擬真環境」(virtual environment)，若有人認為前述情形將因此有所改變，那他就是一點也不瞭解狀況。回到第一章：**重新開始**。

❺ Norman Thrower, *Maps and Man,* Prentice-Hall, Englewood-Cliffs, 1972, p. 78.

❻ Edward Lynam, *The Map Maker's Art,* The Batchworth Press, London, 1953, p. 38.

❼ Arthur Robinson, et al., *Elements of Cartography,* Fifth Edition, John Wiley & Sons, New York, 1984, p. 368. 這些敘述比前面的版本略顯緩和。在那些版本中，地形起伏被視作「如此不同於所有其他的特徵，以至於幾乎必須將其獨立處理」(Arthur Robinson and Randall Sale, *Elements of Cartography,* Third Edition, John Wiley & Sons, New York, 1969, p. 172)。

❽ David Greenhood, *Mapping,* The University of Chicago Press, 1964, pp. 74-75. 根據 Edward Tufte，這正是一般預想資訊(envision information)所需的創作能力：「影像閱讀者和影像製作者之間的任何溝通，現在都必須在二維的平面上發生。**預想資訊的工作是逃離此種平面所必需做的——因為我們尋求瞭解的一切有趣的世界(物理的、生物的、想像的、人文的)，就其性質來說，必然且可喜地是多重變化，而非平面的。**」(*Envisioning Information,* Graphics Press, Cheshire, Conneticut,

1990, p. 12.)把問題更加一般化，並沒有使它變得較不具威脅性。

❾ Robinson et al., 前引書，pp. 369-372，參見其大幅精簡的「歷史背景」；以 及 Eduard Imhof, *Cartographic Relief Representation,* de Gruyter, Berlin, 1982, pp. 1-14，參見其更具說服力的陳述。

❿ 重申一次，這反映了第二章中對於繪圖社會，以及製作地圖或沈浸於地圖之中的社會所做的區分。

⓫ Leo Bagrow, *History of Cartography,* Harvard University Press, Cambridge, 1966, p. 27. 這一段歷史曾經是已經確定的，卻日漸受到懷疑。

⓬ John Spink and D. W. Moodie, *Eskimo Maps from the Canadian Eastern Arctic: Cartographica Monograph No. 5,* 1972, p. 16.

⓭ 同前註，pp. 16-17。

⓮ 同前註，pp. 16-17。

⓯ 如 Rudy Wiebe (*Playing Dead,* NeWest, Edmonton, 1989)書中的討論。Wiebe 以這種意思引述了 Gagné：「所有可見的現象……──不論是事物、人、地方、地區或表面──都是以二維方式來觀看。」這引介了一番相當精彩的不同文化間接觸的分析，但我一點也不確定該如何去理解它。

⓰ Robert Rundstrom, "A Cultural Interpretation of Inuit Map Accuracy," *Geographical Review,* 80 (2), April, 1990, p. 165. Rundstrom 強調因努人的模仿與繪圖之間的關係。

⓱ 可怕的事實是，我們對因努人的地圖使用所知道的，要比對當代美國人的地圖使用還要多得多。

⓲ Rundstrom, 前引書，p. 163。

⓳ 同前註，p. 166。

⓴ 這並非完全沒有前例。P. D. A. Harvey 在其精彩的 *The History of Topographic Maps: Symbols, Pictures and Surveys* (Thames and

Hudson, London, 1980)中，據實詳述了一類似的情況，是關於中世紀歐洲的大尺度地圖製作：「很可能許多十五世紀的地圖，是由先前對地圖沒有半點知識的人所畫，他們認為自己在做一件全新的事，使用非常原創性的方法在紙或羊皮紙上描繪地景。」(p. 89)因為他們是孤立的，也就沒有傳統發展出來，亦即，沒有留下符號的傳統(沒有將發展出來的符號保存起來，以供其他地圖製作者引用：所有的東西必須被創發出來，或借自其他畫圖傳統)。

㉑同前註，pp.37-42。

㉒關於魯巴人，參看 Thomas Reefe, "Lukasa: A Luba Memory Device," *African Arts,* 10(4), 1977, pp. 48-50, 88；與 Mary (Polly) H. Nooter, "Secret Signs in Luba Sculptural Narrative: A Discourse on Power," in Christopher Roy, editor, *Art and Initiation in Zaire: Iowa Studies in African Art, 3,* 1990, pp. 35-60。

㉓這是很諷刺的。身為他所處時空的產物，巴格洛(Bagrow)將所有非歐洲人視為「原始的」。這種信念不僅支撐了他對於他所能挖掘的製圖產物的處理，也使他願意去想像，即使是(明顯地)偉大、高度的文化，像是印度文化，可能也缺乏製作地圖的傳統。以下是 Joseph Schwartzberg 的相關說詞：「直到最近，製圖史家們都還一致認為，印度並無任何固有的製圖傳統。這項久被接受的知識，在巴格洛一度是經典的 *Die Geschichte der Kartographie* 書中，簡化成兩句話，如 Skelton 翻譯的，『印度沒有製圖學。』當我在 1979 年，同意 *The History of Cartography* 一書的編輯 Harley 和 Woodward 的要求，撰寫談論印度固有製圖學的文章時，我沒理由懷疑巴格洛判斷的正確性，而且我那時也猶豫是否能對此主題寫出建議的三千字那麼多。今天，在十三年以及寫了十七萬五千字後，我才瞭解到我錯了。巴格洛和其他許多人也是」("An Eighteen Century Cosmographic Globe from India," 宣讀於 the 88th Annual Meeting of Association of American Geographers, San Diego, April, 1992,

p. 1)。大家幾乎普遍地願意接受巴格洛對世界製圖史本質上是獨有的描寫，反映出對地圖製作與其他社會的歷史的力量間關係，完全缺乏**任何**理論上的了解。

㉔巴格洛（前引書，p. 27）確有註明古老墨西哥文化「是高度發展的」，但這只是在說完「許多野蠻民族在畫地圖上顯示了某種技能」之後附加的。這種連結，不論如何不可原諒，比較是巴格洛的時代而非其人格的產物。Thrower 的話在他的 *Maps and Man*，前引書，p. 10。

㉕「然而，基本上《扎卡特佩一號》的圖例與第三章所討論的西班牙征服前的手稿相同。日期、人名、婚禮與會議、道路與戰道、征服與地方符號，大部分是以前征服期的風格來再現的」，Mary Elizabeth Smith, *Picture Writing from Ancient Southern Mexico: Mixtec Place Signs and Maps,* University of Oklahama Press, Norman, 1973, p. 92 以及各處。亦參見 Donald Robertson, *Mexican Manuscript Painting of the Early Colonial Period: The Metropolitan Schools,* Yale University Press, New Haven, 1959；與 Donald Robertson, "The Mixtec Religious Manuscripts," Howard Cline, "Colonial Mazatec Lienzos and Communities,"和 Alfonso Caso, "The Lords of Yanhuitlan," 皆收入 John Paddock, editor, *Ancient Oaxaca,* Stanford University Press, Stanford, 1966。那塔爾抄本亦可取得，*The Codex Nuttal*（彩色本）, Dover Publications, New York, 1975。

㉖ Smith，前引書，p. 21。

㉗同前註，p. 39。

㉘同前註，p. 92。

㉙但一旦這些系統來到，扎卡特佩就透過地圖與它們連結起來。自 1540 年——《扎卡特佩一號》推定的製作年份——直到 1892 年，它都保存在扎卡特佩。後來就被扎卡特佩的居民帶至墨西哥城，在土地訴訟中作爲加強用的證據。

❸⓿ J. B. Harley, "What Happens When We've Made a Map," 未出版演講稿, Pennsylvenia State University, 1991, p. 9。

❸❶ Smith, 前引書, p. 94。

❸❷既然這個米茲特克的再現系統先於再現地景的繪圖, 所以它也先於 I. J. Gelb 所指稱的書寫。說得更恰當點, 它是他所謂有限的系統, 是書寫的先驅者(*A Study of Writing,* University of Chicago Press, 1963, pp. 51-59)。重點是, 米茲特克的歷史與地圖代表……**早期的系統,** 在其中, 各種後來分開的再現系統依然融合一起。

❸❸相同的驅動力顯然也推動馬雅人(Mayan)記錄保存系統的發展。這個事實, 隨著馬雅象形文字的符碼得到更好的解讀後, 也日漸確立。參見 Linda Schele and Mary Ellen Miller, *The Blood of Kings: Dynasty and Ritual in Maya Art,* Braziller, New York, 1986 與 Jeremy Sabloff, *The New Archeology and the Ancient Maya,* Scientific American Library, New York, 1990。

❸❹ Smith, 前引書, pp. 93-96 以及各處; Bagrow, 前引書, Plate Ⅲ。引入《扎卡特佩二號》──創製於五十年後──的歐洲元素, 再現了地景本身, 雖然地名仍然保留了字標的形式。這意味著你可以發現, 山丘符號再現了山丘, 而山丘是由再現了**名字**的山丘符號來**命名**的。在當代的地圖上, 山丘是以圖形編碼, 而名字是以語言編碼。因此, 順序是這樣的: 首先, 以山丘符號作爲名字; 然後, 以山丘符號作爲山丘與名字; 最後, 山丘符號才作爲山丘。

❸❺ Bagrow, 前引書, Plate Ⅴ。

❸❻但它們未曾完全分開過。西方製圖學中的語言符碼清楚地指出這點, 主要的東方傳統也是如此, 在後者, 在繪畫上寫字是當然之事 (見 Michael Sullivan, *The Three Perfections: Chinese Painting, Poetry and Calligraphy,* Thames and Hudson, London, 1974), 而在西方則屬次要 (特別是參見 no author, *Lettering by Modern Artists,* Museum of

Modern Art, New York, 1964; Norma Ory, *Art and the Alphabet*, Museum of Fine Arts, Houston, 1978；相關主題的文章，經常出現在 *Visible Language* 與 *Word and Image* 等期刊）。

❸⓻一般的個例，參見 Denise Shmandt-Besserat, *Before Writing: From Counting to Cuneiform, Vol. 1,* University of Texas Press, Austin, 1991。

❸⓼正是在這個時候，公認的山丘符號繪製史開始了。但與其說開始於旁面或側面圖，不如說正是開始於這張地圖。見 Imhof，前引書，p. 1。

❸⓽ J. K. Wright, *Geographical Lore in the Time of the Crusades,* American Geographical Society, New York, 1925, pp. 252-253.

❹⓪這是 Lynam，前引書，pp. 38-41 的一個摘要。有第三個平行的發展，從手繪的抄本地圖，經由木刻畫，發展到銅版雕刻。

❹⓵ R. A. Skelton, "Cartography," in C. Singer, E. Holmyard, A. Hall and T. Williams, editors, *A History of Technology: Volume IV: The Industrial Revolution,* Oxford University Press, 1958, p. 611.

❹⓶ D. H. Fryer, "Cartography and Aids to Navigation," in Singer et al.，前引書，*Volume V: The Late Nineteenth Century,* p. 439。

❹⓷ Robinson and Sale，前引書，p. 177。

❹⓸同前註，p. 173。要評估他們預測的正確程度，看看 Thelin 與 Pike 的美國數位地勢圖。「使用半自動技術，從涵蓋 48 州的超過 450 份 1:250,000 尺度的地形表萃取」出一千兩百萬個地勢高度資料，由此估算得來，然後以機器描影。近來很少地圖引起如此大的注意。見 Peirce　Lewis, "Introducing a Cartographic Masterpiece: A Review of U.S. Geological Survey's Digital Terrain Map of the United States,by Gail Thelin and Richard Pike," Richard Pike and Gail Thelin, "Visualizing the United States in Computer Chiaroscuro,"與 Stuart Allan, "Design and Production Notes for the Raven Map Editions of the

U.S. 1:3.5 Million Digital Map," 皆收於 *Annals of the Association of American Geographers,* 82(2), June, 1992。這地圖在《紐約時報》、*Scientific American* 與其他地方被大肆評論一番。

❹ Erwin Raisz, *Principles of Cartography,* McGraw-Hill, New York, 1962, pp. 88－89.

❹ 我的複本並沒有載明由誰或爲誰所做。在這裡，我假定它是爲日本觀光客製作的，然而，我寫信給登在圖上的許多零售商，都沒什麼結果。

❹ 我們所討論的草繪地圖，是由以下這些人畫的，雖然這也許不代表什麼：小城鎮裡介於 7 到 21 歲的波多黎各孩童；小城鎮裡介於 13 到 18 歲的墨西哥孩童；來自麻塞諸夏州及北卡羅萊納州的初級中學生；美國東北部 (麻塞諸賽、堪薩斯及北卡羅萊納等州) 的高中生；以及成人，受成人教育課程和與學校無關的都有，來自相同地方，包括許多中等學校老師。

❹ Frank Klett and David Alpaugh, "Environmental Learning and Large-Scale Environments," in Gary T. Moore and Reginald G. Golledge, editors, *Environmental Knowing,* Dowden, Hutchinson and Ross, Stroudsberg, 1976, pp. 121-131. 作者用「大尺度」意指大區域的地圖 (也就是……小比例尺的地圖)。David Stea 從 the San Fernando set 複製了兩張其他的地圖——彩色的！——放在他的 *Environmental Mapping: Unit 14, Art and Environment, A Second Level Interdisciplinary Course,* The Open University Press, Milton Keynes, England, 1976。

❹ 過去曾公開的研究結果僅有，Denis Wood, "Early Mound-Building: Some Notes on Kids' Dirt Play," 發表於 the Annual Meeting of the American Association for the Advancement of Science, Boston, February, 1976 (Peter Gould 在 *The Geographer at Work,* Routledge and Kegan Paul, London, 1985, p. 354 討論過這篇作品)，而本章提到的那些部分，先前曾以 "Cultured Symbols," *Cartographica,*

21(4), Winter, 1984, pp. 9-37 出版。

(50) Denis Wood, *Fleeting Glimpses: Adolescent Images of that Entity Called San Cristobal las Casas, Chiapas, Mexico*, Clark University Cartographic Laboratory, Clark University, Worcester, Massachusetts, 1971. 再現了整個城鎮的繪圖者人數是 176 個；再現他們鄰里的則有 92 個。

(51) Denis Wood, "A Neighborhood Is To Hang Ahround In," *Children's Environments Quarterly*, 1(4), Winter, 1984-85, pp. 29-35. 複製在第 34 頁上的圖畫，指出了「Vernon Hill」，但未再現它。

(52)事實上，每個人都繪製地圖的社會，就是繪圖的社會(mapping societies)。在製作地圖的社會(mapmaking societies)裡，甚至那些從事製作地圖工作的人裡，有眞正製作地圖的人也非多數。如 Morris Thompson 的 *Maps for Americans* (Department of the Interior, Washington, D.C., 1979, p. 24)中的圖示淸楚呈現的，在先進的製作地圖社會中，製作地圖的過程是……完全分割……成爲規劃、空中照相、控制與完成測量、攝影測量(photogrammetric surveys)、製圖學(一個人趴在製圖桌上的景象，製圖學變成……畫圖〔drafting〕)、複製與分派。Patrick McHaffie 論道:「隨著製圖的生產過程漸漸地分割,製圖勞動者也日漸與他／她的勞動產品——製圖資訊——產生異化」，並結論道，這「產生了日益精確，且可以說是免除人性的地圖」("Restructuring the Public Cartographic Labor Process in America,"論文發表於 the 88th Annual Meetings of the Association of American Geographers, San Diego, 1992, p. 1)。

(53) Robinson and Sale，前引書，p. 172。

(54)這些圖畫有近乎半數是由 Betty Murrel 和她的工作夥伴 Greg Wall, Scott Stone 以及 Jeff Schoelkopf 所收集。他們都是大學生，就讀於 the School of Design at North Carolina State University at Raleigh。

其他的則由 Dick Henry, Nann Boggs, Aileen Kennedy 與其他人所收集，也都是同一所學校的大學生。剩下的由我收集。所有收集都在我的監督下進行。

❺關於孩童繪製這種圖畫的能力，參見 Roger Hart, *Aerial Geography: An Experiment in Elementary Education, Place Perception Research Report No. 6,* Clark University, Worcester, 1971; J. M. Blaut, *Studies in Developmental Geography, Place Perception Research Report, No. 1,* Clark University, Worcester, 1969; J. M. Blaut and David Stea, *Place Learning, Place Perception Research Report No. 4,* Clark University, Worcester, 1969; J. M. Blaut and D. Stea, "Studies of Geographic Learning," *Annals of the Association of American Geographers*, 61(2), 1971, pp. 387-393。

❺我應該注意到，這裡所複製的山丘，代表了**所有**藍道爾在超過三百張圖畫中**照山丘樣子**所畫的山丘，這些都是畫於他四歲生日以前。(雖然其他沒有**照山丘的樣子**來畫，但他會將斜坡引入他的比如說鐵路的畫裡，並且的確稱這些為「山丘」。從四歲開始的十三年中，他畫了……**數千座山丘**。)

❺那些對木刻畫或雕刻在製圖史裡帶來的影響有興趣的人，都能夠瞭解這個現象的含義。

❺特別是那些 Heinz Werner 與 Jean Piaget 發展出來的模型。對前者作品的入門，參見 Heinz Werner, *The Comparative Psychology of Mental Development*, International Universities Press, New York, 1948；關於後者的入門書，試試 J. H. Flavell, *The Developmental Psychology of Jean Piaget*, Van Nostrand, New York, 1963。

❺這就策忽略了附加在這些基本性質之上的多種層次意義。例如，參見在 *The American Heritage Dictionary* (Houghton Mifflin, Boston, 1969)中，「山丘」(hill)和「山岳」(mountain)等字之重建過的印歐語系字根。

⑩應該記得，畫了這五百張圖畫以作為分析依據的北卡羅萊納人，是來自山脈地帶、高原與沿岸平原。假若實質環境在山丘符號的形成中佔有很重要地位，那麼，區域的變化在圖畫中應該會很明顯，然而，我們對此卻沒有任何發現，即使這種變化構成我們最有力之假設的重要部分。

⑪我兒子藍道爾的經驗很有啓發。雖然他住在位於高原邊緣的萊里 (Raleigh)，卻很少有地方可以看到側面角度的斜坡。在他的日常環境──實際位在山頂上──裡，一點都沒有；而在他在一週待一次的環境裡，只有兩個，其中一個使他到一個停車場，從那裡他可以看到一個側面的高架橋。環境中大部分的山丘，都以山脊的樣子出現，任何遠望的景致只看得到山脊頂部的垂直與水平線。少數山丘──有些位在山脊的兩端，藉鐵路或其他道路而與山脊分隔──消失在這個背景裡。遠望景觀是夠少的了，大部分還被建築物與樹木擋住。規模的議題在此也有關。來自麻塞諸賽州 Worcester （「七座山丘」的城鎮）的 Danny Amaral 提到，他九歲的兒子和他的朋友，拒絕接受他家在山丘頂上，直到他數出來要到達他家──從每個方向──必須攀爬的每個「山丘」，他們才相信。通常只有在非都市的山居情形下，才有頻繁反覆的機會看到側面的地形起伏，但即使在這裡──對年幼孩童而言──景觀也被樹木、住家、汽車與其他大型硬體事物阻擋，時常超過一個成人輕易就能接受的範圍。我們視為理所當然的世界──不僅是由實際世界的經驗，還有電影、明信片和旅遊海報的多年經驗所組成──並非孩童居住的世界。

⑫關於玩沙更進一步的討論──以及和山丘符號繪製問題的關係──參見我的"Early Mound-Building,"前引書。

⑬《紅色小守車》的最初版本是"A Little Golden Book" by Simon and Schuster, New York, 1953。它有五頁插圖是我的"A Golden Book"版（由 Golden Press of Racine, Wisconsin 出版）所沒有的，至少第十七刷(1976)沒有。我這一版也有兩頁插圖在最初版本裡找不到。你可以發現這本書有各種其他規格的版本。以下的引述是引自最初版本，但關於已

賣出本數的資料，則是在第十七刷的書背上。

❻❹同前註，pp. 12-13。

❻❺同前註，pp. 16-17。

❻❻ Watty Piper 的 *The Little Engine That Could*（插圖由 George and Doris Hauman 所繪）有一段更複雜的出版歷史。我的版本是「完整的、原始的版本，由 Watty Piper 重述」，Platt and Munk, New York, 1961, from the Pony Engine by Mabel Bragg, copyrighted by George H. Doran。這故事被盜印的次數，不遜於任何我所能想到的其他例子。

❻❼同前註，pp. 30-36。

❻❽ Wanda Gag, *Millions of Cats*, Coward-McCann, New York, 1928. 這本書也曾經作為 *Wanda Gag's Story Book*（Coward-McCann, 1954）的一部分出版。

❻❾同前註，p. 3。

❼⓿ Virginia Lee Burton, *Choo Choo: The Story of a Little Engine Who Ran Away*, Houghton Mifflin, Boston, 1937, pp. 11-13.

❼❶ Virginia Lee Burton, *The Little House*, Houghton Mifflin, Boston, 1942. 故事中，小屋子最初位居鄉村，然後被城市所吞沒，結局則被解救出來而回返鄉村。在鄉村，屋子座落的山丘在城市中神奇地消失了。在第十五頁，我們真的看到蒸汽鏟子（麥克·穆利根與瑪麗·安?）在山丘上開路，在十七頁屋子仍座落在山丘上。但到了十九頁，屋子真正第一次出現在城市時，山丘就完全不見了。直到三十六頁，我們又遠在鄉村的小屋子時，它才再度出現。山丘的消失是使得城市如此可怕的原因之一，但人們很難認清這點。

❼❷ Virginia Lee Burton, *Mike Mulligan and His Steam Shovel*, Houghton Mifflin, Boston, 1939.

❼❸同前註，pp. 6-7。

❼❹同前註，pp. 16-17。

❼❺George Wharton James, *Indian Basketry*, Dover, New York, 1972; Herbert Spinden, *A Study in Mayan Art*, Dover, New York, 1975. James 和 Spinden 兩人都企圖處理在一文化中同時存在的「幾何的」、自然主義的(naturalistic)與慣例化的再現模式。他們藉著假定下列數者之間有不斷的互動來作分析：(1)再現的媒介之效果，(2)在一既定媒介中，技巧漸增之效果，(3)將影像從一個媒介轉換到另一個媒介的效果，以及(4)天生傾向於自然主義式的模仿之效果。(我們這裡討論的「自然」，是指兒童書中所呈現的世界。) 聚合性演化是 James 對聚合之一般演化現象的見解，關於例證和細節，參看其原文。

❼❻我在平常的意義上使用「自發地」這個詞，如在「自然」中使用一般，而非皮亞傑式的(Piagetian)專門用語。

❼❼早期的算術史不會比早期的製圖史來得更清楚，但一些論文可以作為令人振作的開始，它們收錄在 Part II and Part III of Volume I of James R. Newman, editor, *The World Mathematics*, Simon and Schuster, New York, 1956。Morris Kline, *Mathematical Thought from Ancient to Modern Times*, Oxford University Press, New York, 1972 的前面約兩百頁，也有激勵作用。主題涵蓋甚廣，所以我要為這裡對其所做的簡化處理感到抱歉。

❼❽然而很明顯的，可以在加法之前先教乘法。我最近教一個鄰居的小孩乘法，雖然發現他不知如何做加法。我過去從未想到**這種**可能性，而既然我用數字教學卡不假思索、反覆地來教乘法——事實上我就是這樣學的——問題也不會產生。乘法應用在長除法中這件事實，使得情況變得不一樣。然而，事實上我們傳授事物的次序，無法與其創造、發明或發現的歷史分隔開來。

❼❾A. N. Whitehead, *An Introduction to Mathematics*, The Clarendon Press, Oxford, 1911, p. 59. J. M. Hammersley 在他的"The

Technology of Thought"（編入 Jerzy Neyman, editor, *The Heritage of Copernicus*, M. I. T. Press, Cambridge, 1974, p. 396）中，為這一段做了註解如下：「目前高級中學裡流行的現代數學課程搞錯了，如果它嘗試要讓孩童在做算術時，知道他們在做什麼。比較好的辦法是，將算術訓練成小孩的第二天性。當然教育應該教導我們如何思考，但除非教育也教會我們何時與如何不需思考，否則它就會失衡。直到你忘記如何保持平衡，你才會騎腳踏車。」不論他這種說法有什麼性格論上的價值，確實曾用來使學習算術、閱讀、書寫和繪製山丘符號，在教育進程與個體發生史中提早進行。如果你非常傾心於電腦，如 Hammersley 一般，你也會傾心於無須思考而完全掌握乘法表的能力。這裡可附帶說明，曾經流行過的現代數學課程，已不再流行。無論孩童是否學過交換律（commutative law）（沒有人說他們沒學過），他們卻沒有記乘法表！但是一個懂交換性質的作金屬薄版的人，卻不會計算他所切割形狀的面積（如此可從一給定大小的金屬板中，做出最多固定形狀的數量），究竟有什麼好處？

⓼必須牢記，結構主義者偏向於注意他們研究對象——孩童、原始人、精神疾病患者——所操弄的**訊息**。雖然他們的目標可能是要藉由**認知機制**之富含意義的結構，來為其塑造模型，但他們卻僅探究**社會行為**。他們對於思想的觀念，是新穎且生物性的，基本上與社會、文化和生態的脈絡切分開來——這正好支持了心理學是一個獨立的研究領域——但當他們的作品被吸納入更高層級的綜合，像是 Humberto Maturana 所做的時，將會漸漸褪去光芒（以及 Francisco Varela, *The Tree of Knowledge: The Biological Roots of Human Understanding*, New Science Library, Boston, 1988）。

⓽這當然與發展心理學者和文化人類學者，對各種力量所扮演之角色的理論敘述，完全背道而馳。我主張，兒童發展主要是社會化的問題——而非成熟化——而用現在的學院分類來看，人類學者最能有效而實際地加以探究。然而，成人發展則比人們所認為的**更加**是發展（以一般應用於孩童

的意義上來說）方面的問題，由發展（兒童）心理學者來研究，最能有實質收穫。對於環境（包含社會及其他環境）不斷的變遷予以成功、嶄新的回應，比起成長中的孩童反覆的成熟化過程，遠較有一般所理解之「發展」的意味。種系發生史的發展主要由成人促成，進而緩慢地歸入到環繞兒童的社會化機制。雖然就整體來看種系發生史，我們所知甚多，但關於在其背後推動的個體發展（有時稱做創造力），我們卻接近無知。直到哪天我們在綜合考量下，能對這種行為予以合理地理論描述，我們才能瞭解其所顯現的發展。

❽鼻子、下巴、腿、腳、手：差不多每樣東西，最初都以側面呈現。這種側面的表現方式和正面圖之誕生的相關議題，漸漸得到更多的注意，而且不僅是來自藝術史家。關於好的引介，可從 E. H. Gombrich, *The Story of Art*, Phaidon Press, London, 1950 的前面三分之一開始。（譯按：中譯本《藝術的故事》。雨云譯。台北：聯經，1995。譯自原著第十版。）Jan B. Derekowski 在他的"Illusion and Culture"（收入 R. L. Gregory and E. H. Gombrich, editors, *Illusion in Nature and Art*, Scribner's Sons, New York, 1973）從人類學觀點對此問題作了簡潔的摘要；Cecelia F. Klein 對中美洲藝術裡罕見之正面呈現的例子，作了一專題論文——突顯出側面觀點的重要性——*The Face of the Earth: Frontality in Two-Dimensional Mesoamerican Art*, Garland Publishing, New York, 1976;而 Bill Holm 在他的 Northwest Coast Indian Art (University of Washington Press, Seattle, 1965)對許多問題作了不同以往的強調。

❽例如，「米茲特克的手繪地圖是統治階級的一項技能。用圖畫表示的歷史由統治家族所繪，也是為了統治家族，描繪出只有上層階級參與的事件。此外，在這些手稿裡書寫的象形文字，只由非常少的畫匠使用，受過特殊訓練的人才能夠理解。他們記得這些故事，並學會用來表現故事的圖例。根據 Padre Burgoa，這些手繪抄本是貴族家庭的兒子們所製作，他們被

選爲神職者，並從小就被教導書寫象形文字的技能」，其他等等(Smith，前引書，p. 20)。每個社會都是如此。

㉘就小孩而言，似乎也是如此。唯有他們開始使用山丘時（用來騎腳踏車、玩滑板、做遊戲、在畫有其他重要事物的圖畫中作爲支撐物等等），他們才開始以正面來呈現山丘。這種印象十分強烈，因此現在開始搜集資料以特別陳述這個論點。

㉙但參見 Francois de Dainville, "De la profondeur a l'altitude," *International Yearbook of Cartography*, 1962; Harvey, 前引書的相關部分；以及 Arthur Robinson, *Early Thematic Mapping in the History of Cartography*, University of Chicago Press, Chicago, 1982, 明顯談到的是 pp. 210-218, 但書中其他部分也有相關。

㉚引自 Calixta Guiterras-Holmes, *Perils of the Soul: The World View of a Tzotzil Indian*, Free Press of Glencoe, New York, 1961, p. 217。

㉛訪談是由 Dick Henry 所做，當時他是北卡羅萊納州立大學設計學院 (the School of Design, North Carolina State University)的大學生。訪談是關於孩童對地形環境之知覺計畫的一部分。我做了謄寫和編輯的工作。

第七章　地圖也能替你的利益服務

　　對我們來說，要像孩子般發明山丘符號已經來不及了。我們都太老了。很早以前，我們就已經準備好要如何來「面對周遭所見的一切」（我們太習於很快地做好決定）。我們曾經聽過美人魚彼此歌唱：我們知道她們不會對我們歌唱。我們知道的**太多**。利益的氣味在我們鼻孔前揮之不去。即使是超現實主義者，也不能讓地圖脫離這種氣味。看看他們的地圖：在地圖擁護著他們利益的情況下（美國……**被消除掉了**，復活節島〔Easter Island〕被誇張到……**歐洲那麼大！**），和羅賓遜與麥卡托的地圖有什麼不同呢？❶甚至五百年前繪製了一座早期蝴蝶山丘的米茲特克製圖家……**也知道太多**（蝴蝶山丘是一個城鎮的名字，它被放到地圖上，是為了顯示對扎卡特佩的忠順與奉承）。❷利益散佈到每件事情，它無處不在，它的重量難以承受，壓制著我們。

　　所以……也許太遲了……如果想要做些改變。然而……為何奮力想逃脫它呢？為何不承認地圖中的利益，承認就是利益藉由挑選，而使得地圖成為**再現**，為……湯姆·凡·桑特服務，為……國家地理學會，為……美國地質測量局，為……北卡羅萊納州，為……扎卡特佩的領袖服務。一旦人們接受地圖就是利益的再現，一旦地圖的歷史偶然性被完全認識到，就不再需要遮遮掩掩了。免去了這種……**掩飾**的負擔……地圖將能開始取得它最真實的特性，作為……**資料處理**的工具……**量化資訊之推論**的工具，以及……**具說服力之論證**的工具。掙脫了眼睛的宰制（地圖從未是現實的**視象**〔vision〕），地圖才能夠回歸

(1)超現實主義的世界地圖。(From Variétés, Brussels, June 1929.)

到……**手**（用來製作地圖）……**心智**（靠地圖來推誰）……**口**（藉地圖來說話）。不必再假裝具客觀性，彷彿是觀察的被動記錄，地圖就能重獲其作爲整個身體都擁有的**工具性**。不再是……**拿來看**的東西，它就變成某種……你可以**製作**的東西。如此就能夠使地圖……**爲你**，爲

(2)這個 San Vicente Piñas 的米斯特克符號，由一座山丘和蝴蝶所組成，表示 San Vicente 的米斯特克名字，yucu ticuvua，意即「蝴蝶的山丘」。（重繪自 Plate 109 of Mary Elizabeth Smith's Picture Writing from Ancient Southern Mexico, University of Oklahoma Press, Norman, 1973.）

我們工作。

每個人都可以製作地圖

　　喏，這份早報的頭條，「藥物濫用在沿岸地區興起：州際公路仍是主要通路」，報導是這樣開始的：

一手拿著北卡羅萊納州地圖，另一隻手拿著一疊圖表，湯尼・墨菲希爾（Tony Mulvihill）整個週末著手巡查全州非法藥物使用的模式。他震驚於他所見到的現象。墨菲希爾用麥克筆在問題最嚴重的地區做記號，結果他在大都市周圍以及州際道路沿線地帶塗上大色塊。但讓他驚訝的是，他也發現沿海岸而下，有一巨大長條的黑暗地帶，從阿貝瑪爾海灣（Albemarle Sound）直到恐怖角河（Cape Fear River）。❸

　　這裡並沒有……**查閱**某樣事物。你想要知道模式為何，你就手裡拿支麥克筆著色。為何要這麼做？因為你想轉移資源，你想要說服別

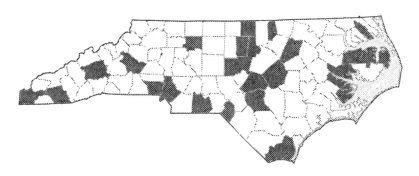

只是從手中一支著色用麥克筆開始，結果卻成了這張報紙轉印之湯尼・墨菲希爾的地圖，擁有比原先大得多的權威。（感謝 News and Observer 提供。）

人：「這些大部分是鄉間地帶，處理問題的資源非常少」，墨菲希爾在記者會上如是說。重點是要吸引公眾注意，關鍵則是金錢，是稅金的分配。沒有置身事外的問題。這是鼓吹提倡的事例。這是眞實的嗎？**你在地圖上著色，你召開媒體記者會，你有力地陳述出⋯⋯你的觀點。**

一定得用麥克筆畫在襯衫的硬紙板上嗎？不，戲法人人可變，巧妙各有不同。重點是承認利益的存在（我們想要看⋯⋯**相互決鬥的地圖**）。來，聽聽專家怎麼說（注意他們急切的語調）：

在這篇文章出現之時，本國將有近十七萬兩千位愛滋病患。還有多少人最終會由感染人體免疫不全病毒（human immunodeficiency virus, HIV），轉變成愛滋病，沒有人知道⋯⋯

爲何要爲預測未來的愛滋病地圖煩心？有三個好理由。首先，爲了在科學上更加深入理解這項傳染病，我們必須知道它在空間與時間中的狀況。我們很驚訝，過去五年以來，所有想要替這項傳染病建立模型的傳統取向，竟都缺乏地理的或空間性的思考⋯⋯

其次，如果眞正有效的教育介入行動需要一些提示，那麼沒有什麼比得上眼見爲眞了。早先我們用**遙遠**和**冷漠**等字眼，來指涉年輕人看待這項傳染病的方式，這樣做是有道理的。對許多人而言，這種疾病顯得很遙遠，然而事實上卻是圍繞在他們身邊⋯⋯當一系列的地圖，包括預測未來的地圖，用動態的方式連在一塊，並在電視上播出時，你就能從年輕人的反應得知（「哇，老天，我從來不知道它這麼接近！」）你已經吸引他們的注意。他們能立即用自己的眼睛看到，愛滋病用層級擴散的方式，從城市傳染到城市，然後藉由空間上的擴散傳染，從區域中心蔓延到周邊鄉村，就像桌布上的一塊酒漬⋯⋯

　　第三，在我們主要的大都會地區，大部分的健康照護分派系統已經因為照顧愛滋病患，而承受很大的負擔。而我們從現在逐月增加的情形來看，情況將會變得更為惡劣。但是擴充設施（病床、收容所等等）的規畫，需要我們思考要將新設施放置在何處——地理上的問題——而不只是預期的數量何時可以達成。而且我們的關注，並非尋常經濟效率的考量，而完全是基於幫助人們——兄弟、姊妹、父母親、妻子、丈夫、愛人——的人道理由，使他們有最大的機會去接近那些瀕死邊緣的人。❹

　　這裡並沒有在地圖上使用麥克筆（但也可以用那種方式開始進行）。彼得・顧德（Peter Gould）和他的同僚，藉由變換地理的空間、均等的擴散，以及空間調整的過濾來切入問題；而他們將結果製作成戲劇性、生動活潑的彩色影片，給電視播放。在他們手中，地圖本身不再是目的。❺它們奮力想變成雅克斯・伯汀（Jacques Bertin）堅持地圖應該成為的「決策過程的關鍵。」❻

地圖是決策過程裡的關鍵

　　伯汀也堅持地圖「不是一次『畫』好就算了，」而是要「建構與再建構，直到〔它們〕揭露了所有由資料的相互作用所構成的關係。」❼由於地圖通常都嘗試要假裝本身就是事物樣貌的**圖像**，所以上述過程就不是你平常可以見得到的；但當議題是賦予力量（empowerment）時，地圖的建構與再建構就是問題所在了。當底特律教育委員會的學校分散化事務處（decentralization office）採行一項由密西根州法律所要求的重劃學區計畫時，關多林・渥倫（Gwendolyn Warren）與威廉・邦奇（Williams Bunge）不僅想到提出一個替代方案，事實上

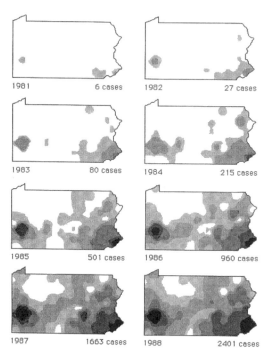

賓夕凡尼亞州 AIDS 的擴散情形，取自為電視而製作的一段生動彩色影片。灰色調部分成幾何級數地增長，1、3、9、27、81、243 等。（感謝彼得‧顧德提供。）

他們提了很多個。不僅是為了要有替代方案，而是因為當你嘗試要理解由資料的互動所構成的各種關係時，你就會想到這麼多。以下，就讓他們來描述一下吧：

> 為回應你們要求對實行參議院第 635 號法案給予專業的協助，我們在這裡交予你們一份報告的複本，題目是〈一份給底特律的父母們關於學校分散化的報告〉。
>
> 　報告有趣的地方是，它需要用到以美國最先進的語言所撰寫的最新程式技術。五或六個大學的數學系與地理系，已致力於解

決關於高級中學與初級中學的區域問題。我們要特別請各位注意約翰・薛柏（John Shepherd）博士的工作，他是倫敦經濟學院（London School of Economics）的地理學家。今年他很幸運地得以暫時離職，來到位在安大略省金斯頓的皇后大學（Queen's University），與其同僚不眠不休地投入工作，以便在由牽涉更多實際日常事務的人們所訂定的期限內完成。

感謝你們給予這個機會，來將抽象的科學轉變到好的用途上。❽

在三十五張已出版的地圖（「黑人孩童占超過50％的初學中學，以黑色表示」、「種族緊張：每個點代表有居住隔離的情形，資料來自密

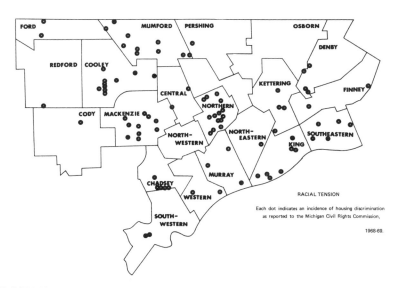

取自關多林・渥倫與威廉・邦奇關於學校分散化報告的一張地圖。這張是將居住的隔離作爲種族緊張的一個指標來看。每個點代表有居住隔離情形，資料來自密西根公民權利委員會1968－1969 年的報告。(摘自 Detroit Geographical Expedition and Institute, *Field Notes: Discussion Paper No. 2, School Decentrilization*, Detroit, 1970。)

西根公民權利委員會 1968－1969 年報告」、「教育委員會成員的居住
地」)中，有十四張重劃學區地圖，以及數頁關於高級中學可能組合的
電腦報表(「華盛頓大學提議之解決之案」、「各種分散可能性的電腦評
估」)。所找到的滿足初始限制條件的地圖，不下於 7,367 張(這就是建
構與再建構地圖!)。在既定的限制條件下，渥倫和邦奇發現：

> 比起保護黑人孩童免受白人種族主義者的侵害，將白人孩童置於
> 白人控制下要簡單得多了。黑人社區最多僅能保護 91.4%的黑人
> 小孩，然而白人社區能維持對其 99.9%的小孩的控制。最壞的情形
> 下，白人社區只會失去對 45%的白人學童的控制，但黑人學生則
> 有 75%會遭受白人控制……事先知道最後的結果可能會多好或
> 多壞，對務實的討論而言肯定有所幫助。我們希望，全體市民將
> 能好好利用這裡所提出的研究，使其科學效力發揮到最大程度。❾

藉由發展──與揭露──關於重劃學區問題的所有可能解決方
案，渥倫和邦奇超越了一般的鼓吹提倡，而推進到一種真正專業表現
的境地。這並不是那種消耗技術的錯誤專業 (如一般使用「專業製圖
家」這個字眼所隱含的意義)，而是伯汀的銘言所稱的，「地圖不僅是
一張圖畫而已；它是決策過程中，一種有時會很沈重的責任。」❿

地圖擔負重任

但是這種責任總是邦奇作品的品質證明，且對地圖製作而言，其
意涵也總是極具刺激性。「當地理學家說一部分的地表已探查過時，是
什麼意思?」他問道：

他是不是指說，對某個苦惱的早期旅行者而言，那些容易繪製的特徵，像是河流與山脈，已正確地繪在地圖上？如果是這樣的話，地表就一定被探查過了。人，對地理學家而言非常重要，卻很難繪入地圖，甚至可能是危險的。假如人類感興趣的地表特徵，包括了人文狀況，那麼地圖的大部分區域其實都是「未經探查」，就如 1850 年的南極，並且，應該以傳統引人的粉白色，在那樣的標示下呈現。⓫

邦奇知道, 沒有主題就沒有地圖——地圖若不是關於某種**東西**, 就不會成為某**地方**的圖——而且在做主題的選擇上，地圖並不是清白無辜（這種選擇並非是圖面上**被迫**要做的事，而是在做選擇時，地圖就自然成形）:「地理學經常被界定為, 對於作為人類家園的地表的研究。但是，要從什麼人的家來觀看呢？ 從住在地表上那些特殊地方的人們的家，還是從遙遠的白金漢宮裡的人或紐約出版商的家來看呢？」對邦奇而言，這不僅僅是觀點的問題。地圖的每個方面，都不是純真無辜。以地圖的尺度為例，它決定了——完全不假外力——什麼能被看到, 而什麼不能。例如，在小尺度地圖中，小孩就……**消失**了。他們被吞沒在其父母親的世界中。因此:

必須責難的是，似乎沒有小孩子的地理學，亦即，將地表視為小孩的家。他們對其空間的感知為何？ 遊戲場裡的「市場」是什麼呢？ 一個幼稚園孩童的平均移動速度多少？ 我們似乎有關於卡車與長頸鹿速度的豐富統計數據。 穿越擁擠街道的孩童，包括那些通常「不守法」的小孩，如闖紅燈以及做了其他幼稚、不規矩的事的小孩，他們的交通流動模式是什麼呢？⓬

邦奇有什麼藥方？組織探查隊吧：

> 要執行對於地表的真正符合人性的探測，學院的地理學家、民間
> 地理學家、都市規畫師，以及其他對此有興趣的人，已經成立了
> 人文探測學社（Society for Human Exploration）。學社的任務
> 是要協助探測工作的進行，特別是組織探查隊。一系列計畫的第
> 一項是「底特律地理的探測Ⅰ」，涵蓋以底特律為中心的整個都會
> 地帶。先遣的探查人員現在已經到實地進行工作，計畫預計在
> 1970 年秋天完成。⓭

這些探查工作並沒有將當地地理學家降格為「地方導遊」，並且使
用他們已知世界的地圖，來對應一切其他事物。相反地，他們組織了
探查隊，而其目的是要創造出**應然的地圖**（oughtness maps）。「畢
竟」，邦奇堅稱，「地理學家的任務不只是描繪地表，而是要改變它。」⓮
　　這**正是**保育國際（Conservation International）的態度。然而，
他們對於地表作為人類家園的興趣，沒有比對於地表作為……**任何其
他事物**之家園的興趣來得大。以下是引自他們的海報，《面臨危機的生
物歧異度：預覽保育國際 1990 年代地圖集》：

> 比起自六千五百萬年前恐龍和其近屬消失以來的任何時候，今日
> 有更多種類的植物與動物瀕臨絕種。有些生物學家相信，每天有
> 數十種生物消失——大多數在熱帶雨林。自五年前保育國際成立
> 以來，我們一直在最前線，奮力解救這些豐富但遭受危害的雨林。
> 但一個組織，實際上整個保育運動，所能做的就這麼多而已。因
> 為時間和資源有限，因而我們必須艱難地選擇應該將努力的焦點
> 放在何處。⓯

　　這點顧德和其同僚也有提到：努力擲於錯誤之地,亦是徒勞無功。再一次地，經濟效益不是唯一的議題：正如顧德希望使那些愛護瀕臨死亡者的人，能有最大的接觸機會，保育國際也想使生物歧異度最大之地區的毀壞減至最小：

　　例如在 1990 年初，保育國際集合一群著名的田野科學家，對未開發的熱帶動植物繁殖地進行迅速但密集的調查，作為其快速評估計畫(Rapid Assessment Program, RAP)的一部分。第一個 RAP工作小組調查了波利維亞西北部，靠近秘魯邊界的一個五萬平方公里的地區。這個地區政府過去從未考慮要執行保護工作，而研究者卻在這裡發現了南美大陸生物歧異度最大的雨林。他們的發現促使官員提議保護這個地區。為何過去這個生物的寶藏受到忽視？最主要的原因之一,是沒有植物學家曾在這個地方工作過,因而這座雨林超乎尋常的植物歧異程度無人知曉。❶❻

　　該做什麼呢？很明顯的一件事，是要將地圖製作技術送到需要的人手中。RAP 工作小組能夠評估一個地方的生物歧異度，但然後呢？保育國際分送了 CISIG，就是一種在個人電腦上處理，多語言地圖製作的套裝軟體，能夠統整生態資料(料想是由 RAP 工作小組發展出來的) 與社會、經濟、實質環境的資料。結果呢？產生了引人注目的地圖，有助決策者更為瞭解保育及永續使用經營的問題。在這張海報上，複製了其中九張地圖。海報的色彩強烈，然而卻套上彼得斯投影法「濕黏、破爛的冬季長袖內衣。」❶❼它並且融合了邦奇《核戰地圖集》的知識內容與地下室印刷的圖畫 (海報上的這些圖，明白透露了它們是由印表機列印的，你能看到 8 1/2×11 的圖版被拼貼在一塊之處)，以及

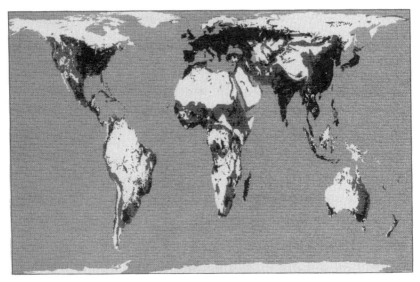

世界上許多生物歧異度最大的區域,因其繁殖地遭破壞,而面臨極大的威脅。保育國際的研究者,爲求指認出處境最危險的繁殖地,跨出了重大的一步,依據全球生態系統之人爲干擾的分佈資料,製成圖表。最暗的部分是人類佔據支配的地區,灰色地帶受到部分干擾,而白色區域則主要仍維持自然狀態。

赫伯特・拜爾(Herbert Bayer)《世界地理地圖集》(*World Geo-graphic Atlas*)中,處理地圖的微妙手法(海報是由肯尼特傳播製圖公司〔Kinetek Communication Graphics〕設計):

> 這份海報──一個新地圖集計畫的第一步──闡明了一些保育國際用來設定保育優先性的判準。依據關於生物歧異度、生態系統的人爲干擾與各國保育容納量的最新資料,我們的科學家使用地理資訊系統電腦程式,來將這些重要指標的全球分佈情形繪成地圖。合在一起來看,海報上這些地圖訴說了恐怖的故事⋯⋯⓲

在這個計劃裡, 隨處可見繪圖與地圖製作: 不管是資料的產生、資源的配置, 或爲引起注意和募款而出版海報——將地圖製作提昇爲一種抵抗對於生物歧異度的威脅的方式 (這個計劃對於地圖的使用有自覺)。這種利益與工具性不僅容易明白, 而且**就在眼前, 是整個計劃的一部分**, 但不是用湯姆‧凡‧桑特的世界地理圈計畫 (World GeoSphere Project) 那種模糊 (或者並非那麼模糊) 的自我吹捧方式 (那最終是……**藝術**), 而是以簡單實際的方式, 像邦奇的探查計畫……**把工具送到需要的人手中** (保育國際的努力, 不就是一系列的邦奇式探查計畫?), 只不過是更爲複雜先進的工具, 像顧德及其同僚繪製愛滋病散佈情形所使用的那些。只要關係到利益, 每件事就都聒噪起來。與此相對的, 是平常的地圖或地圖集, 它們拒絕承認其來源 (上述的海報有三十七項參考資料, 並展示出種屬地區關係的線性回歸方程式), 更別提……**拆穿它們的利益**了。

這裡: 相反地, 有一張較大且確實非常美麗的錫金 (Sikkim) 地圖, 由美國地理學家協會出版, 附有「解釋」(而不是「圖例」) 以及各種精巧的東西, 例如「空中索道」(ropeway) 和「聚落層級」(而不是「城市」); 還有註明「較小的中心 (等級 C 的市集)」, 以及……喔, 無論如何, 它是這樣承認其來源的:「從可取得之最佳地圖, 和其他由錫金政府提供的資料編彙而成。」**可取得之最佳地圖**: 眞的, 這……**太多了**。「關於運輸網路和聚落層級的補充資訊, 於 1965 至 1968 年間收集自錫金的田野研究。基部的輪廓得自於印度測量局的地圖。」就……這些了。提一下細節: 在索引地圖旁邊顯示了錫金的位置, 一張……**可靠的圖**。上半部是粉紅色(代表「尙可」), 下半部是黃色(代表「好」)。這是什麼意思? 對作者田野工作的評論? 對可取得之最佳地圖的分析? 對印度測量局品質的一個大致參考? 誰知道? 有誰在意? 這只是

一種櫥窗展示，一種科學的印記，根本**不代表什麼**。關於地圖存在的理由……在致謝詞中，有這麼一個附註：「這項製圖作品是由肯塔基大學研究基金贊助。」爲什麼？又來了……**誰會知道**？不論目的可能爲何，在地圖上並未承認。地圖所承認的，它直撲我們臉上的，是它用以製作的技巧，因爲看不見而顯得神秘。在完美無瑕的有描影之地形起伏裡，喜馬拉雅山脈看來幾乎要衝出紙面。製圖者消失了（更有效地徘徊在我們夢中）；我們所能看到的只是……錫金。**⓳**

地圖藉由發揮作用而賦予權力

　　現在再與保育國際的海報做個對照：它說道，「要製作像這樣的地圖，你所需要的是我們想要提供給你的這份套裝軟體。」製圖家耐心的技巧、專業的機密、方格圖與刻度圈的奧秘，種種問題都消失了。當然這使專業人士感到恐慌（他們要靠什麼過日子?）馬克•墨蒙尼爾面對無可避免的「自欺」，焦慮地扭絞著自己的雙手：

　　更甚者，由於有功能很強的個人電腦和「親近使用者」(userfriendly)的地圖繪製軟體，地圖的作者身分也許就太容易取得，而無意間必然會產生製圖上的自我欺瞞。有多少軟體使用者知道，將區域陰影（area－shading）的符號與規模的資料混在一塊使用，會造成誤導的地圖？有多少這些速成的地圖製作者察覺到，區域單位之間──如郡和人口普查區域（census tracts）──的規模差異，會嚴重扭曲地圖之間的比較？**⓴**

　　所以，最好還是相信你的製圖專家──他有「可取得之最佳」資料、縮小的非洲及誇大面積的俄羅斯、無雲的天空、潛在……**鐵礦**的

地圖——而不要去冒一種……無意間自欺的危險。這到底是什麼意思？這就是我們時代的黑暗之心，厚顏無恥（與傲慢）的……**專家**……以爲他知道的……**比你還多**：

> 專業人士是熟練且飽學的專家，他們應用其知識來做事，服務他人，傳統上受到大家很高的尊敬。長久以來，神學、法律、醫藥和甚至是軍事，以及現在教育、福利、建築、工業管理等領域的新專業人士，被認爲是無私地致力於謀求社會弱勢與無知成員的福祉，因而使那些無能保護自己的人，能夠過更完善、安全和健康的生活。然而，現在必須質問，這些專業是否眞的如此利他無私地提供他們的服務，以及我們的生活是否眞的因此豐富起來，而不僅僅是附屬於他們的所作所爲。人們逐漸察覺到，在大約過去二十年間，各項專業藉由緊密地將其自身組織化與制度化，已獲得主控我們的社會抱負與行爲的無上權勢。同時，我們也實際上變成被動的主顧：依賴他們，受其哄騙、騷擾，經濟遭其剝奪，身心俱受殘害；而這些代理人存在的理由，竟是爲了幫助我們。**㉑**

而有誰比製圖家更適合上面的描述？

但那是一項計謀。我們的問題是製圖家無法解決的，我們遇到問題——例如……**非法的藥物使用**（或愛滋病、學校整合、地方的自我認識、衰減的生物歧異度）——而地圖有助於解決它們。並且，不論我們用麥克筆或個人電腦，透過 RAP 工作小組，或是探查我們「居住」的城市之核心地區，來製作這些地圖，都無關緊要：

> 大部分的地圖是設計來指引陌生人路怎麼走。現在，新物體藝術與建築中心（New Thing Art and Architecture Center）已爲亞

當斯—摩根（Adams－Morgan）社區居民設計出他們社區的地圖。中心的領導者塔柏‧卡勞（Topper Carew）說道，「一開始，我們就想要給我們的社區一個自己的圖像，以便界定我們的領域。」㉒

建築師約翰‧韋本森（John Wiebenson）畫了這張地圖。他是用他的手與心，口與雙腳來完成的：

當「韋布」（Wieb）（別人就是這樣叫他的）不說話的時候，就是在走路。「熟悉任何一個鄰里的最好方式，就是小男孩採取的方式——探索」，他說。「我發現了只有小孩才知道的各種有趣事物——像是發現從湖邊大道（Waterside　Drive）下到岩溪公園（Rock Creek Park）的陡峭台階。它們是觀看地下鐵工程的絕佳觀眾席位。」㉓

所有這些走路和談話，得到的結果是問題——而非自我認同——的發現與解答（街道標誌系統的設計，景觀道與觀景台的擬議），但是另一方面……**地圖的繪製不僅生產地圖，它也是爲世界帶來秩序的過程中的基本要素**。一萬張地圖的複本，分寄到鄰里居民手上，而整件事的花費，包括繪圖、地圖製作、印刷和郵寄，還少於五千美元。

我們所需的地圖也不一定要關於我們居住的鄰里，甚至也不是關於我們通常所認爲的空間：

我們所居住的空間並不總是可見的。明顯影響我們生活的事件，越來越常發生在地理上不可見的部分。當你打電話，瀏覽衛星或有線電視的無數頻道，用信用卡買東西之際，你正遨遊於數位的通

訊空間。現在正是人們嘗試將電子通訊的地理現象視覺化，並繪成地圖的時候了。有些作者藉著繪製全球電訊流動圖，已成功地跨出了第一步。事實上，對任何地球監視資訊系統來說，有必要加上一個電訊地理學（telegeography）的層次，因爲電訊地理學是一種考察抽象領域的具體方式，而在此可能產生全球層次的自覺。❷❹

　　附帶的地圖——由一位律師和一位記者製作，而且與敏銳的建築師對亞當斯-摩根社區的觀察相比，實屬南轅北轍——在以極區爲中心的投影上，顯示出在美國與歐洲（一邊）和環太平洋區（另一邊）之間電話訊號流動情形。美國很少顯得如此重要⋯⋯**位居事情的核心，**即使在圖上並沒有佔據中心的位置。馬修•麥克魯漢（Marshall McLuhan）所期許的全球電子**村**（global electronic **village**）在這裡很難看得見。所出現的又是同樣的層級體系，只不過這次比以往更加戲劇化，更爲直接。「全球電訊網路其實就是所有網路的網路」，地圖製作者這麼寫道。「它由超過五億四千萬條電話交換線路組成，連接了兩百個國家裡超過十億台終端機。有些群體控制了網路，而其他的都位居邊陲。」❷❺所以他們極力主強：

　　即使我們平常有經驗到「全球化」和「資訊革命」，許多人還是覺得對所發生的事很難有個清楚的圖像；他們缺乏正確的心靈地圖。大多數的地圖集都沒什麼用：因爲在地理學發展的歷史裡，大部分時間都集中心力於政治的疆界（哪塊領土由哪個國家所控制）和自然的邊界⋯⋯藉由繪製網路的邊界，而非政治或物理的邊界，電訊地理學能捕捉網路中推動當代經濟與政治事件的潛在訊號流動。更進一步言，由於將注意力聚焦於網路通訊的模式——關切

什麼東西被連接起來，而非什麼東西有物理上的臨接──電訊地理學能幫助人們在這種嶄新的海域上航行。㉖

嶄新的海域：但……這不是**本來就有的**？這個電訊網路並非最先連結整個世界的事物。幾年以前，邦奇就看到，他們的飛彈使得美國和蘇聯的領土表面（譯按：在一般地圖上，兩者的領土是分開的）連結起來（邦奇製作這張地圖的利益是……為了和平）。㉗早在 1864 年，查理・米納德（Charles Minard）就畫了法國酒類出口的運銷圖（米納德的利益是……得到統計圖表）。㉘愛德蒙・霍利（Edmund Halley）1686 年的貿易風圖是更複雜的連結圖，在氣象圖裡蘊藏了由氣象推動航行的船隻（霍利的興趣是在……自然哲學）。㉙馬修・巴利斯（Matthew Paris）的十三世紀遊記，若不是有關連結的地圖，那還會是什麼？（巴利斯的興趣是想要從倫敦去到羅馬）㉚羅馬的飄亭傑表（Roman Peutinger table）除了其道路系統將整個帝國聯繫起來之外，還有什麼？（這張地圖的利益，是要用於可能的軍事行動）。㉛就你能想到的，要回溯到多久以前都可以：地圖還曾做過什麼，除了扣接──**連結**──領域與隨之而來的事物……如果隨之而來的是電話機，就連結電話機，即使是精神世界，也是如此。沒有哪個行業的人不懂得使用地圖的力量，將他們與世界連結起來。律師和記者這麼做，生態保育學家和建築師這麼做，社區運動者和地理學家這麼做。對，即使是製圖學家，也是如此。

如此眾多的地圖製作者，他們的多樣性令人眩惑：**這是**個地圖的世界。

註釋

❶ Patrick Waldberg, *Surrealism*, McGram－Hill, New York, 沒有出版年份, p. 24。Waldberg 的書中(pp. 23－24)寫道:「就此而論, 1929年所畫的一張超現實主義的世界地圖非常重要 (*Variêtés,* Brussels, June 1929)。上面所顯示的城市僅有巴黎和君士坦丁堡, 但沒有法國或土耳其。歐洲僅由以下組成: 德國、奧匈帝國和巨大的俄羅斯──也佔掉亞洲的一半(另一半則包括中國、西藏, 以及誇大面積、緊鄰相當小的印度的阿富汗)。成對比的是, 太平洋群島則佔了世界的三分之二, 並帶有令人驚異的地名: 夏威夷、所羅門群島、新海布理地群島(New Hebrides)、紐西蘭、瑪可莎群島 (the Marquesas), 以及俾斯麥多島海(Bismarck Archipelago), 如同眾多旗幟一般。美國從北美大陸消失了, 代替呈現的是巨大的阿拉斯加、夏洛特群島 (Charlotte Islands)、拉布拉多 (Labrodo) 與墨西哥。復活節島與整個南美洲一樣大, 後者則縮減至一個國家: 秘魯。不論這張想像世界(被視為唯一滿意的世界)的圖畫如何幼稚, 它應和了超現實主義者理想不變的取向。那種理想傾向於挑戰西方基督教文明……等等。利益塗滿整張地圖, 後者, 很諷刺地出自以歐洲為中心的麥卡托投影。

❷ Mary Elizabeth Smith, *Picture Writing from Ancient Southern Mexico: Mixtec Place Signs and Maps,* University of Oklahoma Press, Norman, 1975, pp. 92 and 288. Smith 寫道:「這個符號由一座山丘與一隻蝴蝶組成, 因而表現了 San Vicente 的米茲特克名字, 據扎卡特佩的官員說, 那是 *yucu ticuvua*, 亦即『蝴蝶的山丘』。」(p. 92)

❸ Joby Warrick, "Drug abuse rises in coastal areas: interstate still main corridors," *News and Observers*, May, 12, 1992, p. B 1.

❹ Peter Gould, Joseph Kabel, Wilpen Gorr and Andrew Golub, "AIDS: Predicting the Next Map," *Interfaces,* 21 (3), May－June, 1991, pp. 80－92.

❺在《科學雜誌》（*Science*）一篇關於這項作品的報導中，這點就更加明顯。在三張西海岸愛滋病散佈情況的全彩色插圖之下，這麼寫著，「散佈中的污點：地理學家並沒有在凸顯傳染病的特性上，扮演重要角色。但彼得・顧德和他在賓州州立大學的同僚，致力於改變這種情況。這些地圖顯示了1981－1988年間，美國西部愛滋病的蔓延情形。它們是顧德和他的工作小組所製作的一系列地圖──每年一張──的部分。在上週的聚會中，顧德依序展示了這些地圖，稱它們顯現出一種『隨時間展開的空間──地理的邏輯。』他將這種散佈情形比喻為『桌布上的酒漬』，從市中心傳播到郊區，以及周圍的鄉間。這種傳染病最先在洛杉磯和舊金山出現，隨後在拉斯維加斯與鳳凰城也有發現。到了1988年，西雅圖與波特蘭（Portland）也出現在圖上，其後幾年，愛滋病的傳染情形則持續加劇。在他的談話中，顧德嚴厲譴責愛滋病的理論家以及政府官員，因為他們未將感染HIV的蔓延情形的地理面向考慮進去。他說，『雖然花了數百萬元在愛滋病防治上，我們卻幾乎沒有……這種致命病毒的地理分佈圖……所有的理論敘述和預測，都致力於沿著時間先後順序，做簡化且根本是無用的數字計算，完全忽略了……人類存在的空間面向。』顧德將此歸咎於『全然的無知，並且在個人與官僚的傲慢助長之下，充斥於太多的事例之中』」(J. B., *Science* 251, p. 1022)。在這裡，地圖被提舉起來，成了鞭子，藉此來痛擊那些言行愚昧，阻礙愛滋病防治工作進展的人士。(關於補充的觀點，參見 Gary Shannon, Gerald Pyle and Rashid Pashshur, *The Geography of AIDS,* The Guilford Press, New York, 1991。)

❻Jacques Bertin, *Graphics and Graphic Information Processing,* de Gruyter, Berlin, 1981, p. 16. 當地圖變成互動式 (interactive) 的時候，情況就越來越可能是這個樣子。「用於互動式、多區域(choroplethic)的繪製地圖軟體，通常都集中在設計上，假設完成的地圖就像傳統紙製地圖一樣的方式被使用。我們相信，互動式的繪圖，也應該讓使用者得以探索地圖背後的資料庫」，Stephen L. Egbert and Terry A. Slocum 在

"EXPLOREMAP: An Exploration System for Choropleth Maps" (*Annals of the Association of American Geographers,* 82 (2), June, 1992, p. 275) 裡如此寫道。

❼同前註。

❽ Gwendolyn Warren and William Bunge, *Field Notes: Discussion Paper No. 2: School Decentralization,* Detroit Geographical Expedition and Institute, Detroit, 1970, p. i.

❾同前註, p. 22。

❿ Bertin, 前引書, p. 16。 Peter Huber 最近在專家見證 (expert testimony) 的討論脈絡下, 著手探究科學責任的問題 (以及若沒有經專家見證, 那地圖會是什麼?) 他重述理查・費曼 (Richard Feynman) 的忠告作爲結論, 雖可讚佩, 但也很容易料想到會講些什麼:「一個眞正的科學家, 在別人徵詢其對公衆事務的建言時, 必須下定決心提供其最終發現, 而不論這些發現傾向於支持何種立場」("Junk Science in the Courtroom," *Scientific American,* 266 (6), June, 1992, p. 132)。要做到這樣, 一個簡單的辦法就是將**所有發現**公佈出來。費曼的信念在其晚年遭受痛苦的考驗, 當時他是挑戰者號太空梭災難事件調查委員會的成員。他在調查過後如是說道:「要在我熟悉的科學領域上有眞正的成功, 唯一的途徑是非常謹愼地描述證據, 不管你覺得它應該是如何。如果你有一套理論, 你必須嘗試平等地加以解釋它有什麼好處及壞處。在科學裡, 你可以學習到一種堪稱模範的正直與誠實」, 他接著說:「可是 Keel 博士從一開始就告訴我, 他有物理學的學位。我總是認爲, 每個學物理的人都很正直——也許我是太天眞了……」(Richard Feynman, *What Do You Care What Other People Think?* Norton, New York, 1988, pp. 217–218)。他沒像他自己想的那麼天眞, 但這種認爲科學是正直的信念, 就和認爲地圖是客觀的信念一樣古老而深入人心。

⓫ W. Bunge, *Field Notes: Discussion Paper No. 1: The Detroit*

Geographical Expedition, The Society for Human Exploration, Detroit, 1969, p. 38.

❶❷同前註。

❶❸同前註。

❶❹同前註，p. 39。作爲探測工作成果的一部分，「一個名爲《愛與恨地圖集》的書冊也在籌畫當中。一個獨有的特徵是，每張地圖將是特定地理學家的個別貢獻，他們將被要求在其地圖和簡短論文、照片、輔助地圖上簽字，以便製造一種地圖期刊的感覺。」不幸的是這從未實現。

❶❺Charles Hutchinson, John Carr and Laura Tangley, *BioDiversity at Risk: A Review of Conservation International's Atlas for 1990s,* Conservation International, Washington, D.C., 1992. 全彩色（附有光面）24 吋×36 吋的海報，包含複製自電腦輸出報表的九張地圖（但其本文錯算爲七張），以及關於生物歧異度、人爲干擾、地圖生產與林地河川保護的專論，令人印象深刻。

❶❻同前註。

❶❼海報上寫的是：「這張海報上的地圖採用彼得斯投影法，因而比我們平常習於觀看的地圖，更正確地傳達出地球陸塊的相對面積。那些使用麥卡托投影法的地圖，誇大了歐洲與北美洲相對於熱帶非洲、亞洲與南美洲的大小。」在這個脈絡下，這項選擇的政治性意涵特別明顯，或者，唔，也許並不明顯。如 Brian Harley 寫道：「當我談到地圖的意識形態，或是用來解構製圖學之科學性宣稱的方式時，我時常想到，我不是在說些自明之理，就是在與假想中的敵人奮戰。然而，在我聽到來自最近一項電腦網路會議的消息後，我就不再憂慮這些問題。會議討論的是關於『選擇正確的世界地圖集』促成這項討論的人是 Duane Marble，我先前並不認識他。他談道：『一個地圖的投影是三維球體座標（世界）轉成二維笛卡爾式座標（地圖）的數學轉換，**我並不知道政治和其他等等如何能介入於此。**』對最後一句話，我是不太相信的。有多少製圖學家或地理資訊系統專家，事

實上還是受限於管窺之見？製圖家們眞的相信他們所做的一切都無關政治嗎？繪製地圖一點也不像獲取權力的一種形式？或者，製圖不會帶來任何社會與政治上的影響？這些話是送給 Duane Marble 和有類似想法的地圖製作者。」（J. B. Harley, "What Happens When We Make a Map," unpublished lecture given at Pennsylvania State University, 1991, p. 4）。

⑱ Hutchinson et al.,前引書。

⑲ Pradyumna P. Karan, "The Kingdom of Sikkim: Map Supplement No. 10," *Annals of the Association of American Geographers,* 59 (1), March, 1969. 製圖部分據稱是 James Queen 所做（相當壯觀的有描影之地形起伏，則是 Eugene Zang 所爲）。曾有一段時期《年鑑》（*Annals:*譯按：指 *Annals of the Association of American Geographers*）出版了這些完全沒有意義的地圖，只是爲了技巧而技巧，看不出有什麼目的，除了展現製作過程所需的技巧。這張錫金的地圖因此是一張……**地圖製作者**的……地圖。這種作法的全盛期（或者谷底期）隨著「奇戈示範地圖」（Chico Demonstration Map）（*Annals of the Association of American Geographers*, 74 (2), June, 1984 的附刊）的出現來到，它的副標題是「圖解說明以二到七種墨色印刷的地圖之製圖原則與技術」。就如巴特引自拉丁文法 quia ego nominor leo 的例子，這張地圖表面的對象與主題，也完全被次級符號系統（secondary semiological system）所籠罩（然而，在錫金的地圖中，仍然有種僞裝。在展現製圖巫術之外——或之下——還有……一張錫金的地圖）。

⑳ Mark Monmonier, *How to Lie with Maps,* University of Chicago Press, Chicago, 1991, p. 123. 在同一章稍後的部分，Monmonier 問道：「當單一的變項可能產生許多不同的地圖時，哪一張是正確的？或者，這是個關鍵問題嗎？應該只有一張地圖嗎？難道不應給觀看者好幾張地圖，或者，也許可給他們機會，經由電腦工作站來對象徵化(symbolization) 做個測試?」其實，真正的問題是 Monmonier 硬要把地圖使用者建構為……**觀看者**(亦即……**消費者**)，而非如 Bertin 所想像的地圖製作決策者。當然，如果使用地圖的人是個**地圖製作者**，那就不必有製圖學家了。¡*Que lastima*！

㉑這份引介性的短文由 Ivan Illich, Irving Zola, John Mcknight, Jonathan Kaplan 與 Harley Shaiken 的出版商簽名負責，*Disabling Professions,* Marion Boyars, London, 1977, p. 9。

㉒ Sarah Booth Conroy, "Your Friendly Neighborhood Map," *The Washington Post,* August 13, 1972, p. M 1.

㉓同前註。Wiebenson 的地圖名叫「亞當斯-摩根實用地圖」(The Adams－Morgan Map of Services)。關於他在街道號誌方面的擬議，有一本小冊子作闡述，標題是「亞當斯-摩根街公用資訊系統」(A Public Information System for Adams－Morgan Streets)。

㉔編輯者的附註引介了 Gregory Staple and Hugo Dixon, "Telegeography: Mapping the New World Order," *Whole Earth Review,* 75, Summer, 1992, p. 124。

㉕同前註。

㉖同前註， p. 125。

㉗為了引入議題，Bunge 觀察到：「如果美國將一枚核子彈從明尼蘇達州運過邊界到安大略省，加拿大海關，還有其他人，會因為主權遭受威脅而感到憤怒。假如同樣的炸彈被舉高十呎，加拿大一樣會覺得不高興。但假若被抬高一百哩，就竟然不會被注意到。加拿大的主權有多高 (以呎來算) 呢?」這就告訴我們必須要做的，「讀者必須強迫自己用國與國之間的邊界面來思考，而非邊界線。」所以，結論就是：「在 1990 年代這種刺激的整兵黷武氛圍中，問題在於『俄國人不會來，他們就已經在這裡了。』它們不是在『離我們海岸九十哩』的古巴，或是蘇聯的飛彈地下掩體中，它們在天空上頭。」雖然這些全都引述自 Williams Bunge, *Nuclear War*

Atlas, Basil Blackwell, Oxford, 1988, pp. 71 and 83－85，但觀念最早出現在 Williams Bunge, *Patterns of Location: Michigan Inter－University Community of Mathematical Geographers Discussion Paper No. 3,* University of Michigan, Ann Arbor, February, 1964, p. 30。

❷這張圖以全彩出現於 Arthur Robinson, *Early Thematic Mapping in the History of Cartography,* University of Chicago Press, Chicago, 1982, p. 151；而以雙色出現在 Edward Tufte, *The Visual Display of Quantitative Information,* Graphics Press, Cheshire, Connecticut, 1983, p. 25。Minard 是一個法國工程師，率先製作了一些統計圖表，他是 Tufte 的最愛。這張圖把法國置於世界的中央，而將酒傾瀉到歐洲其他地方、北非、阿根廷，以及巴西。

❷這是另一張 Robinson（前引書，pp. 70－71）和 Tufte（前引書，p. 23）都有複製的地圖。這張定向風和季風（monsoons）的地圖，終究是另一種……**貿易**地圖。

❸有一部分很漂亮地複製成 P. D. A. Harvey 的 *Medieval Maps*（University of Toronto Press, Toronto, 1991, p. 2）的標題頁。Harvey 在此處的段落，支持了他關於中世紀歐洲製圖學的一般論點，亦即它只是零星發生且彼此孤立的事件；但書裡也提到地圖所做的連結：「很少中世紀的人使用或懂得地圖。而這篇十三世紀中期的旅行誌，由 St. Albans 的僧侶馬修‧巴利斯（Matthew Paris）用圖畫形式來呈現，是具有高度原創性的作品。全部五頁中的首頁，左手邊的狹長部分顯示了從附有城牆與中世紀聖保羅教堂（St. Paul's Cathedral）的倫敦，通往有城堡的多佛（Dover）的道路。跨越英吉利海峽──以水波和船隻來表示──右邊的細長地帶則畫出從加來（Calais）、布隆（Boulonge）到雷姆（Reims）、波瓦（Beauvais）的另一條路線。」（p. 3）

❸對這個表的部分，有一個很好的特寫，也出現在 Harvey，同前註，p. 6。

　　評論家長久以來就注意到，這張第四世紀羅馬帝國的地圖，在其努力製造詳細而正確的路線導引圖之下，已不同於所謂「地理的」空間。這對那些電訊網路圖的作者們——宣稱他們繪製的網路空間是種新發明——是個不小的打擊。

文化叢書⑮

地圖權力學

The Power of Maps

作　者——丹尼斯‧渥德 (Denis Wood)

譯　者——王志弘／李根芳／魏慶嘉／溫蓓章

發行人——孫思照

出版者——時報文化出版企業股份有限公司

台北市108和平西路三段二四○號四F

發行專線—(○二)三○六六八四二

讀者免費服務專線—(○八○)二三一七○五

（如果您對本書品質與服務有任何不滿意的地方，請打這支電話。）

郵撥—○一○三八五四～○時報出版公司

信箱—台北郵政七九～九九信箱

電子郵件信箱 e-mail add: ctpc @ C2 hinet. net

主　編——吳昌杰

校　對——簡正國／王志弘

排　版——正豐電腦排版股份有限公司

印　刷——源耕印刷有限公司

初版一刷——一九九六年十一月五日

定　價——新台幣四八○元

◎行政院新聞局局版北市業字第八○號

版權所有　翻印必究

（缺頁或破損的書，請寄回更換）

ISBN 957 - 13 - 2183 - 4

Printed in Taiwan

國家圖書館出版品預行編目資料

地圖權力學 / 丹尼斯·渥德(Denis Wood)著 ；
王志弘等合譯. -- 初版. -- 臺北市 ： 時報文
化, 1996[民85]
　　面 ；　　公分. -- (文化叢書 ；146)
譯自 ：The power of maps
ISBN 957-13-2183-4(平裝)

1. 地圖 - 繪製　2. 地圖學

609.2　　　　　　　　　　　　85011615

地址：台北市108和平西路三段240號 4 F
電話：(080)231705(讀者免費服務專線)
　　　(02)3066842・(02)3024075(讀者服務中心)
郵撥：0103854-0時報出版公司

請寄回這張服務卡(免貼郵票)，您可以──
●隨時收到最新的出版訊息。
●參加專爲您設計的各項回饋優惠活動。

郵遞區號：

姓名：　　　　　　　　　先生　　　　　　小姐

地址：　　縣市　　　鄉鎮　　　　村里　　　鄰

　　　　　　　路(街)　　段　　巷　　弄　　號　　樓

職業：①學生 ②公教(含軍警) ③家管 ④服務
　　　⑤金融 ⑥製造 ⑦資訊 ⑧大衆傳播 ⑨自由業
　　　⑩農漁牧 ⑪退休 ⑫其他

學歷：①小學 ②國中 ③高中 ④大專 ⑤研究所(含以上)

出生日期：　年　月　日　　身分證字號：

姓名：　　　　　　　　　　　　性別：①男 ②女

書名：地圖權力學　　　　編號：BA146

傳承文化・開創新局

文化叢書

寄回本卡，掌握文化、社會的最新出版訊息

（下列資料請以數字填在每題前之空格處）

_____ **您從哪裏得知本書**／

　　　　　①書店 ②報紙廣告 ③報紙專欄 ④雜誌廣告
　　　　　⑤親友介紹 ⑥DM廣告傳單 ⑦其它／_____

_____ **您希望我們為您出版哪一類的作品**／

　　　　　①政治 ②經濟 ③哲學 ④社會 ⑤心理 ⑥歷史
　　　　　⑦其它：_____

您對本書的意見／

_____ 內容／①滿意 ②尚可 ③應改進
_____ 編輯／①滿意 ②尚可 ③應改進
_____ 封面設計／①滿意 ②尚可 ③應改進
_____ 校對／①滿意 ②尚可 ③應改進
_____ 定價／①偏低 ②適中 ③偏高

您希望我們為您出版哪一位作者的作品／

①_____　　②_____　　③_____

您的建議／

....

....

....